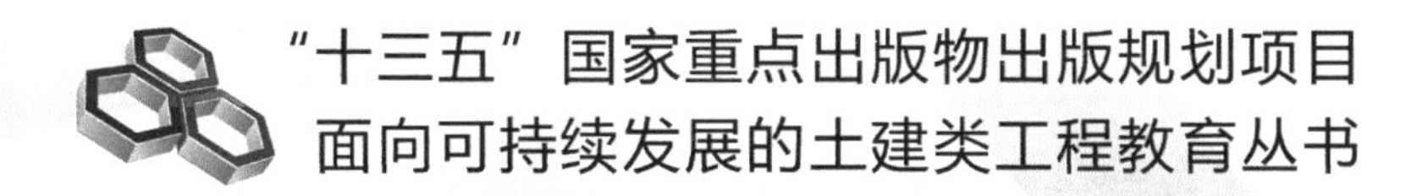

SUSTAINABLE

DEVELOPMENT

房地产开发与经营

◎主编　李德智　蒋　英　陈红霞

◎参编　熊亮亮　何厚全　彭后生

◎主审　李启明

本书结合我国房地产理论和实践在近年来的发展趋势，按照房地产开发与经营的基本工作程序和步骤，将主要内容分为绪论、房地产开发投资分析、土地制度及房地产项目用地的获取、房地产开发的前期工作、房地产开发项目融资、房地产开发项目管理、房地产开发市场营销、房地产资产运营管理以及房地产开发的展望等。

本书突出系统性、实用性、前瞻性，将房地产开发与管理有机地结合在一起，力图做到理论与实践的高度统一，读者通过学习，既能了解具有一定深度的理论知识，又能提高实际操作能力。

本书主要作为高校房地产经营与管理、物业管理、工程管理、土木工程等专业的本科生教材，也可作为房地产开发与管理专业人士的参考用书。

图书在版编目（CIP）数据

房地产开发与经营/李德智，蒋英，陈红霞主编．—北京：机械工业出版社，2020.7（2024.6 重印）
（面向可持续发展的土建类工程教育丛书）
“十三五”国家重点出版物出版规划项目
ISBN 978-7-111-65432-2

Ⅰ.①房…　Ⅱ.①李…②蒋…③陈…　Ⅲ.①房地产开发-高等学校-教材②房地产经济-高等学校-教材　Ⅳ.①F293.34

中国版本图书馆 CIP 数据核字（2020）第 066322 号

机械工业出版社（北京市百万庄大街 22 号　邮政编码 100037）
策划编辑：冷　彬　　　　　责任编辑：冷　彬　舒　宜
责任校对：梁　倩　张　征　封面设计：张　静
责任印制：张　博
北京雁林吉兆印刷有限公司印刷
2024 年 6 月第 1 版第 7 次印刷
184mm×260mm · 15.5 印张 · 393 千字
标准书号：ISBN 978-7-111-65432-2
定价：39.80 元

电话服务　　　　　　　　　网络服务
客服电话：010-88361066　机　工　官　网：www.cmpbook.com
　　　　　010-88379833　机　工　官　博：weibo.com/cmp1952
　　　　　010-68326294　金　　书　　网：www.golden-book.com
封底无防伪标均为盗版　　机工教育服务网：www.cmpedu.com

前　言

随着我国房地产市场的迅速发展、城镇化进程的加快，以及人民对美好生活要求的逐步提高，人们对房地产商品的需求在量和质两个方面都有极大的提升。人们不仅要求有房住，还对房屋有创新、协调、绿色、开放、共享等现代化品质的要求，这些对房地产开发企业提出了新的要求，对房地产专业人才也提出了更高的要求。为了适应这种变化，更好地培养房地产专业人才，本书作者充分考虑房地产市场环境的变化、房地产开发与房地产经营的发展要求，结合当前的人才培养目标和教学需求编写了本书。

本书结合我国房地产理论和近年来房地产市场的发展趋势，按照房地产开发与房地产经营的基本工作程序和步骤，将主要内容分为绪论、房地产开发投资分析、土地制度及房地产项目用地的获取、房地产开发的前期工作、房地产开发项目融资、房地产开发项目管理、房地产开发市场营销、房地产资产运营管理以及房地产开发的展望等。

本书突出系统性、实用性、前瞻性，将房地产开发与经营管理有机地结合在一起，力图做到理论与实践的高度统一，使读者通过学习，既能了解具有一定深度的理论知识，又能提高实际操作能力。本书主要作为高校房地产经营与管理、物业管理、工程管理、土木工程等专业的本科生教材，也可作为房地产开发与管理专业人士的参考用书。

本书由李德智、蒋英、陈红霞担任主编，李启明教授担任主审。全书共9章，其中，第1~3章由陈红霞编写；第4章和第6章由熊亮亮编写；第5章和第7章由蒋英编写；第8章由何厚全编写；第9章由李德智编写；李德智、彭后生完成全书的定稿工作。

中海地产青岛公司张二伟总经理、阳光城江西区域景德镇城市公司黄祖冠总经理为本书提供案例素材，对本书的编写进行实践指导，在此特别表示感谢。

本书的编写参考了国内外有关房地产开发方面的书籍和我国房地产管理的相关法律、法规、规章制度以及文献资料等，在此对有关书籍和资料的作者表示衷心的感谢。由于成稿比较仓促，加之编者水平有限，书中难免有不当之处，恳请广大读者和专家不吝赐教。

编　者

目　录

第 1 章

绪　论

本章要点及学习目标

(1) 理解房地产的内涵和特征
(2) 理解房地产开发、房地产经营的含义及其相互关系
(3) 熟悉房地产开发的基本程序
(4) 理解房地产开发企业的特征
(5) 了解中国房地产开发史

房地产是一种特殊的商品，包括房产和地产。新增房地产的过程被称为房地产开发，对已有的房地产进行运作被称为房地产经营。那么，什么是房地产？它具有哪些区别于其他商品的特征？房地产开发和房地产经营的具体内容和相互关系是怎样的？房地产开发企业作为房地产的提供者，应具备怎样的特征？房地产经过哪些流程才能进入市场成为商品？在我国，房地产又是怎么形成和发展起来的？本章将结合这些问题进行介绍。

1.1 房地产开发与房地产经营概述

1.1.1 房地产的内涵和特征

通俗地讲，房地产是房产和地产的合称。房产和地产不仅有实物形态：房屋和土地，还存在经济形态，即房屋和土地的货币表现。由于社会经济的发展，它们作为财产的特征更被人们关注，含义也日益丰富。因此我们这样理解房地产的概念：房地产既是一种客观存在的物质形态，也是一项法律上的财产。

1. 房地产的内涵

1）物质形态存在的房地产是指房屋、土地和固着在房屋土地上不可分离的部分，如水、暖、电、电梯设施、树木、草皮等。房屋是指能够遮风避雨，供人们居住、工作、娱

乐、储藏物品或进行其他活动的空间场所。广义上的房屋还包括构筑物，如桥梁、水塔、水井、水坝、隧道、烟囱、道路等。土地是指包含地上空间和地下空间的地表。

2）法律上的房地产本质上是一种财产，它是人们因为拥有房地产的物质形态进而拥有了蕴含于物质形态中的各种经济利益以及各种各项权利，如房屋所有权、土地使用权、房屋租赁权等。

由于房屋总是附着在土地上，土地又是不可移动的，所以房地产又称为“不动产”（Real Estate 或 Real Property）。

2. 房地产的特征

房地产和其他物质形态的生产资料和生活资料相比，有着显著的不同之处，主要包括以下几个特征：

（1）位置的固定性

房地产位置的固定性又称为不可移动性。任何房屋都是建造在土地上的，土地的不可移动性，决定了房屋位置的固定性。房地产位置的固定性决定了房地产只能就地建造、流通或使用，其相关的各项活动都受其所在的空间环境（社会环境、经济环境等）所限制，这跟其他商品的生产消费可以在不同地方进行有着显著的不同。所以，房地产市场不存在全国性的市场，而只能是一个地区性市场。在我国，只有城市可以进行房地产交易，每个城市都有隶属于该城市住房和城乡建设管理部门的房地产交易中心。

房地产位置的固定性决定了房地产的个别性，即不可能找到两宗完全相同的房地产。即使它们在建筑设计、结构及内外装饰上完全相同，也会在周围环境上有所差异。如果同一幢建筑中两套房产设计完全相同，也会存在楼层、朝向、通风等方面的不同。

（2）数量的有限性

房地产数量的有限性主要是由于土地资源的稀缺性造成的。地球陆地表面面积相对固定，而且不可再生。在土地价值高涨的情况下，人们不断改变和提高土地利用的技术，移山填海、荒漠改造、提高容积率、建立地下室等，但是这种方式增加的房地产的数量是极其有限的。而且，受到城市规划的制约，一定时间内可供利用的土地、建筑密度、容积率等指标都有上限，这使房地产的数量受到了限制。房地产数量的有限性在经济发达地区和人口密集地区（往往两者是处于同一地区）表现得尤为突出，在这些地区的房地产市场中，某一类房地产的供给总量（如学区房、景观房、限价房等）远远低于需求总量，带来房地产价格的快速上涨。

（3）寿命的耐久性

一般而言，房地产的地产部分的利用价值是恒久的，只要人们对土地给予适当的保护，其利用价值一般都不会丧失，可以说，土地的寿命具有永久性。而其他生产资料或生活资料一般不具有这一特点，它们会随着人们的使用而消耗或磨损。

对于房屋而言，虽不像土地那样能够永久使用，但是在正常使用和维修条件下，其寿命也是耐久的，短则几十年，长则百年以上。

房地产具有耐久性，从而可以给其所有者或使用者带来持续的利益，这使得房地产的所有权与使用权可以分离，出现了房地产租赁市场。房屋的所有者在使用一段时间后可以转让房地产，出现了二手房销售市场。

由于生活水平不断提高，人们对住房的要求也有了很大的变化。城市里很多老旧小区虽还在正常寿命期内，但是已经需要进行改造（包括内部重新装修、外部出新等）才能适应人们的需求。而可惜的是很多配套设施或者小区布局已经很难通过改造得以实现。另外，很多房屋还在寿命期内，但是因为城市规划更改或者房屋经营战略定位错误，不得不拆迁或爆破，造成很大的资源浪费。因此，我们应该重视房地产的可持续发展。

（4）价值的高昂性

房地产开发建设需要巨额投资，一栋几千至上万平方米的楼房，仅建筑安装工程造价就高达几十万元甚至几百万元，几千万元的也屡见不鲜。

因为高额投资和数量有限，房地产的价值越来越高，表现为单价高和总价高。每平方米建筑面积的房屋价值少则数千元，多则数万元，甚至数十万元。房地产产品以一套房屋为交易最小单位，每套房屋建筑面积一般为数十平方米到数百平方米，因此一套房屋的总价达到数万元至数千万元，甚至高达数亿元。现代城市建设和经济在快速发展，使得房地产的规模越来越大，出现越来越多的大型住宅小区、商业综合体、大学城、开发区，有的一幢建筑物高达几十层至上百层，建设规模达上万平方米至数十万平方米，而且建筑标准和豪华程度也越来越高，因此耗费在房地产上的资源越来越多，价值也越来越高昂。

（5）开发的限制性

房地产开发的限制性主要是由于土地功能的限制所造成。同一宗土地有多种可能用途，而且变更用途较为困难，土地功能需要满足城市规划的各项条件。另外，同一房屋变更使用功能有时也很困难，不仅与房屋的建筑设计、结构设计有关，还与城市规划许可制度有关。

（6）交易的复杂性

房地产因为其位置的固定性，其市场交易具有地域性，而且交易过程往往涉及复杂的法律关系，因此一般需要通过专门的房地产经纪公司进行交易。规范、专业的房地产经纪活动，有助于保障房地产交易的安全，避免产生巨大的经济风险；但是，由于房地产市场上的信息不对称现象特别普遍，如果从事房地产经纪活动的主体凭借自身的专业知识和信息，利用信息不对称来谋取私利，则会导致严重的经济和社会风险。

因为房地产商品价值高昂，一般交易时需要通过银行贷款来完成支付，因此成功的房地产交易必然以顺利通过银行贷款审批为前提。而银行的贷款政策却因各家银行不同，因各个地区不同，因各个时期不同，因此房地产交易带有一定的不确定性。

房地产既是最基本的生活资料，又是能够保值增值的投资品，关系到每个人的切身利益。国家政策调整带来的影响，土地政策、税收政策、金融政策等的变革，都会对房地产市场造成或大或小的影响。这既说明了房地产投资的风险性，也说明了政府制定长远房地产政策的重要性。

1.1.2 房地产开发的含义和分类

根据《中华人民共和国城市房地产管理法》第二条规定：“房地产开发，是指在依据本法取得国有土地使用权的土地上进行基础设施、房屋建设的行为。”市场经济条件下，需要具备相应资质的企业才能从事这一行为，这样的企业称为房地产开发企业。房地产开发企业必须满足《中华人民共和国土地管理法》和《中华人民共和国城乡规划法》等法律，根据城市建设总体规划和经济、社会发展计划的要求，选择一定区域内的建设用地，按照土地使用性质，有计划、有步骤地进行开发建设，以取得良好的经济、社会和环境效益为目的，进行房地产开发。因此，房地产开发也称为房地产综合开发或者城市建设综合开发。

房地产开发的主要内容是房产开发和地产开发。房产是建设在土地上的各种房屋，它们具有各自的使用性质和功能；地产是土地包括供水、供热、供电、供气、排水等地下管线以及地面道路等基础设施的总称。房产和地产密不可分，房地产开发必须综合考虑房屋各项使用功能的配套和房屋与基础设施的协调，实行综合开发，才能发挥其应有的功能。

上述提及的“配套”“协调”是指对住宅、工商业等用房与文教卫生设施、园林绿化、交通道路及其他公用设施的配套建设。如今的房地产开发，不仅要有具有竞争力的户型、装修、配套服务等，也要有具有市场竞争力的能够满足消费者需求的配套项目。配套项目的内容随着时代的发展在不断更新，小区内逐步配备托儿所、幼儿园、小学、中学、社区商业等；规模稍大些的小区还会配置老年公寓、医疗中心和社区图书馆等综合服务设施与机构，配套项目的完善与否开始成为竞争楼盘进行差异化产品策略的重要因素。

房地产开发形式多样，从不同角度可以划分出不同的类型。

1. 按照开发项目所在位置划分

根据开发项目所在位置可以将房地产开发分为新区开发和旧区再开发两种形式。新区开发是通过对城市郊区的农地和荒地进行改造，使之成为建设用地，并进行一系列的房屋、道路、公用设施等方面的建造和铺设，使之变成新的城区。新区开发一般采用集中成片开发，体现城市空间形态向水平方向的发展，标注城市规模的扩大。卫星城就是这样大规模建设新区的成果。新区开发从“生地”开始，严格按照城市规划和各项开发区的功能进行建设。由于是新开发，拆迁量小，配套建设投资大但比较完善，用地条件相对宽松。旧区再开发也称为旧区改造，保护、利用、充实和更新是旧区再开发的内容，它是在原有的城市建成区，为了满足城市社会经济发展的需要，保护城市优秀的历史文化遗产和传统风貌，充分利用并发挥现有各项设施的潜力，根据实际情况，有计划、有步骤、有重点地对旧城区进行充实和更新。一方面，通过改造，改变以往旧城区人口过密、交通拥堵、房屋老旧、设施落后、环境恶劣的情况；另一方面，也可以调整城市用地，节约土地资源，提高土地效率，增强城市活力。

2. 按照开发规模划分

按照房地产开发的规模可划分为两种形式：单项开发和成片开发。单项开发是指开发规模小、占地少、功能单一的项目，如写字楼、商场、文化娱乐设施（如美术馆、图书馆、体育馆）等。单项开发在较小面积的独立地段上便可以进行，但是其功能的发挥往往受到基础设施条件的限制。成片开发范围较大，占地多，功能全，可能在城市新区，也可能在旧城区的较大面积的土地上，围绕某用地功能建设比较系统的综合配套设施，如住宅社区或城市综合体等。现在全面大面积推广建设的特色小镇大部分都属于成片开发。成片开发是一种投资额高、建设期长的综合性开发，往往在具体实施时采用分期分批、滚动开发的方式。

3. 按照开发阶段划分

按照房地产开发的不同阶段可以划分为土地开发和房屋开发。

土地开发是将生地变为“三通一平”“五通一平”等的熟地开发，包括征收安置、规划设计、基础设施建设等内容，成为可以直接建设房屋的净地。

在大多数城市，土地开发主要由政府来操作，也有城市是政府委托企业来做，政府负责管理和监督，或者由国有企业或者事业单位性质的土地储备机构来做。国土资源部在《关于进一步加强房地产用地和建设管理调控的通知》（国土资发〔2010〕151 号）中规定不得毛地出让，即出让的土地已完成土地开发，具备基本建设条件，可直接用于建筑。

房屋开发则是在土地开发的基础上进行房屋建设的开发活动。房地产开发企业以一定方式获得土地的使用权后，建造各类满足规划要求的房地产商品，如住宅、写字楼、商业中心、娱乐场所等，并以租售手段将这些房地产产品推向市场。

1.1.3 房地产经营的含义和模式

房地产项目具有其生命周期，可用图 1-1 描述，一共可分为三个阶段：发展期、稳定期和衰退期。发展期是前文提到的房地产开发阶段，往往是房地产项目生命周期中持续时间最短的阶段。对于一些小型工业项目和住宅项目，从开始策划到竣工投入甚至短于一年；但对于大型的商业综合项目，发展期则可能会持续数年。当项目竣工投入使用且建筑物的入住率达到一定水平后，项目就到达稳定期。美国用了近十年的时间才使帝国大厦达到稳定，到目前为止，该项目已经在稳定状态下运营了七十多年。一些策划失误或者质量不好的项目在刚完工就进入衰退期，也就是说没有经历稳定期，属于“非正常死亡建筑”。

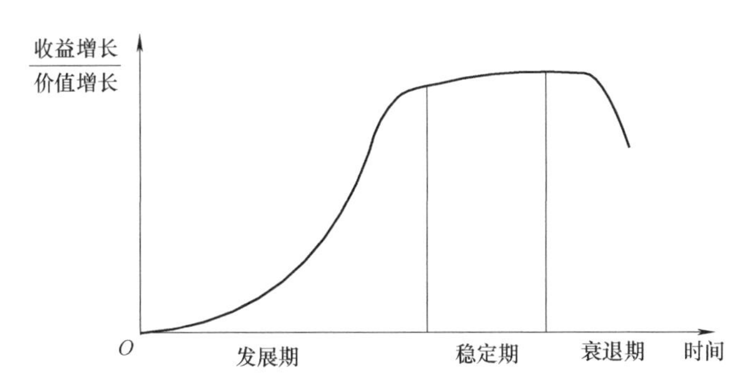

图 1-1 房地产项目的生命周期图

房地产项目的生命周期延长才能带来房地产业的可持续发展。我国的房地产市场正在从之前的增量房市场逐渐过渡到存量房市场。我国房地产企业面临由房地产开发逐渐向房地产经营的转型，房地产开发企业将不断增加持有型物业比例，由单纯的滚动开发模式（即增量房开发）向物业持有模式（即存量房运营）转变。从之前的拼土地、拼资金规模转型为轻资产运营的多业态经营，从“买地卖房”转型为“卖服务”，从重资产开发商转型为轻资产运营服务商。

目前我国房地产经营主要有以下三种模式：

1. 滚动开发模式

滚动开发就是“投资——拿地——项目融资——开发——销售——资金回笼——再投资”的业务循环。我国内地房地产发展初期，借鉴了香港地区房地产的开发经验和模式（因此滚动开发模式也被称为“香港模式”），该模式推动了我国内地房地产的快速发展，促进了我国经济水平迅速提高，也使我国城市化进程速度加快。但是这种模式重视存货资产如土地储备，运营资金密集度高，企业负债高，融资结构单一。

2. 物业持有模式

物业持有是指物业建好后开发企业自己持有，通过长期收取租金获取收益。持有的物业类型包括住宅和商办物业。开发企业通过持有住宅物业，可以发展住房租赁业务和养老地产物业。商办物业包括购物中心、写字楼、酒店等。随着第三产业的加速发展，市场对写字楼和商业的需求将快速释放，而住宅市场趋于饱和，因此越来越多的房地产开发企业不断增加持有型物业比例。很多房地产企业已经成立了商业地产运营中心。

3. 轻资产模式

前两种模式均为重资产模式。我国当前的房地产行业报表中的资产绝大部分是土地和开发成本为主的存货，具有重资产经营的典型特征。房地产市场发展初期，开发企业应该都是重资产模式开发，都需要持有大量的土地，前期占用资金量巨大，必须保证资金的周转速度，通过加大产品营销力度保证产品拥有忠诚的客户群。

轻资产经营模式是在自身资源有限的条件下，合理利用其他企业资源，以最低的投入实现股东价值最大化的模式。例如，2015 年，万达集团开始实施轻资产战略，投资建设万达广场的全部资金由外来资本提供，万达负责房地产开发的专业工作，如选址、设计、建造、招商和管理，对于项目产生的收益，万达与投资方按一定比例分成。轻资产经营模式需要高度发达的金融市场、经验丰富的开发企业和高度专业化的产业体系相互配合。

1.2 房地产开发企业概述

1.2.1 房地产开发企业的特征

房地产开发企业是指按照城市房地产管理法的规定，以营利为目的，从事房地产开发和经营的企业。房地产开发企业是房地产开发项目的发起者和组织者，是社区形态变化的推动者，为城市建设和人类居住环境改善做出了有目共睹的贡献。

房地产开发企业是以土地开发和房屋建设为经营范围的生产经营型企业。随着房地产市场发展进程的加速，房地产开发企业的经营性功能日益突出。开发过程中的诸多环节已经逐渐专业化、市场化，房地产业中的一些基本职能，如市场调研、营销策划、规划设计、施工建设、销售实施、物业管理等可以委托专业公司代理，房地产开发公司的主要职能表现为以整合土地、人力、资本等各种资源为手段，以房地产产品设计、生产和经营为工作核心，满足各类消费者从多角度对房产的不同需求。

房地产开发企业经营管理的最高指导思想是其经营理念，依靠企业经营理念解决如何合理利用资源、实现发展目标、规范管理行为、制定开发模式等经营管理问题。无论是从经济发展规律看，还是从政府调控的目的进行分析，整个房地产业的定位更多地应回归到其社会属性上，为老百姓提供舒适、安全的居住环境，为企业经营活动提供合适的场所。在我国房地产业发展初期，房地产更多地体现在其经济属性上，是国民经济的基础性产业，使得各类企业都涉足房地产。随着我国工业化程度的提高，产业升级迫在眉睫，国家资源需要合理配置。房地产开发企业要做到可持续发展，应树立起通过开发经营，为社会提供价格适中、节能环保、配套齐全的房子，为国民经济社会发展提供基本物质保障，从提供的服务中获取合理利润的理念。

房地产开发企业盈利模式在滚动开发阶段主要依赖土地增值和开发出售，前者具有不可持续性，后者盈利不稳定，风险较大。随着第三产业的快速发展，房地产开发企业盈利模式逐步转向物业持有盈利模式，从重资产模式向轻资产模式转变，以获取资产升值收益为主，转向获取增值服务收益为主，追求盈利的稳健性和可持续性。

1.2.2 房地产开发企业的资质管理

2000 年 3 月 29 日建设部令第 77 号发布《房地产开发企业资质管理规定》，2015 年 5 月 4 日住房和城乡建设部令第 24 号令对该规定进行了修正，其中删除了原规定中关于注册资本的要求。

按照该规定要求，房地产开发企业按照企业条件分为四个资质等级。房地产开发企业资质等级条件见表 1-1。

表 1-1 房地产开发企业资质等级条件

资质等级	从事房地产开发经营时间（年）	近 3 年房屋建筑面积累计竣工面积/万 m^2	连续几年建筑工程质量合格率达到 100%	上一年房屋建筑施工面积/万 m^2	专业管理人员（人）		
					总数	中级以上职称管理人员	持有资格证书专职会计人员
一级	≥5	≥30	5	≥15	40	20	4
二级	≥3	≥15	3	≥10	20	10	3
三级	≥2	≥5	2	—	10	5	2
四级	≥1	—	所有已竣工工程	—	5	—	2

房地产开发企业的资质实行年检制度。对于不符合原定资质条件或者有不良经营行为的企业，由原资质审批部门予以降级或者注销资质证书。房地产开发企业无正当理由不参加资质年检的，视为年检不合格，由原资质审批部门注销资质证书。

房地产开发企业资质等级实行分级审批。一级资质房地产开发企业的资质年检由国务院建设行政主管部门或者其委托的机构负责。二级资质及二级资质以下房地产开发企业的资质年检由省、自治区、直辖市人民政府建设行政主管部门制定办法。

一级资质的房地产开发企业承担房地产项目的建设规模不受限制，可以在全国范围承揽房地产开发项目。二级资质及二级资质以下的房地产开发企业可以承担建筑面积 25 万 m^2 以下的开发建设项目，承担业务的具体范围由省、自治区、直辖市人民政府建设行政主管部门确定。

新设立的房地产开发企业应当自领取营业执照之日起 30 日内，持下列文件到房地产开发主管部门备案：①营业执照复印件；②企业章程；③企业法定代表人的身份证明；④专业技术人员的资格证书和聘用合同。房地产开发主管部门应当在收到备案申请后 30 日内向符合条件的企业核发《暂定资质证书》。《暂定资质证书》有效期 1 年。房地产开发主管部门可以视企业经营情况延长《暂定资质证书》有效期，但延长期限不得超过 2 年。自领取《暂定资质证书》之日起 1 年内无开发项目的，《暂定资质证书》有效期不得延长。房地产开发企业应当在《暂定资质证书》有效期满前 1 个月内向房地产开发主管部门申请核定资质等级。房地产开发主管部门应当根据其开发经营业绩核定相应的资质等级。

1.2.3 房地产开发企业的合作伙伴

工程建设活动关系到国民经济和人民生活的方方面面。比如开发企业要进行工程建设，必须使建设项目获批，列入国家计划，由此开发企业和业务主管部门、计划批准机关产生关系。获批后，开发企业需要进行筹备资金、购置材料、招投标，进一步组织设计、施工、安装，以便将建设计划付诸实施，其会和银行、物资供应部门、勘察、设计、施工、安装等企业发生关系。为了全面了解开发企业在整合各种资源、创造人居环境中的作用，有必要了解开发企业在开发过程中的所有合作伙伴，和他们参与开发的动力。

1. 政府机构

政府机构在参与房地产开发的过程中，既有制定规则的权力，又有服务、监督、管理的职能，主要包括行政审批、招标活动监管、工程质量监管、销售活动监管、资金周转监管等。房地产开发企业从购买土地使用权开始，就不断和政府的土地管理、城市规划、建设管理、市政管理、房地产管理等部门打交道，以获取土地使用权证、规划许可证、开工许可证、销售许可证等。作为公众利益的代表者，政府在参与房地产开发的同时，也对房地产开发其他参与者的行为产生着影响。由于房地产开发受政策影响较大，故房地产开发企业必须认真考虑政府的有关政策和对待开发的态度，以评估其对所开发项目的影响。

我国不同城市对于房地产开发过程的监管主体主要是政府对口机构及其下设的各个部门。对于房地产开发全过程从开发立项、勘察设计、规划、施工、销售、维保等都有专门部门予以监督。各地政府普遍设立的部门主要包括发展与改革委员会、自然资源和规划局、住房和城乡建设局、消防救援局、生态环境局、交通委员会（或交通管理局）、民防局、绿化园林局、文物局、水务局、地震局等。政府监管流程主要体现在各种审批手续上。

除了上述提到的直接参与建设过程管理的市政府有关主管部门外，在整个项目建设过程中间接对项目的建设过程或者竣工过程发生关系的还有供电局、自来水公司、电信公司、燃气公司等负责对项目的配套设施、外管线、容量等进行审查和报装。公安局派出所对门牌号、楼栋编号的申请进行审查和批复。教育局对开发区域的教育资源进行“划片”分配。区县街道办事处对配建的居委会用房进行验收、接收等。

建设过程和后期经营过程中还会有税务机关、工商管理机关、城市管理等部门介入。

我国房地产开发过程中涉及的主要监管部门及业务见表1-2。

表1-2 我国房地产开发过程中涉及的主要监管部门及业务

政府部门	涉及业务
自然资源和规划局	土地出让合同、建设用地批准书、不动产权证（原土地证）
	项目选址、规划方案、规划变更、建设用地规划许可证、建设工程规划许可证、规划竣工实测、竣工核实、竣工验收等
住房和城乡建设局	资质管理、建筑工程施工许可证、面积预测、预售证、合同备案、竣工验收、面积实测、产权登记、物业管理等
发展与改革委员会	项目立项

（续）

政府部门	涉及业务
财政局	土地出让金、契税、土地出让金登记单等
消防支队/消防大队	规划方案审查、单体施工图审查、专项竣工审查等
生态环境局	规划方案审查、专项竣工审查等
人民防空办公室	规划方案审查、专项竣工审查等
卫生局	规划方案审查，酒店、餐饮、幼儿园、食堂等单体施工图审查及竣工验收等
公安局	安防验收等
民用航空局	建筑限高等
民政局	项目案名、社区用房验收等
物价局	预售物价备案等
地震局	抗震审核等
房屋征收部门	组织房屋征收与补偿工作
市容局	广告发布位置选举、建筑垃圾、工程渣土许可等
工商局	企业营业执照、广告发布许可等
供电局	供电方案、供电线路等
园林局	园林管理、树木砍伐移植、园林绿化验收
交警支队	项目指引牌等

2. 金融机构

金融机构是指从事金融业有关的金融中介机构，为金融体系的一部分。金融业包括银行、证券、保险、信托、基金等行业。房地产是资金密集型产业，在生产、流通及消费等多个环节对房地产金融机构的依赖度较高。房地产开发企业如果不借助金融机构和资本市场进行融资，而仅靠自有资金，将很难发挥房地产开发的优势。另外，房地产既是消费品，也是投资品，其保值增值性好，具备抵押品的特性。

从金融机构的角度来说，其拥有的资金如果不能及时融出，就会由于通货膨胀的影响而贬值，如果这些资金是通过吸收储蓄存款而汇集的，则还要垫付资金的利息。所以金融机构只有设法及时地将资金融出，才能避免由于资金闲置而造成损失。当然，金融机构在融出资金时，要遵循流动性、安全性和盈利性原则。世界各国的实践表明，房地产业是吸收金融机构信贷资金最多的行业，房地产开发商和投资者是金融机构最大的客户群之一，也是金融机构之间竞争最重要的争夺对象。

目前我国房地产金融机构尚不发达，除了商业银行贷款以外，证券、信托、基金和债券等房地产金融产品发展滞后。

3. 建筑承包商

房地产开发企业往往需要将建设过程中的工程施工工作发包给建筑承包商。建筑承包商的利润仅与建造成本和施工周期有关。无论是招标过程还是施工过程，房地产开发企业和建筑承包商之间都是既合作又竞争的关系。双方只有通过合作才能实现彼此都在追求的利润。对于房地产开发企业，可通过招标降低造价和寻求合适的建筑承包商，施工阶段通过各种管理方式减少工程款的支出。同样，对建筑承包商来说，投标是为了中标和赚取利润，施工阶段通过各种方法增加工程款的收取。

招标完成后，房地产开发企业和中标建筑承包商签订合同，从而确定双方竞争性的对立关系，双方依据合同履约，房地产开发企业支付合同标的款项，建筑承包商交付标的产品。房地产开发的建设过程中，开发企业需要签订大量的施工、设备采购、咨询服务类合同，这个时间需要占用大比例的房地产开发时间，而且密集使用了开发企业的大比例资金。房地产施工阶段所形成房地产建筑产品的工程质量不仅影响房地产开发项目的使用全过程，而且影响房地产开发企业经营阶段的销售和租赁，对开发企业品牌经营有着巨大的影响。

4. 专业顾问

由于房地产开发过程相当复杂，房地产开发企业不可能有足够的经验和技能来处理房地产开发、交易和使用过程中遇到的各种各样的问题。因此，开发企业在开发过程的不同阶段聘请专业顾问提供咨询和技术服务。这些专业顾问人员包括如下几种：

（1）建筑师

建筑师主要负责开发建设用地规划方案设计、建筑设计等工作，为开发商和最终的使用者提供既能满足功能要求，又能使建造成本和费用最低的建筑物。建筑师应尽可能在开发过程的前期聘请。聘请建筑师时，要充分考虑其从业经验、知名度和以往的工作业绩。优秀建筑师的设计往往能较大提高建筑物的价值。

（2）景观建筑师

随着社会经济的发展和人居环境意识的加强，人们对建筑景观的要求已经远远超出了通过种草种树提高绿化覆盖率的要求。因此，景观设计师作为一个独立的专业也就应运而生。景观设计师的工作主要是在现有环境条件的基础上，通过各种道路、灯光、水景、植被、小品等的规划设计，使整个开发项目成为一个完整、优美的有机体，提高项目的综合品质和价值。

（3）工程师

房地产开发过程中需要结构工程师、设备工程师、电气工程师、监理工程师等。结构工程师负责建筑结构的设计，保证建筑物有足够的强度承受各种荷载。设备工程师负责设备部分的设计。电气工程师在采暖、照明、供电等方面提供技术服务。监理工程师负责施工合同的管理，控制工程的进度、质量和成本。

（4）房地产估价师

房地产估价师可以为房地产开发企业、购房者和物业所有者等提供估价服务。房地产估价师利用其专业经验和业务信息网络为开发商提供的估价服务，不仅能校核开发商自己的估算，还能弥补开发商在这方面专业知识的不足。房地产估价师往往受托于金融机构，为其准备提供贷款的开发项目进行评估，对受贷人用来做贷款担保的资产进行估价。政府批租土地、征收与房地产有关的税收、征收补偿、国家或企业资产的转移与变更等也都需要房地产估价师的服务。房地产估价师在就某一宗房地产进行估价时，要能够准确把握该宗房地产的物质实体状况和权属状况，掌握充分的市场信息，全面分析影响房地产价格的各种因素。

（5）房地产经纪人

房地产经纪人在入住者和开发商之间起桥梁和纽带作用。房地产经纪人在项目的建设过程中和竣工后，负责开发项目的市场推广和租售代理业务，还能为开发商提供第一手的市场信息或市场分析报告。报告中通常包括以下内容：确定客户的数量、估计客户愿意支付的租金或价格水平、开发期内市场状况及其变动的预测、需求分析、制定和实施租售战略、协商租售办法等。

5. 物业管理者

房地产开发企业从房地产开发项目的立项阶段就聘请物业管理企业全程介入，避免房地产项目定型后，与消费者的需求错位，很难采取补救措施。物业管理企业的强项在于把握消费者的心理需求，他们直接与业主打交道，清楚业主的需求以及他们对物业管理的要求。日常工作中，物业管理者和消费者面对面，时刻保持联系，可以随时倾听他们对项目软硬件的评价。物业管理者的参与有助于修正市场定位，改进产品的设计和服务。物业管理企业是开发企业和市场之间的桥梁。

6. 会计师

会计师从事开发投资企业的经济核算工作，从全局的角度给项目开发提出财务安排或税收方面的建议，包括财政预算、工程预算、付税和清账、合同监督、提供付款方式等，并及时向开发投资企业通报财务状况。

7. 律师

在房地产开发的全过程中，都需要律师的参与。获得土地使用权时，需要签订土地使用权出让或转让合同；在融资、项目发包及物业租售等环节，也要签署相应的合同文件。这些合同文件都需要律师参与起草或签署。

8. 消费者或投资者

正是消费者或投资者的存在，房地产开发才具有现实意义。因此，房地产开发企业必须了解、预测和满足潜在用户的需求。开发企业在构思初始的项目概念时，首先想到的是潜在用户的需求，市场研究进一步深化对使用者特性的分析，帮助开发企业为其产品确定目标使用者，当项目建成后，最终使用者即消费者或投资者是否接受开发商提供的产品，将决定开发项目的成败。

1.3 房地产开发程序概述

房地产开发是一项复杂的工作，一定要按一定的程序进行。这是因为：

1）房地产产品的形成有其内在的规律性，从土地开发到房屋开发，从设计、施工到项目出租、出售以及后期运营等过程，必须遵循房地产产品形成的规律，有条不紊地进行开发工作。

2）由于房地产开发投资大、风险大，开发企业不能盲目地、仓促地进行房地产开发，必须按照一定的科学程序，先进行充分的论证，再决定投资的项目，并对项目的实施过程进行精心的设计和周密的安排，使项目顺利进行，并获取预期的利润目标。

3）在房地产开发持续时间较长的全部过程中，要通过房地产开发企业、计划部门、规划部门、设计单位、施工单位、市政部门、金融机构等许多单位和部门的协调和配合，为了使房地产开发符合城市规划，促进城市社会经济发展，保护广大房屋消费者的利益，城市政府制定了审批制度，以便对房地产开发进行引导、监督和管理。

房地产开发程序是房地产投资长期实践活动对各个工作环节的必要性和先后次序的科学

总结。不论开发活动变得多么复杂或开发企业多么富有经验，都必须遵循这个基本程序。一般说来，通常要经历下列九个步骤：提出投资设想及机会寻找、投资机会筛选、可行性研究、获取土地使用权、规划设计与方案报批、签署有关合作协议、施工建设与竣工验收、租售市场营销、物业管理和资产运营。也可以按照图 1-2 进行整合，即房地产开发的五大程序：①投资机会选择与决策分析；②前期工作；③项目建设；④租售阶段；⑤项目运营。

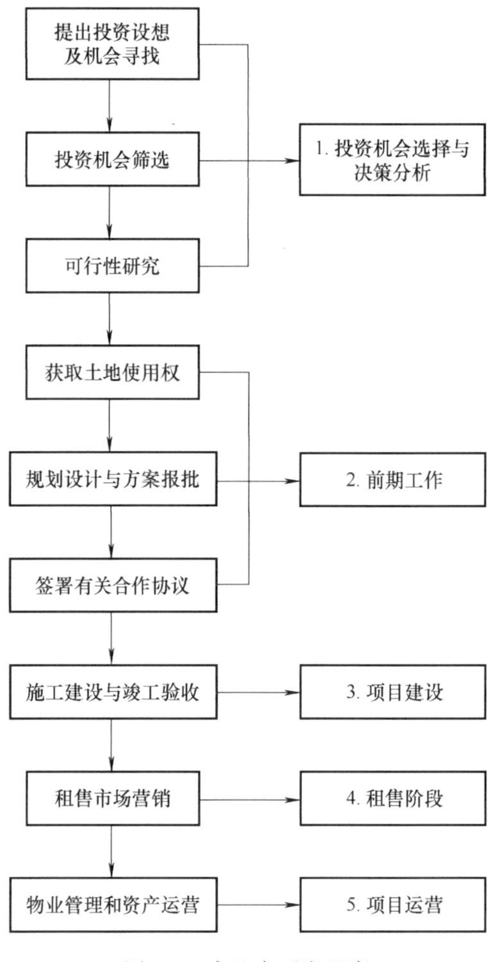

图 1-2　房地产开发程序

在对每一程序进行解释之前，有几点必须强调：

1）实际的开发过程很难沿直线一步一步地向前进行，某些情况下各程序可能会交替进行，如预售将发生在项目建设阶段，物业管理将在前期阶段介入等。了解房地产开发程序，可以帮助开发企业少走弯路。

2）不能待项目竣工后才重视物业与资产管理运营，在设计和建设过程中必须重视物业和资产管理运营对项目开发建设的要求。

3）房地产开发过程是动态变化的，而且要求不同专业的人员协同工作。保持各专业工作的协调和衔接，是确保开发项目成功的基础。

结合前面讲述的房地产开发企业合作伙伴的内容，用表 1-3 表示房地产开发中的主要工作内容和相关合作伙伴的关系。

表1-3 房地产开发中的主要工作内容和相关合作伙伴的关系

主要政府机构	房地产开发企业	其他合作伙伴
工商局、住房和城乡建设局（注册，资质审批）	投资决策	注册代理
自然资源和规划局	选址（城市、区域、地块）	投资咨询
—	初步可行性分析	—
自然资源和规划局（土地使用权证）	取得土地（一级市场、二级市场）	评估机构、银行
发改委（立项批复）	立项（核准或备案）	—
—	详细市场研究	投资咨询、专业机构
—	项目策划	专业机构
自然资源和规划局（规划设计要点）	规划设计任务书	—
自然资源和规划局（审定设计方案通知、用地规划许可证、建设工程规划许可证）、园林、消防、人防	委托规划设计	规划设计院
—	施工图设计	规划设计院
—	招标投标	招标投标公司
住房和城乡建设局（施工许可证）	建筑施工	建筑商、监理单位、设备商、材料商、家具商、景观单位
—	装饰装修	装修单位、设计、材料商
住房和城乡建设局（预售或销售许可证）	营销	营销代理、广告、媒体、律师、保险、银行
规划、住房和城乡建设局、园林、消防、人防、环保、开发、设计、建设、监理、质检	竣工及综合验收	物业管理
住房和城乡建设局（不动产权证）	办理产权	—
—	房屋经营	物业管理

1.3.1 投资机会选择与决策分析阶段

投资机会选择与决策分析是整个房地产开发程序中最基本、最关键的一步，通过一系列的调查研究和分析，为开发企业选择一个最佳的、可行的项目开发方案或者为放弃项目提供依据。这一程序的主要内容是提出投资设想及机会寻找、投资机会筛选和可行性研究三个步骤，以确定具体的开发地点和开发项目。

提出投资设想及机会寻找是指开发企业往往根据自己对某地房地产市场供求关系的认识，寻找、捕捉投资的可能性。房地产开发企业首先要选择开发项目所在的城市或地区，然后结合自身的认识寻找可能的投资机会。此时，开发企业面对的可能是多种投资的可能性，对每一种可能性都要根据自己的经验和投资能力初步判断可行性。

接下来进行投资机会筛选。开发企业要将其投资设想落实到具体的地块上，通过与土地拥有者或使用者、潜在的消费者、其他合作伙伴和专业人员接触，使项目设想具体化，并提出几个初步的方案。如果认为可行，就可以草签购买土地使用权或有关合作的意向书。

可行性研究是指在项目筛选之后，对所选择的项目做进一步的分析，主要包括市场分析和财务评价、经济评价和社会评价等。这里的市场分析是指一系列与项目类型有关的专项调查研究，包括市场的供求关系、竞争环境、目标市场及可支付的价格水平等。财务评价是指根据市场分析的结果，就项目的经营收入与费用进行比较分析。这项工作要在尚未签署任何协议之前进行。这样开发企业才会有充分的实践和自由考虑相关问题。通过可行性研究，开发企业能够对项目的预期收益状况进行估算，也可以初步掌握开发中的关键因素，从而做出开发或不开发的决定，或是在若干个开发方案中选择最合适的方案。因此，可行性研究是开发企业进行投资决策的重要依据，对选择投资方向、初步确定开发目标与方案、进行目标市场和开发产品定位等，均起着举足轻重的作用。

1.3.2 前期工作阶段

前期工作阶段是在开发企业在做出投资决策之后，进行获取土地使用权、规划设计与方案报批、各种证书的获取、工程建设招标、租售价格确定等多项内容的阶段。

根据《中华人民共和国城乡规划法》第三十六条、三十七条，按照国家规定需要有关部门批准或者核准的建设项目，以划拨方式提供国有土地使用权的，建设单位在报送有关部门批准或者核准前，应当向城乡规划主管部门申请核发选址意见书。经有关部门批准、核准、备案后，建设单位应当向城市、县人民政府城乡规划主管部门提出建设用地规划许可申请，由城市、县人民政府城乡规划主管部门依据控制性详细规划核定建设用地的位置、面积、允许建设的范围，核发建设用地规划许可证。建设单位在取得建设用地规划许可证后，方可向县级以上地方人民政府土地主管部门申请用地，经县级以上人民政府审批后，由土地主管部门划拨土地。

对关系国家安全、涉及全国重大生产力布局、战略性资源开发和重大公共利益等项目，实行核准管理。其他项目，实行备案管理。

根据《中华人民共和国城乡规划法》第三十八条，在城市、镇规划区内以出让方式提供国有土地使用权的，在国有土地使用权出让前，城市、县人民政府城乡规划主管部门应当依据控制性详细规划，提出出让地块的位置、使用性质、开发强度等规划条件，作为国有土地使用权出让合同的组成部分。未确定规划条件的地块，不得出让国有土地使用权。

以出让方式取得国有土地使用权的建设项目，建设单位在取得建设项目的批准、核准、备案文件和签订国有土地使用权出让合同后，向城市、县人民政府城乡规划主管部门领取建设用地规划许可证。

根据《中华人民共和国城乡规划法》第四十条，在城市、镇规划区内进行建筑物、构筑物、道路、管线和其他工程建设的，建设单位或者个人应当向城市、县人民政府城乡规划主管部门或者省、自治区、直辖市人民政府确定的镇人民政府申请办理建设工程规划许可证。申请办理建设工程规划许可证，应当提交使用土地的有关证明文件、建设工程设计方案等材料。需要建设单位编制修建性详细规划的建设项目，还应当提交修建性详细规划。对符合控制性详细规划和规划条件的，由城市、县人民政府城乡规划主管部门或者省、自治区、直辖市人民政府确定的镇人民政府核发建设工程规划许可证。城市、县人民政府城乡规划主管部门或者省、自治区、直辖市人民政府确定的镇人民政府应当依法将经审定的修建性详细规划、建设工程设计方案的总平面图予以公布。

房地产开发企业作为建设单位委托设计单位完成建筑工程设计方案等材料。首先需要委托勘察单位对地块所在场地的地质条件、水文条件、环境、交通运输、资源量进行调查，为设计单位提供条件。

实行监理的建设工程，建设单位应当委托具有相应资质等级的工程监理单位进行监理，也可以委托具有工程监理相应资质等级并与监理工程的施工承包单位没有隶属关系或者其他利害关系的该工程的设计单位进行监理。

建筑工程依法实行招标发包确定施工单位，对不适于招标发包的可以直接发包。开发项目的建设实施，是由建筑施工企业完成的，施工企业是开发项目建设实施的直接指挥者和生产者。因此，选择承担项目施工的企业是极为重要的工作。为了在预期的投资限额内，保证工程质量和工期，一般采取招投标方式选择施工企业，即初步选定若干个施工企业，通过报价竞争，从中选择最为合适的施工企业按工程承包合同承建工程项目。

建筑工程开工前，建设单位应当按照国家有关规定向工程所在地县级以上人民政府建设行政主管部门申请领取施工许可证。

前期工作阶段，房地产开发企业的工作主要为和有关政府部门以及其他合作伙伴合作，获得各项审批，为顺利开工做好准备。同时，在这一阶段，房地产开发企业要为项目进行详细的全过程策划，项目定位、规划设计、建筑方案、建筑施工、项目形象、项目营销、品牌培植以及物业管理服务等各环节进行全方位策划，使项目的开发价值最理想。在此过程中需要编制各种各样的计划，形成整个项目的工期计划、成本计划和质量计划等，并进行必要的设计工作，提出有关项目产品的全面要求和规定。

1.3.3 项目建设阶段

项目建设阶段即工程的施工建设与竣工验收阶段。这一阶段的主要工作内容包括施工组织、建设监理、市政和公建配套、竣工验收。开发企业在工程建设阶段应该做好工程的项目管理工作，尤其应该重点关注项目的成本、质量和进度。通常开发企业会派人进驻现场或定期派人巡视现场，以了解整个建设工程。

开发企业对开发项目进行工程管理和控制，包括配合施工企业做好各项施工准备工作，如按时腾出施工场地，完成场地的“三通一平”，及时提供设计图样和订购有关设备等；对项目的费用、进度和施工质量进行控制；有效协调各类关系，例如设计与施工的关系，土建施工与设备安装的关系，施工与材料、设备供应的关系。可以用质量控制、进度控制、成本控制、合同管理、安全管理概括这一阶段的工作。

1. 质量控制

在项目建设阶段，质量控制的任务主要包括：在施工过程中及时确认施工工艺规程是否满足设计要求和合同规定；对所选用的建筑材料和建筑设备进行质量评价；对整个施工过程中的工程质量进行评估；将取得的质量数据和承包商履行职责的程序与国家有关规范、技术标准、规定进行比较，并做出评价。

2. 进度控制

进度控制是指以项目进度计划为依据，综合利用组织、技术、经济和合同等手段，对建设工程项目实施的时间的管理。主要工作内容包括：对项目建设总周期目标的论证与分析；编制项目建设工程进度计划；编制其他配套进度计划；监督项目施工进度计划的执行；对施工现场的调研和分析。

项目建设总周期目标的论证与分析，即对整个项目通盘考虑、全面规划，用以指导人力、物力的运用，以及时间、空间的安排，最终确定经济合理的建设方案。

3. 成本控制

房地产开发企业的利润来源于租售收入和开发总支出的差值，而工程成本是开发总支出的主要组成部分，所以降低工程成本就能增加房地产开发企业的利润。

成本控制的主要工作内容，除了项目投资决策、设计、工程发包阶段的成本控制外，项目施工阶段的工程成本控制主要包括如下几个方面的工作：编制成本计划，确定成本控制目标；审查施工组织设计和施工方案；控制工程款的动态结算；控制工程变更。

工程成本控制的措施主要包括强化“成本”意识，加强全面管理；确定成本控制对象；完成成本控制制度；制定有效的奖励措施。

4. 合同管理

随着我国建筑市场的日趋完善和逐渐与国际惯例接轨，合同管理在现代建筑工程项目管理中的地位越来越重要。合同管理在工程项目管理中的作用是多方面的，主要包括：确定工程建设和工程管理的工期、质量、价格等主要目标，是合同双方在工程中进行各种经济活动的依据；规定合同双方在合同实施过程中的经济责任、利益和权利，这是调节合同双方责权利关系的主要手段；履行合同、按合同办事，这是工程建设过程中双方的最高行为准则，合同一经签署，则成为一个法律文件，具有法律约束力；一个项目的合同体系决定了该项目的管理机制，房地产开发企业合同分解或委托项目任务，实施对建设项目的控制，是合同双方在工程实施过程中解决争执的依据。

5. 安全管理

安全问题是影响工程建设进度、质量和成本的重要方面，加强安全管理，对提高开发项目的总体经济效益和社会效益有着重要意义。工程建设中安全管理的原则是安全第一、预防为主。在规划设计阶段，要求工程设计符合国家建筑安全规程和技术规范，保证工程的安全性能。在施工阶段，要求承包商编制施工组织设计时，应根据建筑工程的特点制定相应的安全技术措施；对于专业性较强的工程项目，应当编制专项安全施工组织设计，并采取安全技术措施。

为达到安全生产的目的，要求承包商在施工现场采取维护安全、防范危险、预防火灾等措施，有条件的，应当对施工现场进行封闭管理。施工现场对毗邻的建筑物、构筑物和特殊作业环境可能造成损害的，建筑施工企业应当采取安全防护措施。

竣工验收工作是全面考核建设工程成果的最终环节，是由房地产开发企业会同设计、施工、设备供应单位及工程质量监督等部门，按照被批准的设计文件所规定的内容和国家规定的验收标准，对该项目是否符合规划设计要求以及建筑施工和设备安装质量进行全面检验后，取得竣工合格资料、数据和凭证的过程。对于某些规模大的开发项目，其中的单项工程、单位工程竣工后，可分别进行竣工验收，开具竣工验收书，在综合验收时作为附件上交。经验收合格的工程方可办理交付使用手续，进入使用管理。

1.3.4 项目租售阶段

开发一个项目的最终目的是通过房屋租售使房屋的价值得到实现。房地产的租售策略一般与市场需求情况、开发商对资金回收的迫切程度及开发物业的类型有关。实际上，房屋的销售工作并非在房屋竣工验收后进行。从选择地块开始，开发企业已开始寻找购房者或承租人。在可行性研究阶段需要研究房屋的租售计划。在建设过程中，通过各种广告媒介做好项目的销售广告和宣传工作。当项目施工进行到一定程度时，取得预售许可证，方可进行开发项目的预售工作。竣工验收后可申请办理房屋权属登记手续。

1.3.5 项目运营阶段

前面提到，房地产运营模式可分为三种：滚动开发模式、物业持有模式和轻资产运营模式。不管哪种运营模式，我们都可以从资产管理角度来表述房地产开发项目的运营内容。

房地产资产管理是资产所有人自己或者委托专业机构对有形的房地产资产进行科学管理，以期实现资产最大限度的保值增值的行为。房地产资产管理的业务内容主要有物业管理、设施管理、财务管理和运营管理。

房地产资产的物业管理关注资产的日常运营，为租户提供及时的服务，保证物业的持续收入和现金流。物业管理的主要任务是保证入住者方便、安全地使用物业及配套设施，能为其提供一系列生活服务，并通过建筑物的维修与保养、机电设备与公共设施的维护与管理、小区内的治安保卫、清洁绿化来保证物业的使用寿命及价值。同时物业管理也对业主提供专项及特约服务并进行物业的经营等。物业管理的内容还包括根据物业管理在市场竞争中的绩效表现，评估物业公司的工作状况，协调物业公司与住户的关系，定期进行资产的投资分析和运营状况分析。此外，确定物业投资目标，审批物业更新计划，新购或处置旧有物业以保持资产的运营优势和市场竞争力，实现组合投资收益的最大化也是房地产资产物业管理的重要内容。

房地产资产的设施管理主要集中在设施的运行管理和维护上，包括各种水电管网和设备管理、安防管理、保洁管理、商务服务、维修管理、技术改造、节能管理、系统运行和日常巡查等。设施管理前期的设备选型、设备招投标、设备维保合同的签订等为后期经营打下良好坚实的基础具有重要意义，后期则通过专业的物业操作、维护和保养使物业设施设备保持长久如新，以实现资产的保值增值。

房地产资产的财务管理对象的特征在于：资产以出租为主，以保证物业产权的单一性，对物业享有永久性的权利和义务。资产管理的财务目标是实现资产长久性的保值、增值并获得超额利润。房地产融资在房地产资产的财务管理中占据重要地位。银行贷款、私募、IPO上市、REITS都是重要渠道。无论投资机构还是个人投资者，商业物业、酒店物业和写字楼都属于资本获益最为显著的持有型资产类型。

房地产资产管理的核心在于资产运营管理，其包括前期策划运作、中期招商招租和后期运营管理。前期策划运作奠定物业成功的基础，中期招商招租实现物业的规划，后期运营管理创造物业的价值。整个链条构成资产运营的全过程。

1.4 我国房地产开发的发展史

1.4.1 我国住房制度的改革

住房制度改革是经济体制改革的重要内容，是提高社会福利水平的重要途径。改革开放以来，我国住房制度经历几次重大变革，改革取得显著的成效，但也遗留诸多难题。

1978 年以来，我国城镇住房制度经历了试点、扩大试点、全面推广、取消福利分房、住房商品化、住房分类供应等改革过程，适应中国特色社会主义新时代的现代化住房制度逐渐清晰。住房制度改革必将朝着“住有所居”总目标不断深化、完善。可从以下三个阶段梳理我国住房制度改革历程：

1. 1978—1997 年：试点和推进阶段

1978—1988 年是我国城镇住房制度商品化改革的第一阶段，也称试点阶段。

1978 年，邓小平在视察大庆油田和北京前三门新建公寓住宅楼时提出“解决住房问题能不能路子宽些”，被认为是我国城镇住房制度改革的源头。

1979 年，西安、南宁、柳州、桂林、梧州五个城市试行中央拨款建设，以土建成本价向居民出售住宅，开始住房制度改革的实践。

1980 年，邓小平指出：“城镇住房居民个人可以购买房屋，也可以自己盖，不但新房子可以出售，老房子也可以出售。可以一次性付款，也可以分期付款。”同年，党中央、国务院批转的《全国基本建设工作会议汇报提纲》中正式提出住宅商品化。

截至 1981 年，试点城市扩大到全国 50 多个中小城市，但是由于当时我国整体工资收入水平较低，居民有效购买能力有限，在依然存在可以享受国家分配低租住房的情况下，这种全价售房的改革并没有推广开来。

1982 年，我国先后在常州、郑州、沙市、四平等城市进行公房全价及补贴出售试点，在公房补贴售房方案中提出由政府、单位、个人各负担房价的 1/3 的“三三三制”。到 1984 年年初，四个城市共补贴出售住宅 1214 万套住房，建筑面积 11.45 万 m^2，投资 1640 万元，收回的资金约占投资的 30%，并出现了供不应求的局面。据此，1984 年国务院批准扩大城市公有住房补贴出售的试点城市，到 1985 年年底，全国共有 27 个省、自治区、直辖市的 160 个城市和 300 个县镇实行了向个人补贴出售住宅。但是由于“三三三制”国家和单位的补贴量大，资金不能实现自我循环，政府负担较重，因而于 1986 年停止。这些尝试，从理论上、认识上打破了传统住房制度的束缚，为住房商品化、分配货币化积累了一定经验。

1985 年，部分城市通过发行住房建设企业债券等开展住房金融改革试点。

1986 年，上海、广州制定土地有偿转让办法。同年，国务院住房制度改革领导小组成立，负责领导和协调全国房改工作。我国的住房制度改革开始转向传统福利住房制度的核心之一，即低租金制，提出了“提租补贴”的改革思路，即提高公房租金，增加工资，变暗贴为明补，以此激励个人购买住房。

1987 年，深圳特区率先进行有偿转让土地使用权试点。

1988 年 1 月，国务院召开第一次全国住房制度改革工作会议。同年 2 月，《国务院关于印发在全国城镇分期分批推行住房制度改革实施方案的通知》（国发〔1988〕11 号）中明确了“我国城镇住房制度改革的目标是：按照社会主义有计划的商品经济的要求，实现住房商品化。从改革公房低租金制度着手，将现在的实物分配逐步改变为货币分配，由住户通过商品交换，取得住房的所有权或使用权，使住房这个大商品进入消费品市场，实现住房资金投入产出的良性循环”。但由于“提租补贴”改革受当时工资改革缓慢的影响，国民经济开始出现严重通货膨胀，如果继续实施“提租补贴”方案，在成本推动效应的作用下，有可能导致进一步的通货膨胀，于是“提租补贴”方案未能全面推行。

1991 年 6 月，国务院发布《关于继续积极稳妥地进行城镇住房制度改革的通知》，提出要在合理调整现有公有住房的租金、出售公有住房的同时，实行新房新制度，使新建住房不再进入旧的住房体制，实行新房新租、先卖后租，从而减小存量住房提租的阻力，通过在新建商品住房实行增量房改。通过吸取烟台、唐山、蚌埠等地住房制度改革试点经验，1991 年 10 月国务院再次召开全国住房制度改革工作会议，印发《关于全面推进城镇住房制度改革的意见》，提出了城镇住房制度改革的总目标：城镇住房制度改革是经济体制改革的重要组成部分，其根本目的是要缓解居民住房困难，不断改善住房条件，正确引导消费，逐步实现住房商品化，发展房地产业。继续强调改革“公房低租金”制度，以“多提少补”原则合理调整公房租金，推进住房商品化。

1992 年，在邓小平南方谈话的带动下，我国对外开放及市场化改革的步伐加快，房地产业的发展进入快速扩张期，新建商品房随之增加。

1993 年底，我国召开第三次全国住房制度改革工作会议及 1994 年 7 月国务院颁布《关于深化城镇住房制度改革的决定》（国发〔1994〕43 号），将提高租金的改革方向转为稳步出售公有住房，提出“三改四建”，具体包括：把住房建设投资由国家、单位统包的体制改为由国家、单位、个人三者合理负担的体制；把各单位建设、分配、维修、管理住房体制改为社会化、专业化体制；把住房实物分配方式改为以按劳分配为主的货币分配方式；建立以中低档收入家庭为对象、具有社会保障性质的经济适用房供应体系及以高收入家庭为对象的商品房供应体系；建立住房公积金制度；发展住房金融和住房保险，建立政策性与商业性并存的住房信贷体系；建立规范化房地产市场和社会化的房屋维修、管理市场，逐步实现住房资金投入产出的良性循环，促进房地产业发展。

1996 年，联合国召开第二次人居大会，会议提出使用必要手段以实现在可持续发展的基础上改善所有人生活条件的长期目标。时任国务院总理的朱镕基制定了包括实施住房制度改革在内的多项政策，提出“加快住宅建设，使之成为新的经济增长点和消费热点”。

2. 1998—2012 年：全面商品化阶段

1998—2012 年，我国城镇住房制度进入全面商品化阶段，形成集土地、财政、金融等于一体的较完善的商品化住房体系。

1998 年 5 月，中国人民银行颁布《个人住房贷款管理办法》，倡导贷款买房，并特意安排 1000 亿元的贷款指导性计划。

1998 年 6 月，国务院召开全国城镇住房制度改革和住房建设工作会议，1998 年 7 月印发《国务院关于进一步深化城镇住房制度改革加快住房建设的通知》（国发〔1998〕23 号），明确提出停止住房实物分配，逐步实行住房分配货币化；建立和完善以经济适用住房为主的多层次城镇住房供应体系；发展住房金融，培育和规范住房交易市场的改革目标。至此，我国已实行了近四十年的住房实物分配制度从政策上退出历史舞台。

1999 年 2 月，中国人民银行下发《关于开展个人消费信贷的指导意见》，提倡“积极开展个人消费信贷”，稳步推进和拓展消费信贷业务，加大消费信贷投入，此后，按揭贷款购房被越来越多的居民所接受和使用。

1999 年 4 月，建设部发布《已购公有住房和经济适用住房上市出售管理暂行办法》及《城镇廉租住房管理办法》，国务院发布《住房公积金管理条例》。

2001 年，建设部发布我国第一部《商品房销售管理办法》，重点解决商品房销售环节中存在的广告、定金、面积纠纷及质量等问题。

2003 年，《国务院关于进一步深化城镇住房制度改革加快住房建设的通知》（国发〔2003〕18 号），认为近 5 年来城镇住房制度改革深入推进，住房建设步伐加快，住房消费有效启动，居民住房条件有了较大改善。房地产业已经成为国民经济的支柱产业，要坚持住房市场化的基本方向，要继续发展住房信贷，强化管理服务。同时对国发〔1998〕23 号文进行了修正，将国发〔1998〕23 号文提出的“建立和完善以经济适用住房为主的多层次城镇住房供应体系”改变为“让多数家庭购买或承租普通商品住房”，要“增加普通商品住房供应；采取有效措施加快普通商品住房发展，提高其在市场供应中的比例；努力使住房价格与大多数居民家庭的住房支付能力相适应”。国发〔2003〕18 号文的出台将大多数家庭的住房推向了市场，实现了我国住房市场化的根本转变。

房地产业带动相关产业的快速发展，为我国城市现代化建设和国民经济增长做出巨大贡献。但也带来一些问题，如住房投资增幅过大、土地供应过量、房价过高过快增长、住房结构不合理、住房投机等。因此，自 2002 年开始，国家密集出台了 10 余个关于促进房地产市场健康发展、稳定住房价格、遏制部分城市房价过快上涨的宏观调控文件。

2003 年，原建设部、财政部、国土资源部等五部委颁布《城镇最低收入家庭廉租住房管理办法》。

2005 年 3 月 26 日，国务院办公厅发出《关于切实稳定住房价格的通知》，就稳定房价提出八条意见（“国八条”）；4 月 27 日，时任国务院总理的温家宝召开国务院常务会议，研究进一步加强房地产市场宏观调控问题，并提出八项措施引导和调控房地产市场（即“新国八条”）；5 月 11 日，七部委又出台《关于做好稳定住房价格工作的意见》（稳定房价的八条措施）；5 月 31 日，三部委出台《关于加强房地产税收管理的通知》，限制期房转卖；7 月 19 日，国务院发布《关于抓紧开展城镇最低收入家庭住房情况调查的通知》，以低保家庭住房困难状况为调研对象，北京、上海、天津等地区建立住房保障对象档案；10 月 7 日，国家税务总局下发《关于实施房地产税收一体化管理若干具体问题的通知》，强调要对 20% 个人所得税进行一体化征收。

2006 年，建设部发布《关于城镇廉租住房制度建设和实施情况的通报》。

2007 年，国务院印发《国务院关于解决城市低收入家庭住房困难的若干意见》，随后由建设部联合国家发改委、财政部等九部委发布《廉租住房保障办法》。同年修订了《中华人民共和国城市房地产管理法》。

2008 年 3 月，住房和城乡建设部成立，发布了《关于加强廉租住房质量管理的通知》，提出要通过严格建设程序、落实有关方面责任、强化竣工验收工作等措施，加强保障性住房建设的质量管理。2008 年 4 月，五部委联合发布关于印发《城市低收入家庭住房保障统计报表制度》的通知，强调城市低收入家庭住房保障统计这一建立住房保障体系的基础性工作，以便科学制订住房保障发展规划和年度计划、合理安排住房保障资金和建设用地。国务院办公厅《关于促进房地产市场健康发展的若干意见》（国办发〔2008〕131 号）在要求加大保障性住房建设力度的同时，提出要进一步鼓励普通商品住房消费、支持房地产开发企业积极应对市场变化。

2009 年，住建部、发改委和财政部印发《2009—2011 年廉租住房保障规划》。

2010 年，七部委联合发布《关于加快发展公共租赁住房的指导意见》（建保〔2010〕87 号），明确了公共租赁住房的供应对象主要是城市中等偏下收入住房困难家庭，有条件的地区，可以将新就业职工和有稳定职业并在城市居住一定年限的外来务工人员纳入供应范围；要求各地要把公共租赁住房建设用地纳入年度土地供应计划，予以重点保障。《国务院办公厅关于促进房地产市场平稳健康发展的通知》（国办发〔2010〕4 号）和《国务院关于坚决遏制部分城市房价过快上涨的通知》（国发〔2010〕10 号）先后出台，提出要同时增加保障性住房和普通商品住房有效供给，合理引导住房消费，抑制投资投机性购房需求，要求金融机构和政府部门加强风险防范和市场监管，建立考核问责机制。

2011 年，“十二五”规划提出全国建设 3600 万套保障性住房。

2012 年，住建部发布《公共租赁住房管理办法》。自此以廉租住房、公共租赁住房为主的保障性住房被纳入国民经济与社会发展规划和住房建设规划中。

1978—2012 年，我国城镇住房经历了 35 年商品化改革，城镇人均住房建筑面积从 $6.7m^2$ 增至 $32.9m^2$，城镇居民住房成套率超过 80%，大幅提高了居住水平。政府一方面对商品房市场持续调控，稳定过高过快增长的房价，抑制房产投机行为，防范房地产泡沫化；另一方面加大保障性住房建设，加快调节住房结构，满足不同住房需求。但在土地财政、房地产业较高利润和居民住房理念等因素驱使下，地方政府、企业和个人仍热衷商品性住房的规划建设，缺乏建设保障性住房的内在动力。城镇住房总量趋于饱和，但住房结构极不平衡，城镇中低收入者、城市新居民的住房矛盾依然严峻，距离建立不同收入家庭的住房分类供应体系仍有较大差距。

3. 2012 年至今：现代化制度阶段

2012 年 11 月，党的“十八大”报告提出“要建立市场配置和政府保障相结合的住房制度，加强保障性住房建设和管理，满足困难家庭基本需求”。

2013 年 12 月，住建部、财政部、发改委联合发布《关于公共租赁住房和廉租住房并轨运行的通知》，将廉租住房统一纳入公共租赁住房管理。

2014 年，房地产市场限购政策开始松动。9 月 30 日，央行、银监会发布《中国人民银行中国银行业监督管理委员会关于进一步做好住房金融服务工作的通知》，内容包括加大对保障房金融支持、支持居民合理住房贷款需求、支持房地产企业合理融资需求等多项政策；重新明确首套房贷利率下限为贷款基准利率的 0.7 倍，对拥有 1 套住房并已结清相应购房贷款的家庭，为改善居住条件再次申请贷款购买普通商品住房，银行业金融机构执行首套房贷款政策。10 月 9 日，住建部联合财政部、央行共同印发《关于发展住房公积金个人住房贷款业务的通知》，要求各地放宽公积金贷款条件。2014 年 11 月 21 日至 2015 年 6 月央行贷款利率 4 连降。

2014 年 12 月，住建部等六部委发布《关于试点城市发展共有产权性质政策性商品住房的指导意见》，在北京、上海、深圳、成都、淮安和黄石 6 个城市试点发展共有产权性质的政策性商品住房。北京、上海等试点城市制定的管理办法中指出，未销售的自住型商品房、限价商品房、经济适用房等政策性产权房将按共有产权住房办法执行，代表了政策性产权住房的改革趋势。2014 年，我国经济受国内外政治经济因素影响，经济发展步入中高速增长、经济结构不断优化升级和创新驱动的新常态。

为适应新常态经济，2015 年 11 月，习近平总书记在中央财经领导小组第十一次会议上首次提出供给侧结构性改革。在随后召开的中央经济工作会上提出“着力加强结构性改革，在适度扩大总需求的同时，去产能、去库存、去杠杆、降成本、补短板”。化解房地产库存成为从中央到地方政府的一项工作重点。

我国商品房市场从 2014 年年底至 2016 年 10 月又呈现出房价过高过快增长态势，违背了我国经济平稳健康发展初衷。

2016 年，国务院办公厅印发《关于加快培育和发展住房租赁市场的若干意见》，实行租购并举，加快培育和发展住房租赁市场。

2016 年 9 月至今，我国采取“分类调控、因城施策”的房地产调控政策，北京、上海、广州、深圳等一线和二线热点城市相继出台限购、限贷、限售、限价措施。例如，北京市《关于促进本市房地产市场平稳健康发展的若干措施》的通知，提出加大住房用地供应力度，合理调整土地供应结构；加快自住型商品住房用地供应；强化“控地价、限房价”的交易方式；进一步完善差别化住房信贷政策等 8 项措施。对购买首套住房的首付款比例和条件认定均做出更严格规定。

党的“十八大”以来，受国内外多种复杂因素影响，我国住房市场调控政策不断调整，政府在我国快速城镇化进程中必须建立一种长效机制，统筹城乡资源系统性建设商品房、政策性住房和保障性住房，推动我国住房事业长期稳定健康发展。为此，党的“十九大”报告提出：在习近平新时代中国特色社会主义思想指引下，贯彻新发展理念，建设现代化经济系统，提高保障和改善民生水平，加强社会保障体系建设。坚持“房住不炒”的定位，加快建立“两多一举”的住房制度，让全体人民住有所居，这是我国现代化住房体系框架。在此框架下，建立健全现代住房制度的改革拉开帷幕。

2017 年，国土资源部、住建部联合印发《利用集体建设用地建设租赁住房试点方案》，确定在北京、上海、南京、杭州、厦门、武汉、合肥、郑州、广州、佛山、肇庆、沈阳、成都 13 个城市开展试点，着手探索多元化、多主体的土地供应政策。

2018 年，政府工作报告中提出更好地解决群众住房问题，启动新的 3 年棚改攻坚计划，扩宽住房保障条件范围及继续实行差别化调控，建立健全长效机制，促进房地产市场平稳健康发展。支持居民自住购房需求，培育住房租赁市场，发展共有产权住房。加快建立“两多一并举”的住房制度，让广大人民群众早日实现安居、宜居。

1.4.2 我国土地制度的改革

历经 40 多年的改革开放，我国已成为以城市经济为主体的现代化国家。城市化率由 1978 年的 17.86% 提升到 2017 年的 58.52%，有 15 个人口超过 500 万人的大城市，国内生产总值超 80 万亿元，成为全球第二大经济体。而土地制度改革对我国城市化及其所带来的快速经济增长起到了极其关键的作用。

根据我国社会经济发展背景、城市化水平变化及土地政策重大事件，可将我国土地政策的演变大致分为三个阶段：1978—1997 年，农村土地政策主导的改革，奠定了城市化基础；1998—2014 年，城市土地政策主导的改革，促成了土地城市化；2014 年至今，城乡土地政策互动，人口城市化开始。三个阶段的划分以十一届三中全会、对外贸易松动、经济新常态等社会经济发展重大事件及家庭联产承包责任制、住房分配货币化、新型城镇化等土地政策重大变革为标志。

1. 1978—1997 年：奠定城市化基础

以 1978 年改革开放和安徽省凤阳县小岗村 18 位农民的“包干到户”为农村土地激活的标志，随着 1982 年中国共产党第一个关于“家庭联产承包责任制”农村工作一号文件的正式出台，以及 1982 年宪法明确承认农村集体土地所有权，农村土地逐步由“私有共用”与“公有公用”转变为“公有私用”，这极大地激发了农村生产力。

1979 年 7 月，第五届全国人民代表大会第二次会议通过的《中华人民共和国中外合资经营企业法》中规定“如果场地使用权未作为中国合营者投资的一部分，合营企业应向中国政府缴纳使用费”，从而首次提出了土地有偿使用的概念。

1980 年 7 月，国务院颁布《关于中外合营企业建设用地的暂行规定》进一步指出“中外合营企业用地，不论新征用土地，还是利用原有企业的场地，都应计收场地使用费。场地使用费的计算，应该包括征用土地的补偿费用，原有建筑物的拆迁费用，人员安置费用以及为中外合营企业直接配套的厂外道路、管线等公共设施应分摊的投资等因素”。

1982 年，我国第一次以宪法的形式确定了土地所有权性质，将我国的土地划分为城市和农村两大组成部分，分别归国家和集体所有。此后，土地所有权和使用权分离的思想逐步明晰。

1982 年 1 月 1 日施行的《深圳经济特区土地管理暂行规定》具体提出了不同用途土地各自使用最长年期和不同用途不同地区每年每平方米土地使用费标准，正式开始征收土地使用费。

1984 年以后，抚顺、广州等城市也开始推行土地有偿使用制度。

1986 年，《中华人民共和国土地管理法》明确提出土地所有权与使用权的划分、归属、确权与管理，将我国土地管理工作纳入依法管理的轨道，并为土地产权的交易奠定了法律基础。

1987 年，深圳市政府首次公开招标出让土地使用权。

1988 年《中华人民共和国宪法修正案》删去了 1982 年宪法第十条第四款中不得“出租”土地的规定，增加了“土地的使用权可以依照法律的规定转让”的规定，承认了土地使用权的商品属性，是我国土地使用制度的根本性变革。同年，《中华人民共和国土地管理法》响应宪法所做出第一次修正：“国有土地和集体所有土地使用权可以依法转让”“国家依法实行国有土地有偿使用制度”。

1989 年下发的《关于进一步加强国有土地使用权有偿使用收入征收管理工作的通知》，准备将土地出让收入纳入财政收支体系。

1990 年 5 月，国务院发布《中华人民共和国城镇国有土地使用权出让和转让暂行条例》，对土地使用权的出让、转让、出租、抵押等以及划拨土地的使用权问题做了具体的规定，标志着国家有偿有限期土地出让使用权政策实施，为土地使用权有偿出让提供了具体依据，为建立可流转的房地产市场奠定了基础。

但是由于相关配套政策的缺乏，在 1998 年前城市土地活力并没有被真正激发，土地财政也仅仅是一种设想。

2. 1998—2014 年：土地城市化阶段

1998—2014 年，我国城市化率由 33. 35% 提升到 54. 77%，社会经济发展主要得益于城市土地制度改革，大量工业园区开发与住房分配货币化的“双轮”驱动促进了城市基础设施条件改善以及制造业的繁荣。因此，该阶段可被称为“土地城市化”。

为了解决我国粮食保护、耕地保护与建设用地的矛盾问题，1998 年《土地管理法》第二次修订规定“农民集体所有的土地的使用权不得出让、转让或者出租用于非农业建设”以及“耕地总量动态平衡”，致使建设用地供不应求，城市土地的资本作用不断加强。

2002 年 7 月 1 日开始施行的《招标拍卖挂牌出让国有土地使用权的规定》，要求“商业、旅游、娱乐和商品住宅等各类经营性用地，必须以招标、拍卖或者挂牌方式出让。前款规定以外用途的土地的供地计划公布后，同一宗地有两个以上意向用地者的，也应当采用招标、拍卖或者挂牌方式出让”。这一规定被房地产业内称为第二次“土地革命”。

2004 年国土资源部、监察部《关于继续开展经营性土地使用权招标拍卖挂牌出让情况执法监察工作的通知》（国土资发〔2004〕71 号）要求各地严格执行经营性土地使用权招标、拍卖、挂牌出让制度；在 2004 年 8 月 31 日前将历史遗留问题界定并处理完毕；8 月 31 日后，不得再以历史遗留问题为由采用协议方式出让经营性土地使用权。71 号令成为土地交易市场化的标志，被称为“831 大限”。

2006 年，《国务院关于加强土地调控有关问题的通知》要求：工业用地必须采用招标、拍卖、挂牌方式出让，其出让价格不得低于公布的最低价标准。2006 年 12 月 27 日，国土资源部发布《全国工业用地出让最低价标准》。

2007 年 3 月，《中华人民共和国物权法》明确规定“工业、商业、旅游、娱乐和商品住宅等经营性用地以及同一土地有两个以上意向用地者的，应当采取招标、拍卖等公开竞价的方式出让”，这标志着土地公开出让方式由国家政策上升为国家法律。

2007 年，国土资源部发布《招标拍卖挂牌出让国有建设用地使用权规定》，明确了工业（包括仓储用地但不包括采矿用地）、商业、旅游、娱乐和商品住宅等经营性用地以及同一宗地有两个以上意向用地者的，应当以招标、拍卖或者挂牌方式出让。

2008 年，《国务院关于促进节约集约用地的通知》（国发〔2008〕3 号）要求深入推进土地有偿使用制度改革，严格落实工业和经营性用地招标、拍卖、挂牌出让制度，严格限定划拨用地范围，除军事、社会保障性住房和特殊用地等可以继续以划拨方式取得土地外，对国家机关办公和交通、能源、水利等基础设施（产业）、城市基础设施以及各类社会事业用地要积极探索实行有偿使用。该通知还强调要严格执行闲置土地处置政策，土地闲置满两年、依法应当无偿收回的，坚决无偿收回，重新安排使用；完善建设用地储备制度，储备建设用地必须符合规划、计划，并将现有未利用的建设用地优先纳入储备。

2008 年 10 月，党的第十七届中央委员会第三次会议通过《中共中央关于推进农村改革发展若干重大问题的决定》，提出要逐步建立城乡统一的建设用地市场，对依法取得的农村集体经营性建设用地，必须通过统一有形的土地市场、以公开规范的方式转让土地使用权，在符合规划的前提下与国有土地享有平等权益。抓紧完善相关法律法规和配套政策，规范推进农村土地管理制度改革。同月国务院批准实施国土资源部会同有关部门编制的《全国土地利用总体规划纲要（2006—2020年）》。同年还出台了《土地登记办法》。

2009年，国土资源部出台《土地利用总体规划编制审查办法》，进一步规范了土地利用总体规划的编制、审查和报批，有助于提高土地利用总体规划的科学性。2009年5月，国土资源部发出《关于切实落实保障性安居工程用地的通知》，要求各地分类确定城市廉租住房建设，林区、垦区、矿区棚户区改造和农村危房改造等三类保障性安居工程用地的供应标准、规模及时序，并落实到具体地块。土地利用年度计划指标紧张，已有保障性住房建设用地计划不能满足需要的市县，要统筹协调及时调整土地供应结构，扩大民生用地的比例，确保保障性住房用地的需求。

2012年，国土资源部发布《土地复垦条例实施办法》和《闲置土地处置办法》。

3. 2014年至今："人口城市化"阶段

2014年，新常态及新型城镇化的提出代表了我国城市发展正式进入"人口城市化"阶段。根据统计显示，预计到2030年，我国人口达到顶峰，城市化率达到70%左右，人口城市化将趋于稳定。但由于土地城市化的政策影响惯性，人口城市化面临着两大问题：内需刺激的主要对象——流动人口，尤其是农业转移人口面临住房保障、户籍、社会融合等问题；长期存在的土地供给结构错配及利用低效阻碍了流动人口进城落户。

2014年，中共中央办公厅、国务院办公厅印发《关于农村土地征收、集体经营性建设用地入市、宅基地制度改革试点工作的意见》的通知。同年，国土资源部出台《节约集约利用土地规定》和《国土资源行政处罚办法》。

2015年，十八届五中全会提出"使1亿左右农民工和其他常住人口在城镇定居落户"。同年，全国人民代表大会常务委员会授权国务院在北京市大兴区等三十三个试点县（市、区）行政区域暂时调整实施有关法律规定。

2016年，中国银监会、国土资源部下发《关于印发农村集体经营性建设用地使用权抵押贷款管理暂行办法的通知》（银监发〔2016〕26号）。同年，国土资源部公布并实施《不动产登记暂行条例实施细则》等。

2017年，十九大提出"多主体供给、多渠道保障、租购并举的住房制度"，同年的《全国国土规划纲要（2016—2030年）》对土地供给结构及利用模式制订了长远的战略规划。这说明，流动人口进城落户已成为人口城市化的重心，城乡土地制度应配合人口城市化建立与加强系统的互动协同。

1.4.3 政府对房地产的宏观调控

经过改革开放40多年的实践，房地产业对国民经济的贡献逐渐增大，发展房地产业已成为共识。但是如果房地产开发过速，也会给国民经济造成不利影响，导致产业结构的失调及其他负面效应。从房地产市场来看，有的地区发展得较快，有的地区则刚刚起步，也需要加以调控。从各房地产市场的供需结构来看，也产生过许多问题。因此，加强对房地产开发市场的调控，促进其健康平稳发展，也是十分必要的。

1. 房地产投资规模调控

政府需要通过调控保证房地产市场上房屋总供给与总需求基本平衡，形成一个有限度的买方市场，使之合理有序。如果房地产市场供求不平衡，供过于求，就会导致投资回收缓慢，投资效益低下，资源配置浪费；供不应求，又会引起房地产价格上涨，进而在一定程度上推动整个物价的上涨，引发通货膨胀。

要保证房地产市场供求基本平衡，必须利用价格、利率、财政、税收等经济杠杆和经济政策调节好房地产的供给，保证合理增长。在房地产短缺、需要增加供应的情况下，通过减少收费、降低价格、降低利率、减免税收、增加补贴的方式鼓励开发活动，增大投资规模；当市场供应过剩、需要减少供给时，则可以通过增加收费、提高利率、增加税收、减少甚至取消补贴等方式抑止供给，减少投资规模。这是从供给角度进行的一种直接调控。从间接调控角度引导需求，鼓励消费（降低利率、扩大信贷规模、减免税费等）或者抑制消费（提高利率、收缩信贷规模、增加税费等），起到扩大对房地产的需要或者抑制对房地产过高、不合理需求的目的，从而可以引导房地产开发活动。从供求规模上来看，要调节好房地产开发与国民经济发展水平之间的关系，做到既不超前也不滞后。

2. 房地产开发结构的调控

保证房地产市场的供求平衡，还要调节好房地产市场内部各层次、各类型和各方面的关系，使全社会各个层次的人都各得其所，使全社会对居住、工商业发展、行政办公等各种用房、用地的需求都大致得到满足，使国民经济各行业、各市场主体在供求关系和合作关系上基本协调，从而使房地产市场运行良好。这就是说，优化房地产开发结构就是要做到产品适销对路，实现有效供给。

在房地产开发规模的调控过程中，往往并不是一刀切地对所有的开发品种都实行投资规模的缩减或鼓励。2003 年初，国家对别墅开发用地的供应基本停止。2003 年 5 月 7 日召开的国务院常务会议明确提出要进一步扩大普通住房和经济适用房的供给，那些真正符合市场需求的项目，仍会得到银行的大力支持。

3. 房地产开发布局的调控

房地产开发布局分不同的层面，国家、地区、城市、企业都有各自布局上的要求，综合而言，城市以上的层面属于宏观层面，企业层面属于微观层面。从微观层面上看，房地产开发企业的项目布局是企业经营方针和理念的具体体现，显然微观层面的布局调控不属于政府宏观调控的范畴。从宏观层面上看，房地产开发布局与国家、区域的发展规划、计划以及城市建设的总体发展规划密切相关，政府必须进行宏观调控，从总体上把握房地产开发布局。

4. 房地产开发行为的调控

房地产开发行为的调控内容涉及多方面，它包括政府对企业制定的各项涉及房地产开发活动行为的法律法规、政府在一定阶段实施的政策调控措施和具体的行政管理等。其具体的内容包含在房地产开发建设和经营活动的全过程中，如对贷款条件的限制，开发准备阶段的供应管理，开发设计和规划限制要求，工程招标、工程承发包、工程协作行为的约束等。作为行业主管机构，住建部希望所有进入市场的各方主体包括企业、政府、中介机构都要依法行事和办事，保障市场的公平、公正。

现阶段我国房地产开发市场调控的手段主要有计划手段、经济手段、行政手段和法制手段。

（1）计划手段

在我国，房地产市场是市场改革的产物。运用计划手段调控房地产市场时，首先应注意研究和制定房地产业经济发展战略，确定中期和年度计划的发展目标，编制各种房地产开发计划；其次，运用行政和经济手段，制定出具体方法和措施，保证计划的实现；再次，及时检查和总结计划的执行情况，实事求是地研究事实、数字、材料，并分析实践过程，找出存在的问题及改进方法；最后，建立必要的房地产计划管理制度，以保证长远规划和近期目标的实现。

（2）经济手段

用经济手段调控房地产市场，就是国家或地方政府利用价格、补贴、财政、金融等经济杠杆来直接或间接调节和控制房地产开发市场。

财政政策对房地产市场的调控主要通过三种手段来实现：①税种的设立。税种的设立可起到调节房地产成本的作用，如耕地占用税、印花税、营业税、城市维护建设税、契税、土地增值税等相关房屋、土地税种的设立都直接或间接地增加了房地产的成本，影响到房地产的价格和交易活动。②税率的调控。税率的确立影响到税款额的大小，例如房产税，有的可免征，有的则必须按余值的某一比率计征，这样，国家和各级政府可利用税率来影响房地产市场上开发和交易房地产的种类和数量。③补贴的支出。政府可以通过设置财政补贴的方式支持某一类房地产产品的供给或需求，进而直接或间接影响开发市场。

运用金融手段调控房地产市场通过两个途径来实现：①可以通过资金融通来调节房地产活动，进而影响房地产的供给与需求。②可以通过利率的调整来影响房地产的成本，进而影响房地产的开发量和市场交易量。在政府运用金融手段调控房地产开发市场时，也存在一个干预顺序和范围设置问题，干预行为必须理性化。

（3）行政手段

用行政手段调控房地产开发市场，是指房地产行政管理部门依靠国家行政领导的权威，通过行政管理办法和规章制度等形式来调控房地产开发活动直接影响房地产供给，或者通过调控交易市场间接影响供给。

行政手段对房地产市场的调控表现在对某些开发、经营行为的允许或限制上。例如，规定对未取得土地使用权证书、建设用地规划许可证、建设工程规划许可证和施工许可证的项目，不得发放任何形式的贷款；规定商业银行发放的房地产贷款只能用于本地区的房地产项目，严禁跨地区使用；规定严格控制土地储备贷款的发放等。

（4）法制手段

运用法制手段管理房地产市场，是指对房地产市场管理中比较成熟、稳定、带有规律性的原则、制度和办法，由国家按一定程序以经济法律、法令和条例等形式固定下来，成为各级政府、企业和个人从事房地产开发、交易活动必须遵守的行为规范。从长期来看，由于某些法规对房地产开发起着鼓励或限制作用，因此也将其作为房地产开发市场调控的手段之一。

例如，《城市商品房预售管理办法》的出台，使得房地产开发企业只要交付全部土地使用权出让金，取得土地使用权证书，持有建设工程规划许可证和施工许可证，投入开发建设的资金达到工程建设总投资的 25% 以上，并已经确定施工进度和竣工交付日期，就可以将正在建设中的房屋预先出售给承购人，由承购人支付定金或房价款。这大大提高了房地产开发企业的融资能力，促进了投资规模和开发现模的扩大。《中华人民共和国城镇国有土地使用权出让和转让暂行条例》《城市房地产抵押管理办法》等法规也分别对房地产需求和供给产生了影响，起到了调节作用。

1.4.4 我国房地产市场发展史

我国房地产市场的发展史和住房制度改革、土地制度改革以及国家的宏观调控紧密相关。纵观四十余年的房地产发展史，可以分为以下三个阶段。

1. 1978—1997年：房地产市场的萌芽期

随着经济体制改革的进行，我国城镇住房的配置方式开始由计划向市场转变，这种转变是在土地制度改革和住房制度改革推动中进行的。我国房地产业也进入了由计划向市场过渡的阶段，即房地产市场的萌芽期。

1978年学术界提出了住房商品化、土地产权等观点。

1980年9月，北京市住房统建办公室率先挂牌，成立了北京市城市开发总公司，拉开了房地产综合开发的序幕。

从1981年开始，在深圳和广州开始搞商品房开发的试点，在这以前，国内只有房地产开发，没有商品房开发，企事业单位建造房屋主要是用于内部职工福利分配的，政府建房也是用于福利分配，没有房地产市场。

1982年，国务院在四个城市进行售房试点。

1984年，广东、重庆开始征收土地使用费。

1987年11月26日，深圳市政府首次公开招标出让住房用地。

1990年，上海市房改方案出台；1991年，上海市试点住房公积金制度，随后在全国逐步推广建立住房公积金制度。

1992年，房改全面启动，由海南、北海、广州、深圳等沿海大城市展开。1993年初，海南全省房地产投资达87万元，占固定资产投资总额的一半，仅海口一地的房地产开发面积就达800万m^2，地价由1991年十几万元/亩飙升到600多万元/亩。

1993年6月，国务院发布《关于当前经济情况和加强宏观调控的意见》，严格控制信贷总规模、提高存贷利率和国债利率、限期收回违章拆借资金、削减基建投资、清理所有在建项目。房地产热被釜底抽薪，房地产业投资增长率普遍大幅回落。

1994年，国务院发布《关于深化城镇住房制度改革的决定》，住房公积金制度开始全面建立，房地产市场开始复苏。

在房地产市场萌芽期，住房由国家计划统一提供转变为国家、集体、个人三者分担，我国城镇住房市场开始逐步形成。城镇居民的住房条件明显改善，城镇人均住房建筑面积从1978年的6.7m^2增长到1997年的17.8m^2。这一阶段房地产业的发展，正如1992年11月国务院发布的《国务院关于发展房地产业若干问题的通知》中所说的“房地产业在我国是一个新兴产业，是第三产业的重要组成部分，随着城镇国有土地有偿使用和房屋商品化的推进，将成为国民经济发展的支柱产业之一”。

2. 1998—2006年：快速发展期

为了应对1997年东南亚经济危机给我国经济带来不利影响，拉动内需，刺激经济增长，加之我国的住房制度改革基础已经较为成熟，1998年7月，国务院发布《关于进一步深化城镇住房制度改革加快住房建设的通知》，明确要求各省、自治区、直辖市1998年下半年开始停止住房实物分配，逐步实行住房分配货币化。至此，我国城镇住房市场才真正形成。由此，我国的土地制度改革与住房制度改革进一步深化，我国城镇住房配置的市场化程度逐步提高，房地产业开始进入快速发展期。

房地产的发展在2003年到达高峰，暴露出房价过高、结构不合理的问题，导致严重的社会矛盾，房地产业成为社会关注的焦点。

2004年，我国开始实施宏观调控，主要特征是收紧土地与信贷两个闸门，以调控供给为主。

2005年，中央进一步加大宏观调控力度，主要特征是供给与需求双向调控，以调控需求为主。

2006年的宏观调控主要特征是以调整房地产产品结构为主。房地产发生一系列的转变：由卖方市场向买方市场转变、由以投资主导向以消费主导转变、由短期投资向中长期投资转变、由以土地为中心向以产品为中心转变、由以增量市场为主向以存量市场为主转变、由笼统市场向细分市场转变。

3. 2007年至今：整合发展期

2007年以稳定房价为诉求的房地产调控进一步深化。土地、信贷、税收等调控政策密集推出，总体房价涨幅有所放缓，但北京、上海、广州、深圳等城市房价仍不断上扬。

2008年因为次贷危机，央行货币政策向宽松转变。2009年房地产市场迅速由萧条变为繁荣，房价持续攀高。2010年国务院发布了史上最严厉的调控政策《国务院关于坚决遏制部分城市房价过快上涨的通知》（简称“国十条”），但由于房地产市场的复杂性，威力无法完全释放。

2011年至2015年，全国房价基本稳定，库存闲置商品房数量增加，投机机会甚少。2015年年底，国务院出台去库存政策以刺激房地产，引发了一波房价翻倍的涨幅。

2016年国庆前夕，政府再度调控，推行“限购限贷，限售限价”的政策，该政策一直延续至今。

从1998年起至今20多年的时间里，我国房地产业取得了长足的发展，居民住房条件也得到了大幅的改善，土地和住房制度改革逐步深入，宏观调控手段也不断灵活和丰富。然而，宏观调控政策的短期性明显，调控的长效机制亟待建立。虽然“刹车式”的短期调控措施收效明显，但不能恒久为之。未来房地产调控应该选择怎样的短期调控措施、如何建立房地产调控长效机制等问题亟待解决。宏观调控手段的创新是今后保障房地产业健康发展的必然选择。

本章小结

房地产是房产和地产的合称，它既是一种客观存在的物质形态，也是一项法律上的财产。房地产主要具有以下几个特征：位置的固定性、数量的有限性、寿命的耐久性、价格的高昂性、开发的限制性和交易的复杂性。

房地产项目具有其生命期，可分为三个阶段：发展期、稳定期和衰退期。发展期是房地产开发阶段，即增量房市场阶段；稳定期是房地产经营阶段，即存量房市场阶段。房地产开发企业是以土地开发和房屋建设为经营范围的生产经营型企业。房地产开发程序可以整合为以下五大程序：①投资机会选择与决策分析；②前期工作；③项目建设；

④租售阶段；⑤项目运营。本章最后梳理了我国房地产发展历程，帮助读者对我国的住房制度和土地制度的改革以及政府对房地产业的调控有更详细的了解，为后面章节的展开分析打下基础。

思考与练习题

1. 简述房地产的特征。
2. 请各举一例说明房地产开发和房地产经营的内容。
3. 简述房地产开发企业的特征。
4. 简述房地产开发的程序。
5. 简述政府进行房地产调控的手段。

第 2 章

房地产开发投资分析

本章要点及学习目标

(1) 了解房地产开发项目可行性研究的作用和内容
(2) 掌握房地产市场研究的具体内容
(3) 掌握房地产市场调查的程序
(4) 掌握房地产市场细分的原则、标准、步骤
(5) 熟悉房地产目标市场选择的策略
(6) 理解房地产市场定位的原则、内容和方法
(7) 掌握房地产财务评价的内容和步骤
(8) 熟悉房地产投资决策的内容、程序和方法

房地产项目投资前期要解决的主要问题是判断项目的可行性并进行投资决策。房地产项目可行性研究的主要内容包括市场研究和财务评价。那么可行性研究的目的和作用是什么?如何进行市场研究?如何进行财务评价?如何进行投资决策?本章将对这些问题进行细致的讲解和分析。

2.1 房地产开发项目可行性研究

一个项目从其设想、筹备、发起、融资、建设、投产运营直至结束的全过程,称之为项目生命周期。我们在第 1 章 1.3 节讲解了房地产开发的程序,即为房地产项目的一个周期,具体概括为三个时期:投资前期、投资期和生产运营期。投资前期要解决的主要问题是判断项目的可行性并进行投资决策,主要工作包括可行性研究(由投资机会研究、初步可行性研究、详细可行性研究三阶段构成)和项目的投资决策。投资期主要任务包括谈判及签订合同、工程项目设计、施工、安装、职工培训和试车投产。生产运营期主要任务是保证项目在其整个生命周期内达到预期的经济效益和社会效果。本小节重点讲解投资前期的工作要

点：可行性研究。

2.1.1 可行性研究的含义和目的

可行性研究是指在项目投资决策前，通过科学的方法对建设项目有关的资源、技术、市场、经济、社会等各方面进行全面的分析、论证和评价，判断项目在技术上是否可行、经济上是否合理、财务上是否盈利，并对多个可能的备选方案进行优选的科学方法。

房地产开发可行性研究是在房地产开发项目的投资决策前，通过对项目投资环境和条件的调查研究，对各种建设方案、技术方案以及项目建成后的生产经营方案等的实施是否可行、技术是否先进和经济是否合理进行分析和评价的过程。简单来说，房地产项目可行性研究报告是对意向地块进行数据收集和分析研究内容的汇总，是投资管理工作最核心的内容，在投资管理工作中起到承上启下的作用。

可行性研究的目的是使房地产开发项目决策科学化、程序化，从而提高决策的可靠性，为企业决策层进行战略决策和实施控制提供依据和参考，并将它作为下一阶段工作开展的基础文件。一份好的房地产开发可行性研究报告可以指导房地产项目的整个开发流程，对项目前期、市场分析定位、投资总额、工期、融资需求、投资回报等一系列问题做出较为合理的分析。

2.1.2 可行性研究的作用和内容

房地产投资项目投入资金大，开发周期长，承受的风险也就大，因此可行性研究就成为整个房地产项目操作过程中不可缺少的部分。房地产项目可行性研究的最重要作用是为投资决策从技术、经济方面提供科学可行的依据，减少由于决策失误带来的损失。

房地产企业为了实施某项经济活动，需要委托专业研究机构来进行房地产开发项目的可行性研究，编撰出项目可行性研究报告，这些报告主要用于如下几个方面：

1. 用于向投资主管部门备案、行政审批的可行性研究报告

根据《国务院关于投资体制改革的决定》（国发〔2004〕20号）的规定，我国对不使用政府投资的项目实行核准和备案两种批复方式，其中核准项目向政府部门提交项目申请报告，备案项目一般提交项目可行性研究报告。

同时，根据《国务院对确需保留的行政审批项目设定行政许可的决定》，对某些项目仍旧保留行政审批权，投资主体仍需向审批部门提交项目可行性研究报告。

2. 用于向金融机构贷款的可行性研究报告

我国的商业银行、国家开发银行等银行以及其他境内外的各种金融机构在接受项目建设贷款时，会对贷款项目进行全面、细致的分析评估。项目投资方需要出具详细的房地产开发项目的可行性研究报告，银行等金融机构只有在确认项目具有足够的偿还贷款的能力、承担的风险较小的情况下，才会同意贷款。

3. 用于企业融资、对外招商合作的可行性研究报告

此类可行性研究报告通常需要准确的市场分析、合理的投资方案并提供项目竞争分析、项目营销计划、管理方案以及技术研发等实际运作方案。

4. 用于申请进口设备免税的可行性研究报告

主要用于申请进口设备免税，办理中外合资企业、内资企业项目确认书的项目需要提供项目可行性研究报告。

5. 用于境外投资项目核准的可行性研究报告

企业在实施走出去战略，对国外矿产资源和其他产业投资时，需要编写可行性研究报告报给发改委，需要申请中国进出口银行境外投资重点项目信贷支持时，也需要可行性研究报告。

6. 用于环境评价、审批工业用地的可行性研究报告

我国当前对项目的节能和环保要求逐渐提高，项目实施需要进行环境评价，项目可行性研究报告是作为环保部门审查房地产开发项目对环境影响的一个依据，同时项目可行性研究报告作为向项目建设所在地政府和规划部门申请工业用地、施工许可证的依据。

房地产可行性研究涉及项目的全过程，包括项目前期、土地、项目定位、规划、工程施工、造价、融资、销售、相关税费清算等，涉及的行业众多，需要团队协作。当前很多项目开发可行性研究报告深度不够，如果不能得到准确的数据，会使投资者做出错误的判断，从而影响房地产投资项目成败。只有专业的团队才能保证测算数据的准确性，数据的准确性对从业者的判断至关重要，没有科学严谨准确的数据作为项目的保障，投资工作将不能正常进行，更不用说获取预期收益了。

房地产可行性研究一般划分为三个阶段：投资机会研究、初步可行性研究和详细可行性研究。

投资机会研究分为一般投资机会研究和特定项目的投资机会研究。该阶段的主要任务是对投资项目或投资方向提出建议，即在一定的地区和部门内，以对自然资源和市场的调查预测为基础，寻找最有利的投资机会。投资机会研究的主要内容有：区域情况、经济环境、资源条件、社会条件、地理环境、国内外市场态势、工程项目建成后对社会和环境的影响等。投资机会研究相当粗略，主要依靠笼统的估计而不是依靠详细的分析。对于大中型项目，机会研究所用的时间一般为 1 至 2 个月，而小型项目或不太复杂的项目一般能在 2 个星期内完成，机会研究所需费用约占投资的 0.2% ~0.8%。

初步可行性研究也称“预可行性研究”，是在投资机会研究的基础上，进一步对项目建设的可行性与潜在效益进行论证分析。初步可行性研究主要解决的问题包括：分析投资机会研究的结论，在详细资料的基础上做出是否投资的决定；进行详细可行性研究是否有必要；需要进行辅助研究哪些关键问题。在初步可行性研究阶段需对以下内容进行粗略的审查：市场供求情况、建筑材料供应状况、项目所在地区的社会经济情况、项目地址及其周围环境、规划设计方案、项目进度、项目销售收入与投资估算、财务评价等。若经过初步可行性研究，认为某项目具有一定的可行性，便可转入详细可行性研究阶段，否则就终止该项目的前期研究工作。初步可行性研究对项目投资和生产成本的估算精度一般要求控制在 ±20% 左右，研究所需时间大致为 4 ~6 个月，所需费用约占投资总额的 0.25% ~1.5%。

详细可行性研究就是通常所说的可行性研究，是在初步可行性研究的基础上，对开发建设项目进行技术、经济的深入论证和分析，用作投资决策的基础。它为项目决策提供技术、经济、财务等方面的评价依据，为项目的具体实施提供科学依据。因此，该阶段是进行详细深入的技术经济分析论证阶段。这一阶段中投资额和成本都要根据项目的实际情况进行认真调查、预测和详细计算，其计算精度应控制在 ±10% 以内，大型项目可行性研究工作所花费的时间为 8 ~12 个月，所需费用约占总投资额的 0.2% ~1%，中小型项目可行性研究工作所花费的时间为4～6个月，所需费用约占总投资额的1%～3%。

由于房地产项目的性质、规模和复杂程度不同，可行性研究的内容也不尽相同，各有侧重，一般包括以下主要内容：

1）项目概况。主要内容包括：①项目名称及开发建设单位；②项目的地理位置及项目所在地周围的环境状况；③项目的性质及主要特点；④项目开发建设的社会意义和经济意义；⑤可行性研究工作的目的、依据和范围。

2）可行性分析概况说明。主要内容包括：①可行性研究的起讫时间；②可行性研究的费用及占总投资的比例；③参加可行性研究的工作人员，包括其技术职称、级别和能力描述；④研究分析的主要内容；⑤可行性研究结论。

3）开发项目用地的现状调查及动迁安置。主要内容包括：①土地调查，包括开发项目用地范围内的各类土地面积、使用单位等；②人口调查，包括开发项目用地范围内的总人数、总户数、需动迁的人口数和户数等；③调查开发项目用地范围内建筑物的种类，各种建筑物的数量、面积，需要拆迁的建筑物种类、数量及面积等；④调查生产、经营企业的经营范围、占地面积、建筑面积、营业面积、职工人数、年营业额、年利润额等；⑤各种市政管线，主要应调查上水、雨水、污水、热力、燃气、电力和电信等管线的现状及规定目标和其可能实现的时间；⑥其他地下、地上物现状，开发项目用地范围内地下物调查了解的内容包括水井、人防工程、各种管线等，地上物包括各种树木、植物等。开发项目用地的现状一般要附平面示意图；⑦制订动迁计划；⑧确定安置方案，包括需要安置的总人数和户数，需要安置的各房屋套数及建筑面积，需要安置的劳动力人数等。

4）市场分析和建设规模的确定。主要内容包括：①市场供给现状分析及预测；②市场需求现状分析及预测；③市场交易的数量与价格；④服务对象分析、制订租售计划；⑤拟建项目建设规模的确定。

5）规划设计方案选择。主要内容包括：①市政规划方案选择，市政规划方案的主要内容包括各种市政设施的布置、来源、去路和走向，大型商业房地产开发项目重点要规划安排好交通的组织；②项目构成及平面布置；③建筑规划方案选择，建筑规划方案的内容主要包括各单项工程的占地面积、总建筑面积、层数、层高、平面布置等，附规划设计方案详图。

6）资源供给条件分析。主要内容包括：①建筑材料的用量、采购方式及供应计划；②施工力量的组织计划；③施工期间的动力、水等资源供应；④项目建成投入生产或使用后水、电、热力、燃气、交通、通信等供应条件。

7）环境影响和环境保护。主要内容包括：①建设地区的环境现状；②主要污染源和污染物；③开发项目可能引起的周围生态变化；④设计采用的环境保护标准；⑤控制污染与生态变化的初步方案；⑥环境保护投资估算；⑦环境影响的评价结论和环境影响分析；⑧存在的问题及建议。

8）项目开发组织机构和管理费用研究。主要内容包括：①制定开发项目的管理体制、机构设置；②制定管理人员的配备方案；③编制人员培训计划，年管理费用估算。

9）开发建设计划的编制。主要内容包括：①前期开发计划，包括项目从立项、可行性研究、下达规划任务、征地拆迁、委托规划设计、取得开工许可证直至完成开工前准备等一系列工作计划；②工程建设计划，包括各个单项工程的开工、竣工时间，进度安排，市政工程的配套建设计划等；③建设场地的布置；④施工队伍选择。

10）项目经济效益及社会效益分析。主要内容包括：①项目总投资估算；②项目投资来源、筹资方式的确定；③开发成本估算；④销售成本、经营成本估算；⑤销售收入、租金收入、经营收入和其他营业收入估算；⑥财务评价；⑦国民经济评价；⑧风险分析；⑨项目环境效益、社会效益及综合效益评价。

11）结论及建议。主要内容包括：①运用各种数据从技术、经济、财务等方面论述开发项目的可行性，并推荐最佳方案；②存在的问题及相应建议。

12）可行性研究报告的各类附件。主要内容包括：①各种调查分析的材料和图表；②各种证明材料；③咨询材料；④专家论证的意见书。

投资项目可行性研究的基本内容可概括为市场研究、技术研究和效益研究三大部分。

市场研究，它是项目立项建设的重要依据，产品方案和建设规模以及企业的效益都是根据市场供求及销售预测来确定的，因此市场调查和预测是项目可行性研究的前提和基础，其主要任务是要解决建设项目的“必要性”问题。

技术研究，即技术方案和建设条件研究。它从资源投入、厂址、技术、设备和生产组织等问题入手，对建设项目的技术方案和建设条件进行研究。这是可行性研究的技术基础，它要解决建设项目“在技术上的可行性”问题。

效益研究，即经济效益和社会效益的分析和评价。这是决定项目投资命运的关键，是项目可行性研究的核心部分，它要解决建设项目“在经济上的合理性”问题。

2.2 房地产市场研究

房地产市场研究就是分析和预测未来各种房地产的需求量，并将这种需求量与现有的供给量对比。房地产市场研究一般分为两种类型：一种是专项市场研究，另一种是定点综合研究。

专项市场研究是指为了满足某一个专门的需要而进行的房地产市场研究。这种研究没有特定的地点，一般是研究一个区域或一个区域的某类房地产市场。常见的房地产专项市场研究有：①某一居住区多层住宅需求的市场研究；②某一居住区花园洋房需求的市场研究；③某一区域写字楼需求的市场研究；④某一居住区商业房地产需求的市场研究；⑤某一区域工业房地产需求的市场研究等。

定点综合研究是指研究一块特定土地的最佳经济利用方式。定点综合研究某一块土地的各种利用方式及其经济效益，最后确定哪种利用方式能获得最大的经济效益。常见的房地产定点综合研究有：①某地块的最佳经济利用研究；②某地块开发住宅的市场潜力研究；③某地块开发写字楼的市场潜力研究；④某地块开发商业房地产的市场潜力研究；⑤某地块开发工业房地产的市场潜力研究等。

2.2.1 房地产市场需求

房地产市场需求是指在一定时期内，房地产消费者在某一价格水平上，在市场里愿意并且能够购买的房地产商品的数量。房地产市场需求根据其性质大致可分为三种类型：生产性需求、消费性需求和投资性需求。生产性需求是指房地产消费者为满足自身生产经营的需要而形成的对房地产商品的需求，其需求的主体是各类企事业单位和个体工商业者，比如对厂房、商铺、办公用房、仓库等的需求。消费性需求是指居民的为满足自身居住的需要而形成的对房地产商品的需求，主要是住宅房地产需求，其需求的主体是居民家庭，这类需求具有广泛性和普遍性，占整个房地产市场需求的绝大部分，一般占总需求的70%～80%。投资性需求是指投资者购置房地产商品不是为了满足自身生产经营或消费的需要，而是把所购买的房地产商品作为一种价值形式储存，在合适的时候再进行出售或出租，以达到保值增值的目的。

由于房地产商品是与土地密切联系的特殊商品，因此与一般商品的需求相比，房地产需求具有以下显著的特点。

1. 房地产市场需求的整体性

房地产市场需求的整体性是由土地和房屋建筑物需求的不可分割性决定的。房地产是地产和房产的结合体和统一物，土地是房屋的物质载体，且房屋是地基的上层建筑，二者不可分割。因而房地产需求既包含了对房产的需求，也包含了对地产的需求，是对房地产统一体的需求，绝不能把二者分离开来。这就决定了房地产商品空间的固定性、效用的长期性和价值的巨额性。由此引发房地产市场需求的特殊性和对房地产市场需求分析的复杂性。

2. 房地产市场需求的区域性

房地产具有不可移动性，不可能像其他商品那样从一个地区调往另一个地区。这就决定了房地产市场需求的地区性较强，不能像一般商品那样，从一个地方生产而可以运输到另一个地方营销。这主要表现在两个方面：一方面，某地域的房地产市场需求绝大部分来自本区域内的工商企业和居民的需求，即使外地居民或海外居民有购房需求，也必须迁移到该地区才能形成实际需求；另一方面，在同一城市的不同地段，房地产市场需求也可以有很大的差异，特别是商业和服务业用房地产，在城市黄金地段，即使价格较高，需求也很旺盛，在偏远地段，即使价格较低，其需求仍然较少。

3. 房地产市场需求的层次性

这里所说的需求的层次性主要是针对住宅房地产而言的，包括两层含义：第一层是指住宅的功能性需求层次。住宅作为生活资料，可以满足人们的生存性需求、享受性需求和发展性需求，随着社会经济增长和收入增加，在满足基本生存需要的基础上，享受性需求和发展性需求会逐渐上升到主要地位。因此，为了适应这种需求的变化趋势，住宅的设计、房型、设施、科技含量、环境与品味也要不断提高。第二层是指住宅消费需求的结构性层次。由于居民的收入结构和购房承受能力区分为不同层次，因为相应的住宅消费需求结构也划分为不同层次。从档次结构看，可以分为高、中、低档住房，从价位结构看，可以分为高、中、低价位住房等。住宅消费需求结构的这种层次性要求供给结构与之相适应，从而达到二者之间的平衡。

4. 房地产市场需求的双重性

房地产市场需求的双重性是指房地产既可以作为消费品也可以作为投资品，因而可以分为房地产消费需求和房地产投资需求两大类。一方面，房地产可分为住宅等消费品以及商业、工业用房等投资品两大类；另一方面，具体到住宅等消费品的需求，实际上也包括消费需求和投资需求两方面，前者自住为主，也要考虑住宅的升值因素，后者以投资（租赁、买卖）为主，以获取收益为最终目的。因此，研究房地产需求应该分不同物业类型进行。

5. 房地产市场需求的可替代性

房地产市场需求的可替代性可从以下三方面理解：

1）在一定区域内，在同一供需圈内，尽管没有完全相同的两个房地产，但是房地产商品在一定程度上是可以相互替代的，当然，这种替代性与其他普通商品相比要有限得多。

2）房地产的租赁和买卖可以相互替代。当购买力不足或者不需要购买（如短期暂时居住）时，就可以考虑租赁房屋。这样，出租的房地产与出售的房地产之间就有较强的可替代性，在成熟的市场经济中，房地产的买卖价格和租赁价格之间有一个合适的比例。

3）从房地产的投资需求看，房地产作为一种投资工具，如果其投资收益下降，投资者可以转向股票、债券、期货等其他投资项目，所以从投资角度来看，房地产商品与其他商品之间可以替代。

6. 房地产市场需求的多样性

首先，由于房地产本身的多样性，导致房地产的需求具有多样性，如房地产有住宅、商铺、工业地产等形式，不同的房地产类型面临的需求不同。其次，由于不同消费者收入的水平不同，职业、年龄、习惯等不同，形成了兴趣、爱好的多样性，从而对房地产的需求也产生了多样性。

房地产市场需求受到多个因素的影响，需要正确分析这些主、客观因素，从而达到扩大市场需求、正确投资决策、积极促进供求平衡的目的。主要影响因素有以下几点：

（1）国民经济发展水平

一个国家或地区的经济发展水平是影响房地产市场需求的决定性因素。经济发展水平越高，相应促使该国家或地区的房地产市场需求水平也越高；反之亦然。如果一个国家或地区在某一时期国民经济发展速度快，这个时期房地产市场需求增长也比较快；反之亦然。

国民经济发展水平对房地产市场需求的影响主要来自两个方面：一是投资规模。国民经济的投资规模的扩大能拉动生产经营性用房需求的增加，从而扩大了对工业厂房、商铺、办公用房等的需求。二是国民收入水平。随着经济发展，国民收入增加，企业的扩大再生产能力提高，个人的可支配收入也随之增长，必然会增大对房地产的需求。中国改革开放以来国民经济快速增长，促进了各类房地产市场需求增长，推动了现阶段中国房地产业的发展。

（2）房地产价格

房地产商品与其他商品一样，价格和需求量之间存在反方向变动的关系，即在其他条件不变的情况下，房地产价格的提高会使得消费者对房地产的需求量下降；反之，房地产价格的下降会促使消费者对房地产商品的需求量上升。但由于房地产是一种与土地联系的特殊商品，资源有限，有时会出现买涨不买跌的市场情况，因此房价对需求的影响极为复杂。

（3）居民收入水平和消费结构

居民收入水平与房地产市场需求呈正方向变动的关系。从住宅消费需求的角度分析，在住宅价格既定的前提下，居民的收入水平和消费结构对住房需求具有决定性作用。

居民收入水平的提高直接拉动居民的消费需求的增加。我国城镇居民长期以来一直处于收入水平低的境况之中，人们的居住水平和居住质量都比较低。改革开放以来，随着收入大幅度地增加，改善现有住房条件的愿望十分迫切，促使住宅的需求数量和质量急速提高，从而成为房地产市场发展的强大推动力量。

居民收入水平提高也会促使居民的消费结构发生质的变化。住房制度改革以前，实行实物福利分房制度，房租极低，房屋租金只占居民生活消费的 2% ~3%；住房分配货币化后，多数居民购买商品房，房租也逐渐上升到商品房市场租金水平，居住消费在家庭生活消费支出中的比例也相应上升到10%以上。国际上发达国家住房消费支出一般占家庭年收入的1/3左右。随着经济的发展和收入的提高，我国城镇居民的消费结构进一步优化。2016年，中国城镇居民家庭恩格尔系数为29.3%，按国际经验，当居民消费结构的恩格尔系数在40%~50%时，正是住房需求旺盛、房地产业大发展的时期，近几年来，我国城市房地产业的兴旺发达也印证了这一点。

（4）国家有关经济政策

政策因素对房地产需求有着重要的影响。政策是国家对房地产业进行宏观调控的必要手段，它对房地产市场供求的总量平衡和结构优化有极强的控制调节作用。从宏观上讲，产业发展政策决定了房地产业在整个国民经济中的地位及与其他相关产业发展的关系。与产业发展政策相关的税收、金融、投资等政策措施大体上决定了投资的总量和结构，是投资约束机制和激励机制的重要组成部分。同时，国家可以通过调节生产性需求的价格、税收、利率和折旧率等，刺激或抑制微观经济组织的投资行为。其中，货币供应政策和利率的调整是影响生产性需求最重要、最有力的杠杆。在房地产市场上，与消费性需求有关的政策主要有住房政策及相关的各项优惠政策；与经营性需求相关的政策主要有房地产二、三级市场的管理法则、相应的倾斜或约束性政策措施。

（5）消费者对未来的预期

需求者的投资行为或消费行为从根本上来说是受其现实的或潜在的需求决定的，同时，这种需求又受到外部环境的影响。作为需求的主体，如何去判断外部环境或如何预期去外部环境，这对需求者的投资行为有至关重要的影响。需求者对未来经济形势的预测会直接影响对房地产的需求。如果对未来经济形势的预期是下滑趋势的，其潜在的需求量会暂时沉淀下来，不会马上进入市场；反之，如果对未来经济形势的预期是上升趋势的，会使潜在的需求量变为现实的需求量，以期待在经济回升后获得更多的收益。以消费为目的的住宅需求者与其他投资者有所不同，他们更关心近期投入的最小化，而非远期收益的最大化。因此，此类需求者对价格涨落的预期是影响现实市场需求量的重要因素。

（6）城市化水平

城市化是社会经济发展的必然趋势。城市化包括城市数量的增加、规模的扩大和城市人口的增多等。城市化水平的高低也是影响房地产需求的重要因素，主要体现在三个方面：一是伴随城市数量的增加和各个城市规模的扩大，必然要加快城市建设，从而对各类房地产提出更高的需求。二是城市人口的增多不仅增加了对城市住宅的巨大需求，同时也增加了对生产经营性房地产的需求。三是城市建设的发展需要进行旧区改造或实施重大建设工程，由此必然要进行旧城区的拆迁，带来拆迁户的大量住房需求。世界各国城市化平均水平为60%，发达国家高达80%，根据2017年的数据，我国常住人口城镇化率为58.5%，而户籍人口城镇化率为42.4%。大量农业人口进城就业和生活将使房地产市场的潜在需求不断增大，必将带动我国房地产业长期持续发展。

2.2.2 房地产市场供给

房地产市场供给是在一定的时期内，房地产的生产者在某一价格水平下，在市场上所愿意且能够提供的房地产产品的数量。房地产供给的概念可以从增量和总量两个角度理解。从增量角度，房地产供给是指生产者在某一特定时期内，在每一价格水平上愿意而且能够租售的增量房地产商品数量。新增商品房供给包括销售的现房和期房（达到一定标准的预售房）。在房地产供给中，又可以分为出售的房地产供给和出租的房地产供给两种。从总量角度来看，房地产供给是指房地产总供给，即在某一时期内全社会或某一地区内房地产供给的总量，既包括房地产开发企业销售的增量房地产，又包括其他房地产所有者出售的存量房地产。

由于存量房地产产权分散，难以实现统一的定价策略，因此房地产供给的定价主要由增量房地产决定，但存量房的规模和交易也会对增量房产生影响，两者具有一定的可替代性。

房地产商品是一种特殊商品，所以房地产市场供给具有以下一些显著的特点：

1. 房地产市场供给刚性

与普通商品的供给相比，房地产商品的供给缺乏弹性，即通常所说的房地产供给具有刚性。首先，土地的自然供给是土地天然可供人类利用的部分，它是有限相对稳定的，土地的自然供给没有弹性。其次，土地的经济供给是指在自然供给的基础上，经过开发以后成为人类可直接用于生产、生活等各种用途的土地供给，土地的经济供给有一定的弹性，但由于受自然供给的制约，其弹性较为缺乏。总的来说，作为房地产基础的土地，其供给是刚性的。

由于房地产的开发建设周期长，在短期内房地产很难直接、快速地生产出来，其他用途的房地产也很难直接转换过来。这样，短期内房地产市场供给就是一个既定的、不变的量。而从长期来看，房地产的开发也受土地有限性的制约。因此，房地产市场供给缺乏弹性。

2. 房地产供给的层次性

房地产市场供给一般分为三个层次：现实供给、储备供给和潜在供给。这三个层次是动态变化的。

现实供给是指已经进入流通领域、可以随时销售或出租的房地产，又称为房地产上市量，其主要部分是现房，也包括期房。这是房地产供给的主导和基本的层次。

储备供给是指可以进入市场但是房地产生产者出于一定考虑暂时储备起来不上市的这部分房地产。这是生产者的主动商业行为，这种储备供给层次的房地产和通常所说的空置房不同，空置房主要是指生产者想出售而短期内不能出售的房地产商品。

潜在供给是指已经开工和正在建造，以及竣工但未交付使用等尚未上市的房地产产品，还包括一部分过去属于非商品房地产，但是未来可能改变其属性进入房地产市场的房地产产品。

3. 房地产供给的滞后性和风险性

房地产商品的价值量大，生产开发周期长，一般要二到三年，甚至更长。较长的生产周期决定了房地产供给的滞后性，滞后将意味着不确定性。滞后时间越长，不确定性越大，风险性也就越大。即使房地产开发计划在目前是可行的，但在数年后，房屋建成投入市场时，也可能因市场发生变化造成积压和滞销。

4. 市场供给的异质性

因为房地产的位置、环境、数量的差异，市场供给的房地产一般不是同质商品。所谓不同质商品，是指同一类商品内部由于可按不同方式或标准划分而导致商品质量上的差异。例如，住宅房地产在结构上的差异、户型上的差异；区位上的差异等。房地产不同质商品的市场供给存在多样化，这就意味着房地产市场不是批量供给、规格化一的大市场，而是多种互不相同又相互关联的次级市场的细分市场，各个市场的彼此关联是因为不同质商品之间存在一定的相互替代关系，一个市场商品价格的变化必然涉及其他市场。

5. 市场供给的时期性

房地产的市场供给具有一定的时期性，即在不同长短的时期内，房地产市场供给呈现出不同的特征和规律。一般情况下，房地产供给的时期可分为特短期、短期和长期三个时期。特短期是指市场上资源、产品等供给量固定不变的一段时间，在特短期内，房地产的供给量保持不变；短期是指土地、厂房设备等固定要素不变，但可变要素可以发生变动的这段时期，在短期内，房地产供给有较小幅度的变化；所谓长期，是指这段时期内，影响房地产行业的所有生产要素都可以变动，房地产供给的变化幅度较大。

影响和决定房地产市场供给的因素是多方面的，主要有以下因素：

（1）房地产市场价格

房地产市场价格是影响房地产市场供给的首要因素。房地产售价和租金的涨落是供求关系变动的反映，同时价格的波动又刺激了新一轮供给和需求。和其他商品一样，价格越高，供给量越多。虽然房地产供给价格弹性要小于一般工业产品，但供给还是会随着价格波动发生相应的变化。由于房地产市场供给的滞后性，房地产价格上涨不一定能立即表现为市场上房屋供应量的增加，往往是会表现为房地产市场中对土地需求的增加，而在下一个房地产经济周期完成后才表现为房屋供应量的增加。

由于房地产市场信息不充分的特性，价格信号对市场供求关系的反应也是滞后的，特别是当市场供大于求、房屋空置面积增多时，价格要持续一段时间才会下调，供给的减少首先表现为初始投入的减少，而在建工程只能维持工程进度，已建成的项目只能进入市场待价而沽。

土地价格是房地产成本的重要组成部分，在我国城市中，土地费用约占商品房总成本的30%。土地价格通过影响房屋成本来影响房产供应。

（2）城市土地的数量

城市房地产的供给能力在很大程度上取决于能够为房地产开发建设供应的土地数量。一般来说，一个国家经济发展水平越高，特别是农业生产力越高，其可提供给城市使用的土地就越多。换言之，城市土地的供给水平必须与经济发展水平，特别是农业发展水平相适应。改革开放以来，我国农业发展迅速，为城市土地的扩大创造了条件。但是也要看到，我国人多地少，人地矛盾十分尖锐，不恰当地过多占用耕地的行为必须加以制止。

（3）房地产投资来源及数量

房地产供给是以房地产开发为基础的，而房地产投资来源和投资规模又制约着房地产开发的规模、速度和总量。房地产业是一个投资量大、建设周期长的行业，没有多元化的融资渠道以及大量的资金支持，房地产开发难以为继。即使是进入流通和消费领域，若没有足够的资金注入和参与，有效供给的最终实现也举步维艰。房地产投资除部分是企业自有资金外，大部分要通过银行筹集。据统计，房地产开发资金中直接和间接来自银行贷款的资金约占60%。因此，银行及各类金融机构的投资规模、贷款投向、筹资方式、利率水平等都会给房地产市场供给带来直接影响。

（4）税收政策

税收是调节收益的杠杆，其对房地产投资的回报率和经营的安全性有重要影响。税收具有规范房地产市场交易秩序、创造平等竞争市场环境的功能。同时，税种的设立或取消、税率的调整、各种税收优惠政策的出台以及扣除项目的增减，都会直接影响投资者的收益，从而影响投资者对房地产的投入，限制或者扩大市场供给。

（5）房地产开发企业对未来的预期

房地产开发企业对未来的预期包括对国民经济发展形势、通货膨胀、房地产价格走势、房地产需求的预期以及对国家房地产信贷政策、税收政策和产业政策的预期等，其核心问题是房地产开发企业对开发项目盈利水平即投资回报率的预期。若预期的投资回报率高，则房地产开发企业一般会增加房地产投资，增加房地产市场供给；反之，则会缩小房地产投资规模或放慢开发速度，减少市场供给。

（6）房地产交易条件

房地产作为商品进入流通领域后，其交易程序复杂，操作技术性强。因此，房地产市场供给的最终实现需要完备的市场交易条件，包括市场功能、法律体系、市场设施和有效的信息传递手段、相当数量和富有经验的中介组织以及高效率公正的市场监管机构、纠纷仲裁机构等。

房地产市场供给和市场需求之间存在均衡和非均衡两种状态。均衡状态是指房地产商品的供给价格与需求价格一致，而且供给数量与需求数量一致时的房地产经济运行状态。由于房地产供求双方是动态变化着的，故供求的非均衡状态是绝对的、常见的，均衡状态是相对的、有条件的。非均衡状态具体表现为三种状态：总量性供不应求、总量性供过于求和结构性供求失衡。结构性供求失衡主要由产品结构失衡和市场层次结构失衡两个方面原因造成。

我国房地产市场起步较晚，改革开放以来经历了从无到有的过程，房地产市场一直呈现出非均衡状态，而且波动较大，究其原因主要有：市场体系不健全、市场机制不完善、市场价格不灵敏、市场信息不完备和未来预期不确定。

2.2.3 房地产市场研究内容

通过房地产市场研究可以确定一个地块对某一特定需求的最佳利用方式或潜力。如房地产开发企业通过市场研究确定需求量大小，项目所面临的自然、社会限制因素，在一定时间能出租、出售的面积，当前的竞争对手及售价范围，还能更容易得到银行的资助或寻找到合作伙伴；设计师利用市场研究确定流行的单元类型及大小，一个开发区内可兴建的单元的数量以及设计的限制，了解开发区内上下水道的建设情况、道路和停车场的修建情况，还可以发现土地对该开发项目的限制因素等；城市规划人员利用市场研究来决定开发项目对现有的交通、水电、学校、公安、消防及医院的影响，并从整个地区的安全和健康角度来研究开发项目的影响，判断开发项目完成后的人口密度等指标是否符合当地的规划要求；房地产投资者或投资银行利用市场研究判断开发某项房地产的成功率和风险程度，决定是否投资。下面主要从房地产开发企业角度说明房地产市场研究的主要内容。

房地产市场研究的内容主要是市场调查与市场预测。其中市场调查主要从市场环境、消费者、竞争楼盘、竞争对手等四个方面进行。

1. 市场环境调查

房地产开发企业的生存发展是以适应房地产市场环境为前提的，对房地产开发企业来说，市场环境大多是不可控制因素，企业的生产经营必须与之协调和适应。尽管企业在市场活动中拥有充分的自主权，但它的生产经营活动受到社会法律环境的约束，受到行业惯例和准则的约束，社会经济、文化的发展都对房地产企业的生产经营有着制约和影响作用。市场环境又分为宏观环境、区域环境和项目微观环境三方面。

（1）宏观环境

宏观环境主要包括政策法律环境、经济科技环境和社会文化环境等。

1）政治法律环境。政治法律环境研究主要是了解对房地产市场起影响和制约作用的政治形势、国家对房地产行业管理的有关方针政策和法律法规，包括：各级政府有关房地产开发经营的方针政策（如住房制度改革政策、税收政策、金融政策、人口政策和产业发展政策等）、各级政府有关国民经济社会发展计划（如土地利用规划、城市规划和区域规划等）和政局的变化（国际和国内政治形势、政府的重大人事变动等）。

2）经济科技环境。经济环境研究主要是了解国家或地区的国民经济情况，包括经济制度、经济发展速度、产业结构及变化趋势、经济开放程度、城市发展等，此外还需研究有关房地产行业的科技发展情况，包括国家对科技创新的支持力度，对环保节能建筑的相应政策等。

3）社会文化环境。社会文化环境是指一个国家或地区人们共同的价值观、生活方式、人口状况、文化传统、教育程度、风俗习惯、宗教信仰等各个方面，这些因素是人类在长期的生活和成长过程中逐渐形成的。其中，人口状况主要指人口增长、总量、结构、迁移情况、家庭结构、收支情况、变化趋势等，文化主要由特定的价值观念、行为方式、伦理道德规范、审美观念、宗教信仰和风俗习惯等内容构成，它影响和制约着人们的消费观念、需求欲望及特点、购买方式和生活方式，对企业营销行为产生直接影响。

（2）区域环境

区域环境主要调查房地产项目所在区域的以下情况：

1）区域总体情况。区域总体情况主要是指影响房地产市场的经济发展情况、城市定位、区域历史文化情况、区域基础设施和发展规划等，这是项目选址的重要因素，决定着项目价值以及升值空间。

2）区域房地产市场供给情况。区域房地产市场供给情况主要包括在该区域内房地产开发企业数量、类型以及企业资质实力等，专业机构和中介服务商情况，楼盘的总量、类别、位置、产品、价格、总价结构、各类营销手段的市场反应和市场空白点的捕捉等。这部分的关键点在于认真研究区域产品的共同点和特异点，以及它们市场反应强弱的原因。

3）区域房地产消费者需求情况。区域房地产消费者需求情况调查主要包括区域人口数量和密度、人口结构和家庭规模、购买力水平、需求结构与特征、人口素质和购买偏好等。把握需求特征是不断创新的动力和源泉，通过分析需求情况，可以发现消费者对某类房地产的总需求量、房地产市场需求发展趋势，找到现实需求和潜在需求、影响消费者购买行为的社会因素及心理因素等。

（3）项目微观环境

项目微观环境则针对项目自身的开发条件及发展状况，对项目所在地段的用地状况及开发条件、项目所在地周边环境（主要针对配套设施情况、人口数量和素质分析等）、对外联系程度、交通组织等进行调查分析；对项目自身价值提升的可能性与途径进行分析，同时为以后的市场定位做好准备。

2. 消费者调查

前面讲的消费者需求情况调查是针对城市或某一区域，这里的消费者调查则针对项目或意向地块而言。市场需求由购买者、购买欲望和购买能力组成，房地产开发企业为了使其产品适销对路，必须事先了解消费者基本情况、消费动机和消费行为特征，真正做到按照消费者的实际需要来进行企业的生产经营活动。消费者调查主要从以下三方面进行：

（1）消费者基本情况调查

这里的消费者是指现实与潜在的消费者。基本情况主要包括消费者的数量与结构（如年龄、民族特征、性别、文化背景、职业、宗教信仰），消费者的经济来源和经济收入水平、消费者的实际支付能力，消费者对房地产产品质量、价格、服务等方面的要求和意见等。

（2）消费者消费动机调查

房地产消费动机就是为满足一定的需要，而引起人们购买房地产产品的愿望和意念。房地产消费动机是激励房地产消费者产生消费行为的内在原因，主要包括消费者的购买意向、影响消费者购买动机的因素、消费者购买动机的类型等。

（3）消费者消费行为调查

房地产消费行为是指房地产消费者在实际消费过程中所表现出的购买模式和习惯，主要指：消费者购买房地产商品的种类及数量，消费者对房屋设计、房屋结构、价格、质量及位置的要求，消费者对本企业房地产商品的信赖程度和印象，房地产商品购买行为的主要决策者和影响者情况等。

通俗地讲，对消费者的调查重点一般需要回答 7 个问题（6W + 1H）：哪些人是买家（Who），要买什么样的房（What），为什么要买这些房子（Why），谁参与购买行为（Whom），以什么样的方式购买（How），什么时候买房（When），买家在哪里买房（Where）。

3. 竞争楼盘调查

与开发楼盘进行竞争的楼盘主要包括两类：一类是与所开发项目处在同一区域的楼盘；另一类是不同区域但市场定位相似的楼盘。竞争楼盘调查主要对这些楼盘的运营情况、营销策略、价格策略、物业管理等情况进行调查，用以了解和确定开发项目的竞争优势和劣势。

（1）产品开发情况

产品开发情况包括产品的区位（地点位置、交通条件、区域特征、发展规划、周边环境等）、产品设计（户型面积、装修标准、绿化率等）、公司组成（项目的开发商、设计单位、承建商和物业管理公司）以及竞争产品的市场占有率。

（2）价格情况

价格是房地产营销中最基本的因素，它关系到开发项目的市场销售情况，并且对企业的盈亏也有着直接的影响。一般从单价、总价和付款方式来描述一个楼盘的价格情况。其中单价主要包括起价、均价、主力单价、总价。通过对这些价格的判断可以辨别出一个开发项目的市场地位、楼盘质量（主力单价）以及主要客户的支付能力（总价）。而付款方式（包括一次性付款、商业贷款或公积金贷款等）是消费者选择购买房屋时将总价在时间上的一种分配情况，可以判断出主要的客户群经济实力。

（3）销售情况

销售情况是判断一个项目的最终目标，主要包括销售率（消费者对该楼盘接受程度的直接表现）、销售顺序（不同类型物业、不同单价、不同户型成交的先后顺序）、销售投入情况（针对不同物业所选择的不同营销手段，不同销售时期的财力和物力的投入情况）和客户群分析。

（4）广告策划

广告策划是房地产促销的主要手段。对竞争楼盘的广告分析是市场调查的重要内容，也是房地产企业关注的一个问题。广告策划主要包括：售楼处装修设计、形象展示、服务情况；广告的投入强度（该楼盘所处营销阶段的具体表现）；广告媒体的比较和选择（对不同媒体的青睐程度以及不同媒体对不同项目的效率）；物业的卖点（即广告的诉求点）等。其中物业的卖点是竞争楼盘最有特色、最具竞争力的地方，也是一个项目区别于其他项目的重要之处。

（5）物业管理

物业管理包括物业管理的服务范围、管理质量、管理费用、业主对物业公司的满意度以及物业管理公司资质等。

4. 竞争对手调查

竞争对手调查内容主要包括：

1）专业化程度。它是指竞争对手将其力量集中于某一产品、目标客户群或所服务的区域的程度。

2）品牌知名度。它是指竞争对手主要依靠品牌知名度而不是价格或其他度量进行竞争的程度。目前，房地产开发企业已经越重视品牌知名度，不仅重视项目品牌，更重视企业品牌。

3）开发经营方式。它是指竞争对手所开发的楼盘是出售、出租还是自行经营，如果出售，是自己销售还是通过代理商销售等。

4）楼盘质量。它是指竞争对手所开发楼盘的质量，包括设计、户型、材料、耐用性、安全性能等各项外在质量与内在质量标准。

5）纵向整合能力。它是指竞争对手采取向前（贴近消费者）或向后（贴近供应商）进行整合所能产生的增值效果的程度，包括企业是否控制了分销渠道，是否能对建筑承包商、材料供应商施加影响，是否有自己的物业管理部门等。

6）成本状况。它是指竞争对手的成本结构是否合理，企业开发的楼盘是否具有成本优势等。

7）价格策略。它是指竞争对手的商品房在市场中的相对价格状况。

8）与当地政府部门的关系。

9）该企业历年来的项目开发情况。

10）竞争对手的土地储备情况以及未来的开发方向及开发动态等。

根据具体调查目的确定出调研内容，分析评价竞争对手的优势与劣势，从而为本企业的机构调整及开发战略提供准确依据。

房地产开发企业在项目开发的不同阶段均需要进行市场调查，但在各个阶段的调查要点有所不同。比如在拿地前主要进行宏观市场环境和区域市场环境调查，确定意向城市和地块。在房地产项目定位阶段，对相关微观市场环境调查和消费者调查，主要包括项目的市场细分、目标定位，消费者行为、购买动机、偏好、决策等心理过程的分析。而在房地产项目市场推广阶段的市场调查则主要包括特定项目的销售状况、价格调查、目标消费者的特征研究，消费者购买以及使用产品的事实、意见、动机等有关信息。房地产销售阶段的市场调查主要包括房地产项目广告策略在目标市场中的反应和效果情况，公司营销计划的执行情况、市场上其他竞品项目的主要营销手段和销售状况及价格走势等，此外还包括消费者购买商品的动机以及对商品使用的情况调查。

2.2.4 房地产市场调查

1. 房地产市场调查的含义

房地产市场调查就是以房地产为特定的商品对象，对相关的市场信息进行系统地收集、整理、记录和分析，运用科学的方法把握和预测房地产市场的现状和趋势，并为企业科学决策提供正确依据的一种活动。房地产市场调查有助于房地产企业进行正确的投资决策、准确把握市场发展方向、改善经营管理、增强企业竞争力、制定正确的策略和计划。

广义上，房地产市场调查是指为了解和预测房地产市场的产品供给和需求信息、正确判断和把握市场现状及其发展趋势，同时为制定科学决策提供可靠依据的一项市场调查活动。狭义上，房地产市场调查是指开发商为了项目开发的需要而进行的市场调查活动。

2. 房地产市场调查的方法

房地产市场调查的方法很多，其按不同角度分类情况如图 2-1 所示。

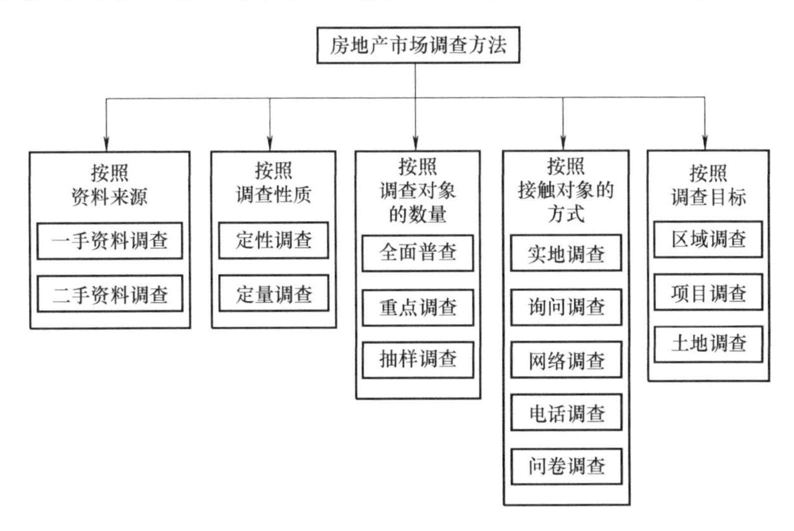

图 2-1 房地产市场调查方法按不同角度分类情况

3. 房地产市场调查的程序

房地产市场调查是一种有系统、有组织、有计划的研究工作，必须遵循一定的程序与步骤，才能达到期望的效果。无论哪种类型的市场调查，大致可分为三个阶段：准备阶段、实施阶段、分析和总结阶段。

（1）准备阶段

准备阶段的工作主要是解决调研的目的、范围、规模、手段等问题，具体工作有以下几项：

1）提出问题，明确调查目标。房地产市场调研的任务是为投资决策提供信息，帮助发现并解决问题。调查人员需要牢记调查是为投资服务的，任何偏离主题的调查都不是有效的调查。

2）初步情况分析和假设。明确调查目标后，首先对已有的资料、信息、情报进行初步分析，提出假设并对多个假设进行推断，从而缩小调查范围，明确调查范围边界。

3）初步调查。初步调查也叫试调查，通常需要有三个过程：研究搜集的信息资料；与熟悉市场的专业人士一同进行市场分析；与决策者进行讨论，了解市场现状及需要解决的问题。

4）制定调查方案和工作计划。对房地产市场调查经过上述分析后，如果决定要进行正式调研，就应制定调查方案和工作计划。

房地产市场调查方案的设计是为了调查有秩序地进行，它是指导调查实施的依据，对于大型的市场调查显得更为重要。调查方案的内容如下：完成调查所需的信息资料的收集；如何运用数据对问题进行分析；明确获得解决问题的方法；信息资料的收集渠道和方法；方案的可行性评价和核算费用的说明；方案进一步实施的准备工作。

房地产市场调查工作计划的设计是指在某项调查之前，对组织领导、人员分配、工作进度、费用预算等做出安排，保证调查工作有条不紊地进行。表 2-1 给出一种房地产市场调查计划供参考。

表 2-1　房地产市场调查计划

项　　目	内　　容
调查目的	为什么要进行调查，需要知道些什么
调查方法	采用观察法或实验法等
调查范围	被调查者的居住地区等
调查对象、样本	对象的选择、样本规模等
调查时间、地点	调查所需的时间、开始和完成时间等
调查项目	访问项目、问卷项目等
分析方法	统计的项目、分析和预测方法等
提交调查报告	报告的形式、内容、分数等
调查进度表	策划、实施、统计、分析、提交等
调查费用	各项开支
调查人员	策划人员、调查人员和资历等

（2）实施阶段

房地产市场调查方案和调查计划经过论证后，就进入了实施阶段。这个阶段的主要任务是：组织调查人员深入实际，按照调查方案的要求，系统地收集各种资料和数据信息，听取被调查者的建议。具体步骤如下：

1）建立调查小组。房地产市场调查部门，应该根据调查目的和规模的大小配备好调查人员，建立专门的调查小组。

2）收集资料。资料收集分为第一手资料收集和第二手资料收集。房地产市场调查中收集的第一手资料往往需要进行实地考察，通过问卷、访谈等方式获得楼盘信息、市场供需状况等资料。如果第一手资料不能满足调查要求，就需要寻找第二手资料。以第二手资料作为调查依据时还需要鉴别资料的准确性，特别是非官方和非权威资料，必须对资料的可信性进行验证。

（3）分析和总结阶段

房地产市场调查资料的分析和总结是获得调查结果的阶段。这一阶段的工作是调查工作的最后环节，也是关键一环。这一阶段的工作包括以下几个步骤：

1）数据资料的整理与分析。对收集的原始数据进行编辑加工、分类归档，在数据之间建立起有机的联系，进行编辑整理、比较和综合分析得出所需的结论。

2）撰写调查报告。调查报告需要清晰简明地归纳研究结果，使决策人员能够在剔除干扰的情况下做出合理的决策。

通常的房地产市场调查报告的主要内容包括：调查目的简单描述；调查方法及调查数据阐述；调查结果的分析和说明。

2.2.5 房地产市场预测

房地产市场预测是指运用科学的方法和手段，根据房地产市场调查所提供的信息资料，对房地产市场的未来及其变化趋势进行测算和判断，以确定未来一段时期内房地产市场的走向、需求量、供给量以及相应的租金售价水平。房地产市场预测一般分为定性预测和定量预测。

定性预测是指依靠人们的主观经验、专业知识和分析能力，参照已有的资料，通过主观判断，对事物未来的状态（如总体趋势、发生或发展的各种可能性及其后果等）做出分析与判断。其特点是主要靠主观经验来判断未来，有时也做一些量化分析作为判断的辅助手段。

定量预测是指在了解历史资料和统计数据的基础上，运用数学方法和其他分析技术，建立可以表现各种因素之间数量关系的数理模型，并以此为基础分析、计算和确定房地产市场要素在未来可能的数量。

房地产市场预测的具体方法因预测的对象、内容、期限不同而有所不同。通常采用的方法有：

1. 直观判断法

这是定性预测方法的统称。这种方法适用范围广、成本低、费时少，但受预测者的主观因素影响大，较难提供准确的预测值，在历史数据资料较少或不准的情况下，多采用此法。定性预测方法主要包括集体判断法、专家意见法。

2. 历史引申法

这是定量预测方法的统称。在拥有若干统计资料以及预测对象在未来受到不确定性因素的影响较小的情况下，选用适当的数学模型进行定量预测，可以得到比较满意的预测效果。但是，由于所选择和建立的数学模型不可能把所有因素都考虑进去，因此定量预测的结果出现误差也在所难免。此种方法包括简单平均数法、移动平均数法、加权移动平均数法、趋势预测法、指数平滑法和季节指数法等。

3. 因果预测法

因果预测法是利用原因和结果之间存在的数学函数关系，建立相应的数学模型来进行预测。这种预测法包括回归分析法和相关分析法等。

2.2.6 房地产市场细分

房地产开发企业通过市场调查和市场预测，不仅掌握了市场现状，而且对未来市场的发展趋势做出了一定的判断，这为更好地满足市场需求进而实现企业目标奠定了基础。然而，面对庞大而复杂的房地产市场，任何一家开发企业（无论规模有多大，实力有多雄厚），都不可能满足整个市场对房地产产品的所有需求，而只能满足部分需求。因此，开发企业必须通过市场细分选择一个或几个目标市场，之后还应进行有效的市场定位。只有这样，开发企业才可能有针对性地满足某一部分消费者的需求。所以，市场细分、目标市场选择和市场定位就成为任何房地产开发企业有效进入某一市场不可逾越的阶段。

1. 房地产市场细分的含义

市场细分是根据构成总体市场的不同消费者的需求特点、购买行为和购买习惯的不同，将他们细分为若干具有类似特征的消费者群体。即把某一产品的市场，根据消费者需求特点的明显标志，细分为一个个小的市场，然后针对这些不同的细分市场，从产品计划、价格政策、销售渠道直至促销宣传等，采取相应的一整套市场营销策略，使企业生产或经营的商品更符合各个不同消费阶层的需求，从而在各个细分的小市场中提高竞争能力，增加销售量，占有较大的市场份额。

2. 房地产市场细分的作用

房地产市场细分具有以下作用：

（1）有利于开发企业选择目标市场和制定市场营销策略

市场细分后的子市场比较具体，比较容易了解消费者的需求，企业可以根据自己的经营理念、生产技术和营销力量，确定自己的目标市场。针对较小的目标市场，便于制定更有针对性的营销策略。同时在细分市场上，信息更容易了解和反馈，一旦消费者的需求发生变化，企业可以迅速改变营销策略，制定相应的对策，以适应市场需求的变化，提高企业的应变能力和竞争实力。

（2）有利于开发企业发掘新的市场机会，开拓新市场

通过市场细分，开发企业可以对每一个细分市场的购买潜力、饱和程度、市场状况等进行分析对比，从中发现未被满足或未被充分满足的需求，这类需求对开发企业来说往往是极佳的机会。适时抓住一个新的机会，及时根据本企业的生产技术条件编制新产品开拓计划，进行必要的产品技术储备，掌握产品更新换代的主动权，这样就开拓了一个新的领域，既避开了激烈的市场竞争，又占据了更多的市场资源。现代社会中，拥有机会和资源的多少成为决定企业的前途和命运的关键环节。

（3）有利于集中资源投入目标市场，实现最佳经济价值

任何一个企业的人力、物力、财力等资源都是有限的。通过对市场的细分，选择适合自己的目标市场，企业可以集中优势资源争取局部市场上的优势，然后再占领自己的目标市场，生产出适销对路的产品。产品适销对路可以加速商品流转，加大生产批量，降低企业的生产销售成本，提高生产人员的劳动熟练程度，提高产品质量，从而全面提高企业的经济效益。

3. 房地产市场细分的原则

进行市场细分时，必须遵循如下原则：

（1）差异性原则

通过市场细分，应该使得每个细分市场上的消费者需求具有明显的差异，而且细分市场对企业营销组合策略中任何要素的变化都能做出迅速、灵敏的差异性反应。如果每个细分市场上的消费者需求不具有差异性，就没有市场细分的可能和必要；如果各个细分市场对企业

营销策略组合中任何要素的变化都做出相同或相似的反应，这种市场细分就是失败的。

（2）可衡量性原则

细分市场必须是可以识别和衡量的，即要求细分变量可以识别和衡量。例如，消费者的年龄、收入水平等都是可以衡量的，由这些细分变量细分出的市场不仅范围明确，并且容量大小也能大致做出判断。而如果以保值性能为细分标准，就不易衡量，这种细分就没有实用价值。

（3）可进入性原则

通过市场细分得到的细分市场应该是企业市场营销活动能够到达的市场。在这些细分市场上，企业具有进入的资源条件和竞争实力，其产品信息能够通过一定的传播渠道传递给其中的消费者，而且在一定时期内能将产品通过一定的渠道送达细分市场。

（4）可盈利性原则

进行市场细分时，企业必须考虑细分市场上消费者的数量多少、购买力大小，其中的某些细分市场规模和容量能否大到足以使企业实现其盈利目标。如果经过市场细分后所得到的所有细分市场的规模过小或市场容量太小，在任何一个细分市场上，企业均无利可图或获利很少，那么这种市场细分就没有多大意义，而应该将一些细分市场合并或者选用新的细分标准重新进行市场细分。

综合来讲，真正的市场细分不是为了细分而细分，而应以发掘市场机会、增加企业利润为目的；市场细分必须适度，而不是分得越细越好，否则会陡增房地产产品的规格和种类，增加开发成本和营销成本，反而不利于市场营销活动的顺利开展。

4. 房地产市场细分的标准

房地产市场细分是根据一定的细分变量进行的，这些细分变量反映了房地产购买者的需求和欲望，构成了房地产市场细分的标准。房地产按照用途分为住宅、商业、工业、特殊物业等。不同物业类型的购买者的购买目的和购买特点存在显著差别，因此每种物业类型的房地产市场具有显著不同的细分变量。表 2-2 是住宅市场常见细分变量，表 2-3 是生产经营性房地产市场常见细分变量。在实际操作中，房地产开发企业并非要考虑表中所有的细分变量，而是需要综合考虑本企业的实际情况和当时的市场状况，经过适当取舍后方能决定。

表 2-2　住宅市场常见细分变量

<table>
<tr><th>细分变量</th><th colspan="3">子　变　量</th><th colspan="2">细分市场类型</th></tr>
<tr><td rowspan="8">地理变量</td><td rowspan="5">地理位置</td><td colspan="2">本地购买者</td><td>如南京市</td><td>玄武区、鼓楼区、建邺区等</td></tr>
<tr><td rowspan="4">外来人口购买者</td><td>本省购买者</td><td>如江苏省</td><td>苏州、无锡、常州、南通等</td></tr>
<tr><td>外省（市）购买者</td><td colspan="2">上海、长沙、武汉、杭州等</td></tr>
<tr><td rowspan="2">境外购买者</td><td colspan="2">港澳台地区消费者市场</td></tr>
<tr><td colspan="2">其他国家（或地区）消费者市场</td></tr>
<tr><td rowspan="3">区域环境</td><td>自然地理环境</td><td>自然资源、地形、地质、气候条件等</td><td colspan="2">优等市场、中等市场、差等市场</td></tr>
<tr><td>经济地理环境</td><td>基础设施、公共设施等</td><td colspan="2">优等市场、中等市场、差等市场</td></tr>
<tr><td>人文地理环境</td><td>文化氛围、居民素质、社会治安等</td><td colspan="2">优等市场、中等市场、差等市场</td></tr>
</table>

（续）

<table>
<tr><th>细分变量</th><th colspan="2">子 变 量</th><th>细分市场类型</th></tr>
<tr><td rowspan="11">人口变量</td><td>性别</td><td>男性、女性</td><td rowspan="11">依据这些人口变量，可分别划分为不同的细分市场</td></tr>
<tr><td>年龄</td><td>25岁以下、26～35岁、36～60岁、60岁以上</td></tr>
<tr><td>职业</td><td>职员、商人、教师、公务员、军人等</td></tr>
<tr><td>文化程度</td><td>小学、中学、大学、研究生等</td></tr>
<tr><td>家庭规模</td><td>单身、2人、3人、3人以上</td></tr>
<tr><td>家庭收入</td><td>高收入、中收入、低收入</td></tr>
<tr><td>家庭生命期</td><td>单身、新婚、满巢、空巢、鳏寡等</td></tr>
<tr><td>家庭代际数</td><td>一代户、两代户、三代户、四代户以上</td></tr>
<tr><td>民族</td><td>汉族、满族、回族等</td></tr>
<tr><td>宗教</td><td>佛教、基督教、伊斯兰教等</td></tr>
<tr><td>国籍</td><td>中国、日本、美国等</td></tr>
<tr><td rowspan="4">心理变量</td><td>生活方式</td><td>时尚潮流、朴素低调等</td><td rowspan="4">依据这些心理变量，可划分为不同的细分市场</td></tr>
<tr><td>个性特点</td><td>内向与外向、低调与张扬、开放与保守等</td></tr>
<tr><td>价值观念</td><td>求实型、求新型、求美型、求廉型、求名型等</td></tr>
<tr><td>社会阶层</td><td>富豪阶层、富裕阶层、中产阶层、工薪阶层等</td></tr>
<tr><td rowspan="5">行为变量</td><td>购买时间</td><td>淡季、旺季</td><td rowspan="5">依据这些行为变量，可划分为不同的细分市场</td></tr>
<tr><td>购买动机</td><td>自住、投资等</td></tr>
<tr><td>购买次数</td><td>首次置业、二次置业、多次置业</td></tr>
<tr><td>对产品态度</td><td>狂热、喜欢、无所谓、不喜欢、敌视等</td></tr>
<tr><td>追求利益</td><td>追求方便、注重环境、关心物业管理、重视子女教育等</td></tr>
</table>

表2-3　生产经营性房地产市场常见细分变量

<table>
<tr><th>细 分 变 量</th><th>最终用户细分</th><th>产品用途细分</th><th>顾客规模细分</th><th>追求利益细分</th></tr>
<tr><td rowspan="11">细分市场</td><td>加工制造</td><td>工业大厦</td><td rowspan="11">大客户
中客户
小客户</td><td rowspan="11">价格
质量
建筑风格
地段
绿化
设计
物业管理</td></tr>
<tr><td rowspan="10">商业</td><td>标准厂房</td></tr>
<tr><td>专用厂房</td></tr>
<tr><td>百货大楼</td></tr>
<tr><td>购物中心</td></tr>
<tr><td>步行街</td></tr>
<tr><td>产权式酒店</td></tr>
<tr><td>批发市场</td></tr>
<tr><td>裙楼商业</td></tr>
<tr><td>社区商业</td></tr>
<tr><td>写字楼</td></tr>
</table>

（续）

细分变量	最终用户细分	产品用途细分	顾客规模细分	追求利益细分
细分市场	金融业	银行大楼	大客户 中客户 小客户	价格 质量 建筑风格 地段 绿化 设计 物业管理
		证券大楼		
		普通储蓄所		
	宾馆业	普通宾馆		
		星级宾馆		
		别墅式宾馆		
	文化娱乐业	艺术展览馆		
		娱乐中心		

5. 房地产市场细分的方法

根据所采用细分变量数量的多少，可将房地产市场细分的方法分为三种：单变量细分市场法、双变量细分市场法和多变量细分市场法。

（1）单变量细分市场法

单变量细分市场法是指根据一个细分变量的变化情况进行市场细分的方法。例如，按年龄将住宅市场划分为年轻人住宅市场、青壮年住宅市场、中老年住宅市场。根据单变量进行市场细分，操作上简单易行，但由此划分出的细分市场可能过粗，不能满足市场的需求，所以一般情况下用得较少。

（2）双变量细分市场法

双变量细分市场法是指根据两个细分变量的变化情况来进行市场细分的方法。对选取的两个细分变量，先用单变量细分市场法分别划分各自的细分变量，然后将划分好的细分市场进行排列组合，得到若干个组合细分市场。通过对这些组合细分市场的研究，就可以从中选取有吸引力的市场。例如，以年龄和收入为细分变量将住宅市场细分的双变量细分市场法示例见表 2-4。开发企业通过对各个细分市场消费者需求特征的分析，选择自己感兴趣的市场作为进一步分析的对象或选定为目标市场。

表 2-4　双变量细分市场法示例

年龄 细分市场 收入	中老年（1）	青壮年（2）	青年（3）
超高收入（A）	A－1	A－2	A－3
高收入（B）	B－1	B－2	B－3
中等收入（C）	C－1	C－2	C－3
低收入（D）	D－1	D－2	D－3

（3）多变量细分市场法

多变量细分市场法是根据多个细分变量的变化情况进行市场细分的方法。多变量细分市场法的具体方法很多，有时也很复杂，其中一种简单的方法就是路线寻找法，这种方法的步骤如下：

1）列出主要细分变量。

2）对每个细分变量，分别划分出各自的细分变量（采用单变量细分市场法）。

3）从第一个细分变量划分得到的众多细分市场中，选择一个最有吸引力的细分市场。

4）进入由第二个细分变量得到的细分市场中，从中选择一个最有吸引力的细分市场。

5）以此类推，进入最后一个细分变量得到的细分市场中，从中选择一个最有吸引力的细分市场。

经过以上五步后，形成一个由多个细分变量细分市场后最具吸引力的组合细分市场。确定出组合细分市场的路线，如表2-5中箭头所示，由此一个组合细分市场清晰地被界定出来（家庭收入中→中年→教师→国有→已婚→大学→固定人口→城北）。采用同样的方法，可以获得若干个这样的组合细分市场。然后经过分析评估，可以选取一个或几个这样的组合细分市场作为目标市场。

表2-5 多变量细分市场法示例

家庭收入	年龄	职业	单位性质	婚姻状况	教育程度	居住期	片区
超高	青年	公司职员	国有	待婚	小学	固定人口	城中
高	中年	医生	民营	已婚	中学	流动人口	城南
中	老年	律师	集体	离婚	大学		城北
低		记者	涉外		研究生		城东
		教师					城西
		公务员					

6. 房地产市场细分的步骤

房地产市场细分需要遵循一定的原则，运用一定的方法，并且按照一定的步骤，才能最终确定目标市场。

1）明确产品的市场范围。确定本企业致力于哪个区域、哪种房地产商品的开发经营，从事何种项目，即首先要有一个明确的市场范围，这需要依据自身的实力和通过市场调查来确定。

2）确定市场细分变量，根据消费者的特点，确定市场细分的标准。

3）对整体市场初步细分。可采用一定的细分方法，选定细分标准将消费者初步分为若干个“小群体”，并进一步分析每个“小群体”消费需求的具体内容和特征。

4）对划分的各个细分市场进行筛选。在分析确定各细分市场特征的基础上，除去企业无实力进入或没必要拓展的细分市场，筛选出最能发挥企业优势的细分市场。

5）初步为选中的细分市场定名，尽量突出各细分市场的特征，用形象、简明、易记的词汇定名。

6）对照细分标准，进一步分析市场细分的科学合理性，在对市场细分过程进一步完善的基础上，对各个细分市场进行合并或分解，以利于选择目标市场。

7）对上一步确定的细分市场进行状态评估，特别是在对其经济效益和发展前景做出进一步评价的基础上，确定目标市场。

2.2.7 房地产目标市场选择

房地产目标市场是指房地产开发企业决定进入的那部分房地产细分市场。它是开发企业对某类房地产市场进行细分，并对各细分市场进行评估之后，选择进入的一个或几个细分市场。开发企业之后的一切生产经营活动都将围绕目标市场进行。

1. 选择房地产目标市场的策略

选择目标市场的策略是指企业在可能进入的各类目标市场的组合中进行选择的策略。房地产开发企业可以采用的选择房地产目标市场策略有五种类型，见表 2-6。

表 2-6 选择房地产目标市场策略

序号	目标市场策略类型	概念说明	优 势	风 险	适合企业	图示（P—产品；M—市场）
1	密集单一市场	在众多的细分市场中，只选择其中一个作为目标市场，即针对某一特定消费群体，只开发一种产品	可集中使用有限资源，充分发挥资源优势	存在较大的潜在风险。一旦目标市场情况变差，企业就会陷入困境	（1）小型房地产企业 （2）初次进入新市场的其他企业	M_1 M_2 M_3 P_1 P_2 P_3
2	产品专业化	只开发一种类型的产品，满足各类消费群体的需求	可在某个产品方面树立起很高的威信	如果出现全新产品，就会发生滑坡危险	提供某种产品有专门特长的企业	M_1 M_2 M_3 P_1 P_2 P_3
3	市场专业化	开发各种类型的产品，满足同一消费群体的需求	专门为某个消费群体提供专业服务，获得良好声誉	如果消费群体不再需要这种服务，就会产生滑坡危险	具有较强的营销配套能力，并对某类消费群体的利益追求有透彻的了解	M_1 M_2 M_3 P_1 P_2 P_3
4	选择性专业化	进入互不关联的细分市场	可以分散风险，即使某个细分市场失去吸引力，仍可在其他细分市场获利	需要企业具有良好的沟通和协调能力，并由重组的资源作保障	追求市场机会不断增长的企业	M_1 M_2 M_3 P_1 P_2 P_3
5	全市场覆盖	开发各种类型的产品，满足所有不同消费群体的需求	可占领整个市场，充分享有市场机会	需要企业具有良好的沟通和协调能力，并由重组的资源作保障	谋求行业市场领先地位的集团公司	M_1 M_2 M_3 P_1 P_2 P_3

2. 目标市场应具备的条件

尽管房地产目标市场的选择范围很广，但某个或某几个细分市场要想成为本企业的目标市场，还应满足如下条件：

（1）该细分市场具有一定的规模和发展潜力

开发企业进入某一市场是期望能够获取丰厚的收益，如果市场规模狭小或者趋于萎缩，进入后则难以获得发展，所以面对此种细分市场应慎重考虑，不宜轻易进入。当然，开发商也不能仅仅以市场吸引力作为唯一取舍标准，尽量避免与竞争对手遵循同一思维逻辑，将规模最大、吸引力最大的细分市场作为目标市场。当大家共同争夺同一个顾客群时，往往会造成过度竞争和社会资源的浪费，也会使消费者的一些本应得到满足的需求却遭受冷落和忽视。

（2）该细分市场竞争者未完全控制

开发企业应尽量选择那些竞争相对较少，竞争对手较弱的市场作为目标市场。如果竞争已经十分激烈，而且竞争对手实力强劲，那么后进入者付出的代价就会十分高昂。

（3）该细分市场符合开发企业的目标和能力

某些细分市场虽然具有较大的吸引力，但无助于开发企业发展目标的实现，甚至可能会分散精力，这样的市场应考虑放弃。同时，还应考虑开发企业的资源条件是否适合在某一细分市场经营。只有选择那些有条件进入且能充分发挥自身资源的市场作为目标市场，才会立于不败之地。

2.2.8 房地产市场定位

房地产开发企业在确定了目标市场之后，要想达到预期的营销目标，还必须在目标市场上进行产品的市场定位。市场定位是房地产开发企业制定营销组合策略的基础，其恰当与否，直接关系到能否突出自身的特色，能否树立起鲜明的形象，能否在竞争中获得一席之地，甚至关系到企业能否发展壮大。

1. 房地产市场定位的含义

房地产市场定位就是房地产开发企业根据目标市场上同类产品的竞争状态，针对目标市场的消费者对产品某些特征或属性的重视程度，为本企业产品塑造强有力的、与众不同的鲜明个性，并将其有效地传递给目标消费者，并求得他们的认同。市场定位的实质是使本企业与其他企业严格区分开来，并使目标消费者认识到这种差别，从而在他们心目中占据特殊的位置。

项目的市场定位是营销学中的一个重要的概念，它由美国学者阿尔·赖斯在20世纪70年代提出。市场定位的本质是企业参照竞争环境中同类产品的情况，了解消费者对产品的不同特征和属性的认可程度，来对本企业的产品进行与众不同的产品重塑，将更有吸引力的产品形象展示给消费者以期得到认同。市场定位的实质是使本企业与其他企业的产品有所区别，并帮助消费者对这种差别进行判断，从而在消费者心目中占有特殊位置。

目标市场和市场定位都是市场营销的基础和根本。目标市场是市场定位的前提，市场定位为目标市场服务。市场定位为产品确定了准确生动的概念，让楼盘富有活力和生机，在消费者心中留下深刻的印象。

2. 房地产市场定位的原则

房地产市场定位一般遵循以下原则：

（1）适应性原则

主要包括：项目的产品定价必须与目标市场的消费者群体的承受能力相适应；项目的物

业形态、档次、品质与目标市场的消费者群体的需求相匹配；项目整体的投资金额与企业的经济实力相适应；项目的整体定位与所属区域的总体经济水平相适应。

（2）与企业发展目标一致的原则

房地产项目定位正确是否，对开发企业的发展是非常重要的，如果项目定位过高与企业经济实力不符，容易造成企业资金短缺，甚至拖垮企业。如果企业经济实力强，项目定位过低，容易造成资源浪费。

（3）可行性原则

相对于大部分项目来说，由于房地产市场同质化竞争激烈，为了降低项目竞争力度，制造亮点，避免出现“无个性”以及“难租售”等现象，开发企业必须清楚明了项目在市场所处的地位、精准地给项目定位，最后根据项目自身情况、周边情况充分研究项目的可行性并制定实施方案。

（4）目标客户导向原则

开发企业对目标客户的心理把握得越准确，定位策略就越有效。成功的市场定位取决于两个方面：一是定位信息是否与目标客户的需求吻合；二是如何将定位信息有效地传达给目标客户。也就是说，市场定位必须符合目标客户的内在需求和接受信息的思维方法，即必须遵循目标客户导向原则。例如：工薪阶层不会介意楼盘没有高级会所；二次置业者能接受分摊面积较多；高收入人群对项目周边有多少公交线路并不关心等。如果能掌握每一类购房者的所思、所想、所需，投其所好，他们就会有共鸣：“这正是我所需要的，这正是为我专门设计的。”只有这样，才能让他们产生亲切感、认同感、信任感，从而接受产品，产生购买欲望。

（5）差异化原则

在信息大爆炸时代，如何才能把项目信息输入目标客户群大脑，并留下深刻印象呢？只有产品与众不同，才能让消费者简单快捷地在众多产品中识别出更适合他们的项目。市场定位就是通过各种媒体和渠道向目标市场传达楼盘的特定信息，使之与竞争楼盘的不同之处凸显在目标消费者面前，引起他们的注意。当市场定位体现的差异性与目标客户群的需求直接吻合，项目和品牌就会很快留驻目标消费者心中。

市场定位的差异化主要体现在以下几个方面：

1）楼宇质量：楼盘选择的建筑用料和装饰材料是否更经久耐用，精装修楼盘的装修质量和所用家具是否更注重环保和后期使用，是否有更强有力的保证。

2）建筑风格：楼盘是否符合消费者的时尚追求和审美要求。现在市场上的楼盘风格大概有欧陆风格、地中海风格、中国古典园林风格等，每一种风格的定位对象都有所不同。开发企业更要注意如何在有限的风格种类中突出自己的特点。

3）交通：楼盘出入的交通方式有哪些，是否比竞争楼盘更为方便，如果定位于“工薪阶层”的普通住宅，楼盘附近的公交线路一定是目标消费者的关注点。

4）环境：小区的绿化环境内容和档次，对于二次置业者，尤其注重这一点，希望能更好地改善或提高其居住环境。

5）价格：相对目标客户群相同的竞争楼盘，项目的价格是否更具有吸引力是市场定位的重点内容之一。

6）物业管理：楼盘提供的物业管理服务是否比竞争楼盘更为优质和完善，越来越成为人们购房时考虑的重要因素。

7）升值潜力：不管是自住还是投资，项目能否升值，决定了其能给消费者带来多少潜在利益。

当然，市场定位时的差异化因素远远不止这几点，还包括很多有形或无形的其他因素。项目和其他竞争楼盘的差异化越多，将掌握更多的定位优势，楼盘形象也会更突出。

（6）个性化原则

市场定位还应遵循个性化原则，即赋予楼盘独有的个性，以迎合相应目标消费者的个性。消费者在选择楼盘时，当楼盘表现的个性与他们的自我价值观吻合时，他们就会选择该楼盘，并用该楼盘体现自己的个性。例如，广州奥林匹克花园一改过去“完善的会所＋创意的房型＝优秀的小区”的千篇一律的模式，将“体育运动”概念导入该楼盘，给该楼盘赋予了旺盛的生命力和鲜明的个性，大大提高了楼盘的品位，使该楼盘的促销宣传的诉求主题十分鲜明、突出，富有号召力，以体育明星、运动员等进行促销宣传就显得顺理成章。

3. 房地产市场定位的内容

房地产市场定位的内容主要分为客户群定位、产品定位、价格定位、形象定位、品牌定位和企业战略定位六大类型。

（1）客户群定位

客户群定位是指确定项目的目标消费群体。在客户群定位之前，一般情况下先要对目标消费者的消费动机、方式、需求做深入研究分析，同时研究消费者的生活习惯、沟通媒介、品牌偏好以及针对这些客群的需求来论证自己的项目是不是都能满足客户的需求。

客户关系管理中重要的理论是“二八原则”，也就是客户价值金字塔。在客户价值金字塔的顶端，20%的客户能够为企业贡献80%的利润；在客户价值金字塔的底端，80%的客户能为企业带来20%的利润。因此，那20%的客户为企业高价值的客户群体。从客户生命周期的角度来看待客户，不断挖掘客户价值是树立品牌、打造百年老店的房地产开发企业的追求。树立企业品牌的一个重要原因就是使得客户在其生命周期之中能够多次购买该房地产开发企业的产品。

（2）产品定位

产品定位是指在实际调查的基础上，分析调研取得的研究成果，对项目的产品进行定位（包括建筑风格、平面布局、层高、楼间距、户型面积大小、户型结构等），设计出新颖并明显区别于竞争对手的产品。

提高产品的性价比，注重人文环境。消费者在购买时，考虑最多是的是商品房的质量和性价比。房地产开发企业必须严把质量关，确保项目在各个方面的质量。居住小区的选址与建设必须要考虑人文因素，包括交通、教育和环境等因素。

（3）价格定位

价格定位就是确定与项目的其他定位相匹配，能实现项目盈利目标，并有市场竞争力的价格。房地产开发企业应综合考虑各种影响因素，遵循科学的定价程序和方法，尽可能合理定价，并适时做出调整和修订。具体价格定位的方法在营销策略的价格策略部分会详细讲解。

（4）形象定位

形象定位是指找到该项目最独特、最闪亮的一面，可通过文字修饰和平面表现来释放出并能为项目目标客户群所接受而产生共鸣的特征。形象定位首先要研究周边竞争对手形象表现形式，同时看清自身项目在市场坐标上的位置，最后树立区域唯一、并能快速引起目标客户群关注的产品形象。

（5）品牌定位

在房地产开发项目的品牌定位中，开发企业有四种选择：一是产品延伸，即将现有品牌名延伸到现有的一个产品类别中的新样式、新规格和新风格的产品上，如万科在“四季花城”的品牌上延伸出“城市花园”等品牌；二是品牌延伸，即把现有的品牌名延伸至新的产品类别，如河南郑州的正商地产的港湾系列项目从金色港湾延伸至幸福港湾、蔚蓝港湾、东方港湾等；三是多品牌，即在相同的产品类别中引入新品牌；四是纯粹的新品牌。

（6）企业战略定位

房地产开发企业战略处于企业定位的最高层，它要解决企业“做什么”“不做什么”“怎么做”三个问题。目前的房地产开发企业不可能做到在所有层面满足所有消费者的要求，必须预先在经营目标选择上进行取舍，进行差异化或集中化市场开发。企业战略定位通常有以下几种：

1）建立专业化、跨地域房地产开发企业，资金雄厚的房地产开发企业将逐步把企业资源向房地产专业化公司的方向聚集。

2）综合性、跨领域房地产开发企业，这部分房地产开发企业的房地产开发业务将呈现出多元化特征。

3）房地产产业链投资延长型房地产开发企业，有些房地产开发企业的投资范围延伸到了与房地产开发业务相关的上游或下游行业，取得产业链的利润最大化。

4）从开发商转向房地产服务类企业，随着二手房市场的快速发展，房地产细分市场架构进一步明显，房地产开发企业服务创新将面临非常好的市场环境和机遇。

4. 房地产市场定位的方法

房地产项目定位的方法主要有以下四种：

（1）市场综合分析法

市场综合分析法是指通过对区域项目楼盘进行全面的市场调研，分析总结出项目市场的消费者比较欢迎哪些风格的楼盘、哪些产品比较缺乏或者出现空白等，综合以上的细致研究后，制定详细的产品初步定位方向，最后结合市场产品空白分析进行填充剔除，对项目进行最终的定位的方法。

（2）SWOT 分析法

SWOT 分析法是指首先分析项目自身的优势和劣势，项目在市场环境中获得的机会及受到周边项目的威胁点，并综合考量后得出结果的一种分析方法。项目的优劣势分析是为了将本项目与竞争项目的相应特点进行比较，项目的机会及受到的威胁主要是用来判断外部环境对项目有何种影响。

（3）建筑规划法

建筑规划的好与坏，很大程度上决定了项目产品能否跳出市场，制造市场亮点。此种方法要求建筑设计公司要进行实地考察，对周边的建筑进行调研，从建筑学、艺术美学的角度，结合项目本身的地形、地势，研究分析什么样的建筑最符合本项目。

（4）目标客户需求定位法

目标客户需求定位法是指房地产开发企业在对项目的物业形态进行定位时，应对潜在的目标消费者做全面的调查分析，看看消费者对项目有哪些需求和建议的方法。比如客户对社区的会所、游泳池、篮球场、幼儿园、商业街等有怎样需求和建议。

2.3 房地产开发项目财务分析

2.3.1 房地产开发项目的投资估算

一个房地产开发项目从可行性研究到竣工投入使用，需要投入大量资金，在项目的前期阶段，为了对项目进行经济效益评价并做出投资决策，必须对项目投资进行准确的估算。

投资估算的范围包括土地费用、前期工程费、房屋开发费用、管理费用、财务费用、销售费用、其他费用、不可预见费及有关税费等项目的全部成本和费用投入。各项成本费用构成复杂、变化因素多、不确定性大，尤其是由于不同类型建设项目的特点不同，成本费用构成存在较大差异。

1. 土地费用

开发项目土地费用是指为取得开发项目用地而产生的费用。土地取得的方式可以有划拨、出让和转让等方式（具体获取土地的方式详见第 3 章）。土地取得的方式不同，其所涉及的土地费用也不相同，土地取得所需费用分类见表 2-7。

表 2-7　土地取得所需费用分类

取得方式	费用类型	具体内容或内涵	
划拨	土地征收费	农村土地征收补偿费	土地补偿费，青苗补偿费，地上附着物补偿费，安置补助费，新菜地开发建设基金，征地管理费，耕地占用税等
		城镇房屋征收补偿费	地上建筑物、构筑物、附着物补偿费，搬家费，临时征收安置费，周转房摊销费，原用地单位停产、停业补偿费等
出让	土地出让地价款	熟地土地使用权	土地出让价款由土地出让金、征收补偿费和城市基础设施建设费构成
		毛地土地使用权	土地出让价款由土地使用权出让金和城市基础设施建设费构成；需要进行房屋拆迁和土地开发活动的需要相应地支付城镇土地征收补偿费
转让	土地转让费	土地受让方向土地转让方支付的土地使用权转让费（依法通过出让或转让取得的土地使用权可以依法转让）；土地使用权转让时，地上建筑物及其他附着物的所有权随之转让	
租用	土地租用费	土地租用方向土地出租方支付的费用	
土地作价投资入股	土地投资折价	将土地使用权评估作价入股，以权益的形式存在，不需要筹集现金支付土地使用权费用	

以下主要介绍国有土地使用权出让价款、土地征收补偿费、城市建设配套费、房屋征收安置补偿费等。

（1）国有土地使用权出让价款

国有土地使用权出让价款是指国家以土地所有者的身份，将土地使用权在一定年限内让与土地使用者，以出让等方式配置国有土地使用权取得的全部土地价款。按照规定依法向国有土地使用权受让人收取的定金、保证金和预付款，在国有土地使用权出让合同（以下简称土地出让合同）生效后可以抵作土地价款。

土地出让金可分为土地单价和楼面地价两种计算方法，土地单价为每平方米土地的单价，即以出让金总额除以土地总面积；楼面地价为摊到每平方米建筑面积的地价，即以出让金总额除以规划允许建造的总建筑面积。投资者往往以楼面地价来计算投资效益。

（2）土地征收补偿费（往往针对生地而言）

按照《中华人民共和国土地管理法》（2019 年第 3 次修订）征收土地的，按照被征收土地的原用途给予补偿。征收耕地的补偿费用包括土地补偿费、安置补助费以及地上附着物和青苗的补助费。征收耕地的土地补偿费，为该耕地被征收前三年平均年产值的 6 ~ 10 倍。征收耕地的安置补助费，按照需要安置的农业人口数计算。需要安置的农业人口数按照被征收的耕地数量除以征地前被征收单位平均每人占有耕地的数量计算。每一个需要安置的农业人口的安置补助费标准，为该耕地被征收前三年平均年产值的 4 ~ 6 倍。但是，每公顷被征收耕地的安置补助费，最高不得超过被征收前三年平均年产值的 15 倍。

（3）城市建设配套费

城市建设配套费是指因政府投资进行城市基础设施建设（如自来水厂、污水处理厂、电厂、燃气厂、供热厂和城市道路等的建设）而由受益者分摊的费用。

（4）房屋征收安置补偿费（往往针对毛地而言）

根据《国有土地上房屋征收与补偿条例》，房屋征收部门与被征收人依照该条例的规定，就补偿方式、补偿金额和支付期限、用于产权调换房屋的地点和面积、搬迁费、临时安置费或者周转用房、停产停业损失、搬迁期限、过渡方式和过渡期限等事项，订立补偿协议。被征收人可以选择货币补偿，也可以选择房屋产权调换。因征收房屋造成搬迁的，房屋征收部门应当向被征收人支付搬迁费；选择房屋产权调换的，产权调换房屋交付前，房屋征收部门应当向被征收人支付临时安置费或者提供周转用房。对因征收房屋造成停产停业损失的补偿，根据房屋被征收前的效益、停产停业期限等因素确定。具体办法由省、自治区、直辖市制定。

除此之外，以转让方式获取土地的，土地成本为土地转让费；土地使用权来自一个或多个投资者的直接投资，需要以土地使用权评估作价。

2. 前期工程费

前期工程费包括：开发项目的可行性研究费、工程水文地质勘查费、城市规划设计费、工程设计费、环境影响咨询费、建设工程规划许可证执照费以及“三通一平”等土地开发工程费。一般情况下，规划设计费为建安工程费的3%左右，可行性研究费占项目总投资的1% ~3%。工程水文地质勘查所需要的费用可根据工程量进行估算，一般为设计概算的0.5%左右。

“三通一平”等土地开发费用主要包括地上原有建筑物拆除费用、场地平整费用和通水、通电、通路的费用。这些费用的估算可根据实际工作量，参照有关计算标准估算。

3. 房屋开发费用

房屋开发费用包括建筑安装工程费、公共配套设施建设费和基础设施建设费。具体内容见表 2-8。

表 2-8　房屋开发费用

费用类别	具体内容或内涵
建筑安装工程费	建筑工程费用（结构、建筑、特殊装修工程费）、设备采购费用和安装工程费用（给水排水、电气照明及设备安装、空调通风、弱电设备及安装、电梯及安装、其他设备及安装）等
公共配套设施建设费	为居民服务配套建设的各种非营利性的公共配套设施（或公建设施）的建设费用
基础设施建设费	自来水、雨水、污水、燃气、热力、供电、电信、道路、绿化、环卫、室外照明等设施的建设费用（这些设施在建筑物 2m 以外和项目红线范围内）；与市政设施干线、干道、干管等的接口费用

在可行性研究阶段，房屋开发费用中各项费用的估算方法主要有单元估算法、单位指标估算法、工程量近似匡算法和概算指标法等。具体内容见表 2-9。

表 2-9　费用估算方法

估算方法	含　　义	方法举例或说明
单元估算法	以基本建设单元的综合投资乘以单元数得到项目或单项工程总投资	如用住宅项目某户综合投资乘以总户数得到此项目的总投资
单位指标估算法	以单位工程量投资乘以工程量得到单项工程投资	—
工程量近似匡算法	先近似匡算工程量，配上相应的概预算定额单价和取费，近似计算项目投资	—
概算指标法	采用综合的单位建筑面积和建筑体积等建筑工程概算指标计算整个工程费用	如直接费 = 每平方米造价指标 × 建筑面积

4. 管理费用

管理费用是指企业行政管理部门为管理和组织经营活动而发生的各种费用，包括公司经费、工会经费、职工教育培训经费、劳动保险费、待业保险费、咨询费、审计费、诉讼费、排污费、房产税、土地使用税、开办费摊销、业务招待费、坏账损失、报废损失及其他管理费用。管理费用可按项目投资或前述四项直接费用的百分比计算。

5. 销售费用

销售费用是指开发建设项目在销售其产品过程中发生的各项费用以及专设销售机构或委托销售代理的各项费用，包括销售人员工资、奖金、福利费、差旅费，销售机构的折旧费、修理费、物料消耗费、广告宣传费、代理费、销售服务费及销售许可证申领费。

6. 财务费用

财务费用是指企业为筹集资金而发生的各项费用，主要为借款或债券的利息，还包括金融机构手续费、融资代理费、承诺费、外汇汇兑净损失以及企业筹资发生的其他财务费用。

7. 其他费用

其他费用主要包括临时用地费和临时建设费、施工图预算和标底编制费、工程合同预算或标底审查费、招标管理费、总承包管理费、合同公证费、施工执照费、工程质量监督费、工程监理费、竣工图编制费、保险费等杂项费用。这些费用一般按当地有关部门规定的费率估算。

8. 不可预见费

不可预见费是指为处理无法预见事件的发生而安排出来的费用。根据项目的复杂程度和前述各项费用估算的准确程度，以上述各项费用的3% ~7%进行估算。

9. 税费

房地产开发涉及契税、城镇土地使用税、耕地占用税、印花税、增值税、城市维护建设税、教育费附加、地方教育附加、房产税、土地增值税、企业所得税等税费。房地产开发各项税费见表2-10。

表 2-10 房地产开发各项税费

序号	项目	涉税阶段	计 税 办 法	征 收 办 法
1	契税	主要是土地取得环节	(1) 计税依据：市场价格或差额；(2) 税率为3% ~5%	(1) 除农村集体土地承包经营权的转移外，不论是国有土地使用权出让还是转让，房地产开发企业作为土地受让者时都要缴纳契税；(2) 征收机构：地方税务机关
2	城镇土地使用税	建设环节、销售环节	(1) 计税依据：实际占用土地面积；(2) 每平方米年税额如下：大城市 1.5 ~30 元；中等城市 1.2 ~24 元；小城市 0.9 ~18 元；县城、建制镇、工矿区 0.6 ~12 元	(1) 房地产开发企业使用土地，都要缴纳城镇土地使用税；(2) 征收机构：地方税务机关
3	耕地占用税	主要是土地取得环节	(1) 计税依据：占用的耕地面积；(2) 每平方米年税额如下：人均耕地不超过1亩的地区 10 ~50 元；人均耕地超过 1 亩但不超过 2 亩的地区 8 ~40 元；人均耕地超过 2 亩但不超过 3 亩的地区 6 ~30 元；人均耕地超过 3 亩的地区 5 ~25 元	(1) 当房地产开发企业开发建设占用耕地、林地、牧草地、农田水利用地、养殖水面以及渔业水域滩涂等其他农用地建房或从事非农业建设时，均要按照实际占用面积和规定的税额缴纳耕地占用税；(2) 征收机构：地方税务机关
4	印花税	土地取得环节、建设环节、销售环节	(1) 合同或具有合同性质的凭证，以凭证所载金额作为计税依据；(2) 营业账簿中记载资金的账簿按实收资本和资本公积两项合计金额 5‰贴花；(3) 不记载金额的营业执照、专利证、专利许可证照，以及企业的日记账簿和各种明细分类账簿等辅助性账簿，按凭证或账簿的件数纳税；(4) 现行印花税采用比例税率和定额税率两种税率。比例税率有五档，即 1‰、4‰、5‰、3‰和 0.5‰；适用定额税率的是权利许可证照和营业账簿税目中的其他账簿，单位税额均为每件 5 元	(1) 现行印花税只对《中华人民共和国印花税暂行条例》列举的凭证征税，具体有五类：经济合同、产权转移书据、营业账簿、权力许可证照和经财政部确定征收的其他凭证；(2) 征收机构：地方税务机关
5	增值税	销售环节	(1) 包括一般计税办法和简易计税办法；(2) 房地产开发企业中的一般纳税人销售自行开发的房地产项目，适用一般计税办法计税，按照取得的全部价款和价外费用，扣除当期销售房地产项目对应的土地价款后的余额计算销售额；一般计税办法的应纳税额是指当期销项税额扣除当期进项税额后的余额	(1) 根据房地产项目销售特点，以房地产公司将不动产交付给受买人的当天作为应税行为发生的时间；(2) 征收机构：国家税务机关

（续）

序号	项目	涉税阶段	计 税 办 法	征 收 办 法
6	城市维护建设税	销售环节	（1）计税依据：纳税人实际缴纳的增值税税额；（2）纳税人所在地在市区，税率为7%；纳税人所在地在县城和镇，税率为5%；纳税人所在地不在市区、县城或镇的，税率为1%	（1）自2016年5月1日起纳税人跨地区提供建筑服务、销售和出租不动产的，应在建筑服务发生地、不动产所在地预缴增值税时，以预缴增值税税额为计税依据，并按预缴增值税所在地的城市维护建设税适用税率和教育费附加征收率就地计算缴纳城市维护建设税和教育费附加。预缴增值税的纳税人在其机构所在地申报缴纳增值税时，按机构所在地的税费标准缴纳城市维护建设税和教育费附加；（2）征收机构：地方税务机关
7	教育费附加	销售环节	（1）计税依据：纳税人实际缴纳的增值税税额；（2）征收率为3%	
8	地方教育附加	销售环节	（1）计税依据：纳税人实际缴纳的增值税税额；（2）征收率为2%	（1）地方教育附加是省政府根据国家有关规定，为实施“科教兴省”战略，增加地方教育的资金投入，促进省教育事业发展，开征的一项政府基金；（2）征收机构：地方税务机关
9	房产税	房屋持有环节	（1）计税依据：房屋的计税余值或租金收入；（2）自用房屋，房产税按照房产原值一次减除10%～30%后的余值计算缴纳，适用税率为1.2%；房屋出租的，以房产租金收入和税率12%计算缴纳	无论内外资企业，均需要按照不同情况缴纳房产税
10	土地增值税	销售环节、土地增值税清算环节	房地产开发企业转让土地时，要按照其转让房地产时取得的收入减去允许扣除的项目金额后的余额，依照规定的税率缴纳土地增值税，税率详见表2-11	（1）地方税务局采取按期预征、项目完工清算、多退少补的办法征收，除保障性住房外，东部地区省份预征率不得低于2%，中部和东北地区省份不得低于1.5%，西部地区省份不得低于1%；（2）征收机构：地方税务机关
11	企业所得税	销售环节	（1）房地产开发企业按当年实际利润据实分季（或月）预缴企业所得税的，对开发、建造的住宅、商业用房以及其他建筑物、附着物、配套设施等开发产品，在未完工前采取预售方式销售取得的预售收入，按照规定的预计利润率分季（或月）计算出预计利润额，计入利润总额预缴，开发产品完工、结算计税成本后按照实际利润再行调整；（2）企业所得税适用税率为25%	（1）房地产开发企业所得税主要由核实征收和核定征收两种方式；（2）征收机构：地方税务机关或国家税务机关

土地增值税的增值额计算要素如下：

1）计税收入为房地产企业转让房地产取得的收入，土地增值税应税收入 =“营改增”前转让房地产取得的收入 +“营改增”后转让房地产取得的不含增值税收入。

2）允许扣除项目包括取得土地使用权支付的金额、开发土地和新建房及配套设施的成本费用，还有与转让房地产有关的税金。该税金 =（“营改增”前实际缴纳的营业税 + 城市维护建设税 + 教育费附加 + 地方教育附加）+（“营改增”后允许扣除的城市维护建设税 + 教育费附加 + 地方教育附加）。

应纳土地增值税额根据土地增值税税率表（表 2-11）中增值额超过扣除项目金额比例选取相应的税率进行计算，也可以用表 2-11 中的速算扣除率进行计算（应纳土地增值税额 = 土地增值额 - 扣除项目金额 × 速算扣除率）。土地增值税税率见表 2-11。

表 2-11　土地增值税税率

增值额超过扣除项目金额比例	税　　率	速算扣除率
土地增值额≤50%	30%	0
50% < 土地增值额≤100%	40%	5%
100% < 土地增值额≤200%	50%	15%
土地增值额 > 200%	60%	35%

【例 2-1】 某单位出售房地产收入为 300 万元，扣除项目金额为 150 万元，试求应缴纳的土地增值税额。

【解】 方法一：

1）土地增值额 =（300 - 150）万元 = 150 万元；

2）增值额与扣除项目之比为：150 万元 ÷ 150 万元 × 100% = 100%；

3）税率分别为 30% 和 40%；

4）应纳税额 =［150 × 50% × 30% +（150 - 150 × 50%）× 40%］万元 = 52.5 万元。

方法二：用速算法，应纳土地增值税 =（150 × 40% - 150 × 5%）万元 = 52.5 万元。

上述 1 ~ 9 项为房地产开发总投资，其中 1 ~ 3 项也称为开发直接费，4 ~ 9 也成为开发间接费。

对一般建设项目而言，其总投资是固定资产投资、无形资产投资、递延资产投资和流动资金投资之和。而对于开发后租售模式下的房地产开发项目而言，开发商本身所形成的固定资产大多数情况下很少甚至是零，房地产项目总投资基本就等于房地产项目的总成本费用。此时，上述 1 ~ 3 项和 7 ~ 9 项称为开发成本，4 ~ 6 项称为开发费用。这些总成本费用可按照实际租售房产对应的投资额进行销售期间的成本核算。

2.3.2　投资资金来源

房地产项目投资资金来源主要有三个：资本金、银行贷款、预售收入。资本金是投资者对开发项目投入的股本金，通常来自于投资者的自有资金。从投资者的角度来说，只要预计项目的投资利润率高于银行存款利率，就可以根据企业的能力适时投入自有资金作为股本金。银行贷款一般以开发项目作为抵押物，贷款额应不超过项目总投资的 70%。预收款是房地产投资者在商品房交付使用之前，预先向购房者收取的价款。这种筹资方式较受欢迎是因为其对房地产的买卖双方来说都比较有益。

此外，承包商带资承包和合作开发也经常被开发企业作为筹资的渠道。社会集资（发行股票、发行公司债券等)、利用外资等方式也可以成为开发企业投资项目的资金来源或筹资手段。

2.3.3 资金筹措计划

资金筹措计划是根据房地产开发项目对资金需求以及投资、成本与费用使用计划，来安排资金来源和相应数量的过程。

面对不同的市场环境和竞争条件，房地产开发项目融资结构和筹资计划设计合理与否，也是开发企业能否成功的关键。在制订资金筹措计划时应当注意以下几点：严格按照资金的需求量确定筹资额；认真选择筹资来源；准确把握自有资金与外部筹资的比例，并符合国家的有关规定；避免利率风险对项目的不利影响。

房地产开发项目的资金使用计划应根据可能的项目施工进度与资金来源进行编制。编制资金使用计划时应注意以下四点：①根据建筑安装工程进度表，按照不同年度的工程进度安排相应的资金供给量；②根据材料、设备的到货计划，安排材料、设备的购置费支出；③项目的前期费用应尽早明确；④在安排投资计划时，应优先安排自有资金，后安排外部资金。

2.3.4 房地产开发项目的收入估算

房地产开发项目的收入主要包括房地产产品的销售收入、租金收入、土地转让收入、配套设施销售收入（以上统称为租售收入）和自营收入。

收入估算可以根据项目租售计划、经营计划制定的租售价格乘以可租售面积（或单元数）进行计算。

2.3.5 房地产开发项目财务评价

财务评价是指根据国家现行财税制度、价格体系和项目评价的有关规定，从项目财务的角度，分析、计算项目直接发生的财务效益和费用，编制财务报表，计算财务评价指标，考察项目的盈利能力、清偿能力、生存能力等财务状况，据此判断项目的财务可行性。财务评价是房地产开发项目可行性研究的核心内容，无论对开发企业还是给开发项目提供资金支持的机构都十分重要。

1. 财务评价的一般步骤

财务评价在确定的项目建设方案、投资估算和融资方案的基础上进行，主要是利用有关基础数据，通过基本财务报表计算财务评价指标和各项财务比率，进行财务分析，做出财务评价。财务评价大致可以分为以下四步：

（1）根据基础数据编制辅助报表

通过对投资项目所处的市场进行充分调研和投资方案分析，确定项目建设方案，拟定项目实施进度计划等，据此进行财务预测，选取适当的价格、费率、税率、利率、基准收益率、计算期等基础数据和参数，获取项目总投资、总成本费用、租售收入、税金、利润等一系列财务基础数据。在对这些财务数据进行分析、审查、鉴定和评估的基础上，完成财务评价辅助报表，包括项目总投资估算（表2-12）、投资计划与资金筹措（表2-13）、销售（出租、自营）收入与销售（出租、自营）税金及附加估算（表2-14）。

表 2-12　项目总投资估算

序　　号	项　　目	金额（万元）	估 算 说 明
1	开发成本		1.1＋1.2＋1.3＋1.4＋1.5＋1.6
1.1	土地开发费		土地使用权出让金＋征收补偿安置费
1.2	前期工程费		规划设计费＋可行性研究费＋水文、地质、勘探费＋通水、通电、通路费＋场地平整费
1.3	建安工程费		土建＋装饰＋设备
1.4	基础设施建设费		供电工程＋供水工程＋通路工程＋绿化工程＋其他工程
1.5	不可预见费		(1.1＋1.2＋1.3＋1.4)×3%
1.6	开发期间税费		分散建设市政公用设施建设费＋建筑工程质量安全监督费＋供水管网补偿费＋供电用电负荷费＋其他
2	开发费用		2.1＋2.2＋2.3
2.1	管理费用		(1.1＋1.2＋1.3＋1.4)×3%
2.2	财务费用		建设期贷款利息
2.3	销售费用		销售收入×(2%＋2%＋1%)
合计			

表 2-13　投资计划与资金筹措　　（单位：万元）

序　　号	项 目 名 称	计算期		
		1	2	3
1	总资金			
1.1	建设投资			
1.2	利息			
2	资金筹措			
2.1	资本金			
2.2	银行贷款			
2.3	利息			
2.4	销售收入再投入			

表 2-14　销售（出租、自营）收入与销售（出租、自营）税金及附加估算　　（单位：万元）

序　　号	项 目 名 称	计算期		
		1	2	3
1	销售收入			
2	销售税金及附加			
2.1	增值税			
2.2	城市维护建设税			
2.3	教育费附加			
2.4	地方教育附加			
3	土地增值税			

（2）编制和分表析财务评价基本报表

编制现金流量（表 2-15 和表 2-16）、利润与利润分配（表 2-17）、借款还本付息计划（表 2-18）、财务计划现金流量（表 2-19）和资产负债（表 2-20）等基本报表，并对这些报表进行分析评价。在分析评价的过程中，不仅要审查基本报表的格式是否符合规范要求，还要审查所填列的数据是否准确并保持前后一致。然后利用各基本报表，直接计算出一系列财务评价的指标，包括反映项目的盈利能力、清偿能力、生存能力等静态和动态指标。

表 2-15　现金流量表（全部投资）　　（单位：万元）

序　号	项目名称	计算期		
		1	2	3
1	现金流入			
1.1	销售收入			
2	现金流出			
2.1	建设投资			
2.2	销售税金及附加			
2.3	土地增值税			
2.4	所得税			
3	净现金流量			
4	累计净现金流量			
5	净现金流量现值			
6	累计净现金流量现值			

表 2-16　现金流量表（资本金）　　（单位：万元）

序　号	项目名称	计算期		
		1	2	3
1	现金流入			
1.1	销售收入			
2	现金流出			
2.1	资本金			
2.2	销售收入再投入			
2.3	贷款本息偿还			
2.4	销售税金及附加			
2.5	土地增值税			
2.6	所得税			
3	净现金流量			
4	累计净现金流量			
5	净现金流量现值			
6	累计净现金流量现值			

表 2-17　利润与利润分配表　（单位：万元）

序　号	项目名称	计算依据	计算期		
			1	2	3
1	销售收入				
2	总成本费用				
3	销售税金及附加				
4	土地增值税				
5	利润总额	1-2-3-4			
6	所得税	5×25%			
7	税后利润	5-6			
8	盈余公积金	7×10%			
9	可分配利润	7-8			

表 2-18　借款还本付息计划表　（单位：万元）

序　号	项目名称	计算期		
		1	2	3
1.1	年初借款本息累计			
1.1.1	本金（年初）			
1.1.2	建设期利息			
1.2	本年借款			
1.3	本年应计利息			
1.4	本年偿还本金			
1.5	本年支付利息			
2	偿还借款本金的资金来源			
2.1	可分配利润			
3	偿还本金			
4	偿还本金后余额			

表 2-19　财务计划现金流量表　（单位：万元）

序　号	项目名称	计算期		
		1	2	3
1	资金来源			
1.1	销售收入			
1.2	资本金			
1.3	银行贷款			
1.4	销售收入再投入			
2	资金的运用			
2.1	建设投资			

（续）

序　　号	项 目 名 称	计　算　期		
		1	2	3
2.2	借款还本付息			
2.3	销售税金及附加			
2.4	土地增值税			
2.5	所得税			
3	盈余资金（1－2）			
4	累计盈余资金			

表 2-20　资产负债表

序　　号	项 目 名 称	计　算　期		
		1	2	3
1	总投资			
1.1	存货			
1.2	累计盈余资金			
2	负债及所有者权益			
2.1	负债			
2.2	销售再投入			
2.3	所有者权益			
2.3.1	资本金			
2.3.2	累计盈余公积金			
2.3.3	累计可分配利润			

示例的报表是一个开发期三年，三年末销售完毕的房地产开发项目的财务辅助报表和基本报表。需要注意的是：项目投资估算额全部作为流动资金，随着销售的进行，存货越来越少；销售再投入也是资金筹集的一个来源，在资产负债表中以负债形式存在；利润与利润分配表中的总成本费用是当期销售房产对应的成本和费用。

（3）进行不确定性分析

对于影响项目财务指标的主要因素还要进行不确定性分析，包括敏感性分析和盈亏平衡分析。

（4）提出财务评价结论

根据上述计算的财务评价静态和动态指标，以及不确定分析的结果，将有关指标值与行业标准的基准值和企业自身项目的目标值进行对比，得出项目在财务上是否可行的评价结论。

2. 房地产开发项目财务评价指标

一般而言，财务评价包括项目财务盈利能力分析、偿债能力分析。财务分析基本报表的评价内容和评价指标见表 2-21。

表 2-21 财务分析基本报表的评价内容和评价指标

评价内容	基本报表	评价指标	
		静态指标	动态指标
盈利能力分析	现金流量表（全部投资）	静态投资回收期	财务内部收益率；财务净现值；财务净现值率；动态投资回收期
	现金流量表（资本金）	静态投资回收期	财务内部收益率；财务净现值；动态投资回收期
	利润与利润分配表	投资利润率；投资利税率；资本金利润率	
偿债能力分析	财务计划现金流量表	累计盈余资金	
	借款还本付息计划表	借款偿还期	
	资产负债表	资产负债率；流动比率；速动比率	

3. 房地产开发项目的不确定性分析

房地产开发投资是一个动态过程，具有周期长、资金投入量大等特点，受到各种主客观因素的影响，很难在项目开发初期就对整个开发过程中有关费用和建成后的收益情况做出精确的估算。在计算中涉及的因素如建造成本、售价、租金水平等都是理想状态下的估计值，而实际上这些值的确定取决于很多变量。这些不确定因素对房地产经济评价的结果影响很大，因此有必要对上述因素或参数的变化对评价结果产生的影响进行深入研究，以使项目经济评价的结果更加真实可靠，从而为房地产开发决策提供更科学的依据，并使其在以后的开发过程中得到有效控制。所谓不确定性分析，就是分析计算各种不确定因素的变化对项目经济评价指标的影响程度的一种经济分析手段。通常采用的方法有盈亏平衡分析、敏感性分析和概率分析，下面仅介绍盈亏平衡分析和敏感性分析。

（1）盈亏平衡分析

盈亏平衡关系又称为保本分析，即通过盈亏平衡点来分析利润为零时项目的成本、售价或销售率所处的状态，有时也用来分析达到目标收益水平时项目的销售价格或租金、成本、销售率或出租率所处的状态。它主要用来考察项目适应市场变化的能力及抗风险能力。

房地产开发项目的产量、成本和利润三者间存在着这样的关系：

$$产品销售利润=产品销售收入-产品成本-产品销售税金 \tag{2-1}$$

产品销售税金取决于产品销售收入，销售收入=销售数量×销售单价。产品成本区分为固定成本和可变成本。可变成本是产量的函数。根据总成本费用、销售收入与产量之间是否呈线性关系，盈亏平衡分析可进一步分为线性盈亏平衡分析和非线性盈亏平衡分析。

对于线性盈亏平衡分析，提出如下假设：①产量等于销售量；②产量变化时，单位可变成本不变，从而总生产成本是产量的线性函数；③产量变化时，销售单价不变，从而销售收入是销售量的线性函数；④只生产单一产品，或者生产多种产品，但可以换算为单一产品计算。

根据盈亏平衡分析的基本原理，设 B 为利润；P 为单位产品售价；Q 为销量或生产量；t 为单位产品销售税金及附加；C_v 为单位产品可变成本；C_F 为固定成本；β 为销售税金及附加税率，则线性盈亏平衡的关系如下：

销售收入 S = 单位售价 × 销量 = PQ；

总成本 C = 固定成本 + 可变成本 = $C_F + C_v Q$；

销售税金 = 单位产品销售税金及附加 × 销售量 = $tQ = P\beta Q$；

综合上述关系，可得：$B = PQ - (C_F + C_v Q + tQ) = PQ - C_F - C_v Q - P\beta Q$；

将产量、成本、利润的关系反映在直角坐标系中，即为线性盈亏平衡分析图，如图 2-2 所示。

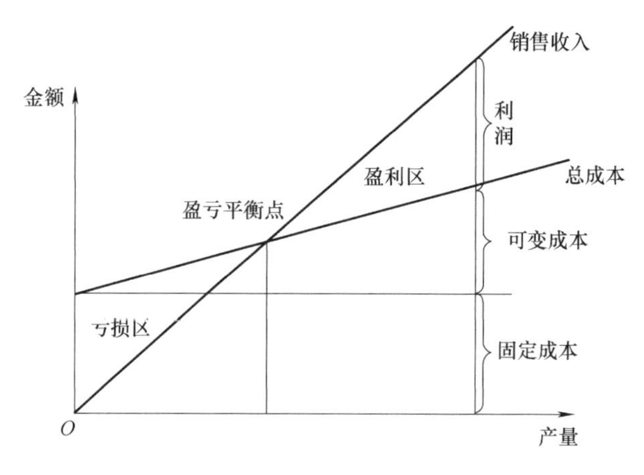

图 2-2 线性盈亏平衡分析图

从图 2-2 可知，销售收入线与成本线的交点是盈亏平衡点，表明开发企业在此销售量下总收入等于总成本和销售税金，既没有利润，也不发生亏损。盈亏平衡点的产量为

$$Q = \frac{C_F}{P - C_v - P\beta} \tag{2-2}$$

在此基础上，增加销售量，利润为正，形成盈利区；反之，降低销售量利润为负，形成亏损区。盈亏平衡点越低，开发项目盈利的机会就越大，亏损的风险就越小。

在实际生产经营活动中，产品的销售收入与销售量之间、成本费用与产量之间，并不一定呈现出线性的关系。随着项目产销量的增加，市场上产品的单位价格就要下降，因而营业收入与产销量之间是非线性关系；企业增加产量时原材料价格可能上涨，同时要多支付一些加班费、奖金及设备维修费，使产品的单位可变成本增加，从而总成本与产销量之间也呈非线性关系，在这种情况下，可能出现不止一个盈亏平衡点，非线性盈亏平衡分析图如图 2-3 所示，这样的盈亏平衡分析称为非线性盈亏平衡分析。

非线性盈亏分析的基本原理与线性盈亏平衡分析基本相同，即运用基本的盈亏平衡方程求解，只是此时的盈亏平衡点不止一个，需判断各区间的盈亏情况。

（2）敏感性分析

敏感性分析是分析和预测反映项目投资效益的经济评价指标对主要变动因素变化的敏感程度。如果某变动因素变化幅度很小，但对项目经济评价指标的影响极大，则认为项目对该变量很敏感。敏感性分析的目的就是要在众多不确定因素中，找出对项目经济评价指标影响较大的那些因素，从而在实际工作中，对它们严格加以控制和掌握。而对于敏感性较小的影响因素，稍加控制即可。

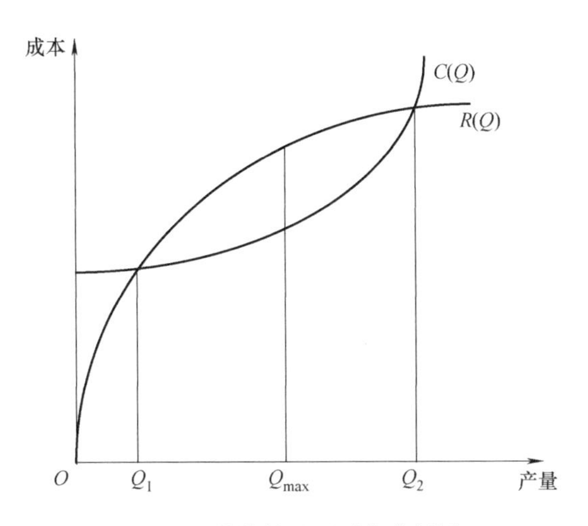

图 2-3 非线性盈亏平衡分析图

敏感性分析一般分为以下五个步骤：

1）确定敏感性分析的指标。敏感性分析指标是指敏感性分析的具体对象，即反映方案经济效果的指标，如净现值、净年值、内部收益率、投资回收期等，对于某个特定方案的经济分析而言，一般是根据项目的特点、不同的研究阶段、实际需求情况和指标的重要程度来选择，与进行分析的目的和任务有关。

由于敏感性分析是在确定性经济分析的基础上进行的，一般而言，敏感性分析所选择的指标应与确定性经济评价的指标保持一致，不应超出确定性经济评价指标范围而另立新的分析指标。

2）选择不确定因素，并设定其变化幅度。影响项目经济效益的不确定性因素很多，敏感性分析一般只选择那些对项目经济效果影响强烈的、并可能发生变动的因素，如土地成本、建造成本、租金或售价、开发期、贷款利率等。

在选定了需要分析的不确定因素后，还要结合实际情况，根据各不确定因素可能波动的范围，设定不确定因素的变化幅度，如5%、10%等。

3）计算影响程度和敏感度系数。分别使各不确定因素按照一定的变化幅度改变它的数值，然后计算这种变化对经济评价指标（如 NPV、IRR 等）的影响数值，并将其与该指标的原始值相比较，从而得出该指标的变化率，最后计算评价指标变化率与不确定性因素变化率之比，即敏感度系数。

敏感度系数是项目评价指标变化率与不确定性因素变化率之比，它反映了评价指标对于不确定性因素的敏感程度，其计算公式为

$$S_{AF}=\frac{\Delta A/A}{\Delta F/F} \tag{2-3}$$

式中 S_{AF}——评价指标 A 对于不确定因素 F 的敏感度系数；

$\Delta A/A$——不确定因素 F 变化 ΔF 时，评价指标 A 相应的变化率；

$\Delta F/F$——不确定性因素 F 的变化率。

$S_{AF}>0$，表示评价指标与不确定性因素同方向变化；$S_{AF}<0$，表示评价指标与不确定性因素反方向变化。当$|S_{AF}|$值越大，表明评价指标 A 对于不确定性因素 F 越敏感；反之，则

越不敏感。

4）寻找敏感因素并加以排序，计算变动因素的临界点。敏感因素是其数值变动能显著影响分析指标的因素。判别敏感因素的方法有两种：①相对测定法；②绝对测定法，即假设各个不确定因素均向对方案不利的方向变动，并取可能出现的对方案最不利的数值，据此计算方案的经济效果指标。

5）综合评价，优选方案。根据敏感因素对方案评价指标的影响程度及敏感因素的多少判断项目风险的大小，并结合确定性分析的结果，对方案进行综合评价。如果敏感性分析的目的是对不同投资项目或某一项目的不同方案进行选择，一般应选择敏感程度小、抗风险能力强、可靠性大的项目或方案。

敏感性分析可分为单因素敏感性分析和多因素敏感性分析。单因素敏感性分析是对单一不确定因素变化的影响进行分析，即假设各个不确定性因素之间相互独立，每次只考察一个因素，其他因素保持不变，以分析这个可变因素对经济评价指标的影响程度和敏感程度。单因素敏感性分析是敏感性分析的基本方法。单因素敏感性分析的方法简单，但忽略了因素之间的相关性。实际上某个因素的变动往往伴随着其他因素的变动，多因素敏感性分析考虑了这种相关性，因而能反映多因素变动对项目经济效果产生的综合影响，因此，在对一些有特殊要求的项目进行敏感性分析时，除进行单因素敏感性分析外，还应进行多因素敏感性分析。

多因素敏感性分析要考虑可能发生的多种因素不同变化情况的多种组合，计算起来要比单因素敏感性分析复杂得多，一般可以采用解析法与作图法结合进行。

【例 2-2】 某建设项目的基本参数估算见表 2-22，试分别就年销售收入、投资、年经营成本进行敏感性分析（设 $i_c=10\%$）。

表 2-22　某建设项目的基本参数估算

主要参数	投资 K（万元）	年销售收入 S（万元）	年经营成本 C（万元）	期末残值 L（万元）	寿命 n（年）
估算值	1500	600	250	200	6

【解】 根据题意进行如下分析：

1）选定项目的净年值（NAV）为评价指标。

2）计算基本方案的净年值。

$$\begin{aligned}\mathrm{NAV}&=-1500(A/P,10\%,6)+600-250+200(\mathrm{A/F},10\%,6)\\&=31.52\ \text{万元}\end{aligned}$$

3）确定因素变动幅度为：-20%、-10%、$+10\%$、$+20\%$。

4）计算相应的净年值变动率。

如$\dfrac{\Delta S}{S}=+10\%$，即 $S=600\times(1+10\%)$ 万元 $=660$ 万元，则

$$\begin{aligned}\mathrm{NAV}&=-1500(A/P,10\%,6)+660-250+200(A/F,10\%,6)\\&=91.52\ \text{万元}\end{aligned}$$

$$\Delta\mathrm{NAV}=(91.52-31.52)\ \text{万元}=60\ \text{万元}$$

$$\frac{\Delta\mathrm{NAV}}{\mathrm{NAV}}=\frac{60}{31.52}\times100\%=190.36\%$$

5）计算净年值指标对于年销售收入的敏感度系数。

如 NAV 对于 S 的敏感度系数，$S=\dfrac{190.36\%}{10\%}=19.04$

其余计算结果见表 2-23。

6）计算不确定因素的临界值 z。

如年销售收入，令

$$NAV=-1500(A/P,10\%,6)+600(1+z)-250+200(A/F,10\%,6)=0$$

解得：$z=-5.25\%$

其余计算结果见表 2-23。

表 2-23 单因素变动对净年值的影响及敏感度

不确定因素	变动幅度					敏感度系数	临界值（%）
	-20%	-10%	0	+10%	+20%		
年销售收入（万元）	-88.48	-28.48	31.52	91.52	151.52	19.04	-5.25
投资（万元）	100.40	65.96	31.52	-2.92	-37.36	-10.93	9.15
年经营成本（万元）	81.52	56.52	31.52	6.52	-18.48	-7.93	12.61

7）找出敏感性因素，估计项目风险。

由 5）、6）的计算结果，可以看出，NAV 指标对年销售收入最为敏感，其次为投资，最后为年经营成本。如果年销售收入比财务评价的估算值降低 5.25%，将导致项目不可行，所以要对项目实施后的市场情况进行进一步的分析研究。

单因素敏感性分析结果也可以用敏感性分析图进行项目的敏感性分析，根据不同不确定性因素的直线斜率判定评价指标对其敏感性程度及临界值。上例中的单因素敏感性分析图如图 2-4 所示。

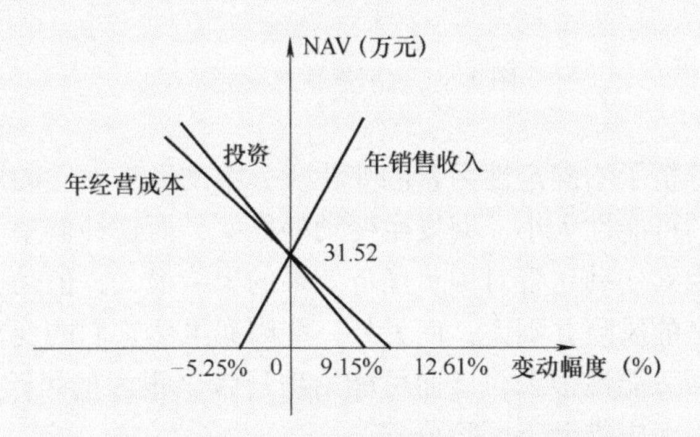

图 2-4 单因素敏感性分析图

【例 2-3】 某项目有关数据见表 2-24。假定最关键的可变因素为初始投资与年收入，并考虑它们同时发生变化，试进行该项目净年值指标的敏感性分析。

表 2-24 某项目有关数据

项 目	初始投资（万元）	寿命（年）	残值（万元）	年收入（万元）	年支出（万元）	折现率
估计值	10000	5	2000	5000	2200	8%

【解】 根据题意进行如下分析。

令 x、y 分别代表初始投资及年收入变化的百分数，则可得项目必须满足下式才能成为可行：

$$\begin{aligned} NAV &= -10000(1+x)(A/P,8\%,5)+5000(1+y)-2200+2000(A/F,8\%,5) \\ &= 636.32-2504.60x+500y \end{aligned}$$

如果 NAV≥0，即 $636.32-2504.60x+500y \geq 0$，则该投资方案可以盈利。将以上不等式绘制成图形，就得到如图 2-5 所示的 NAV =0 时直线上下的两个区域。这是一个直线方程，在临界线上 NAV =0，在临界线左上方的区域 NAV >0，在临界线右下方的区域 NAV <0。例如投资增加 10%，年收入减少 10%，则 NAV <0，此时便达不到 8% 的基准收益率。

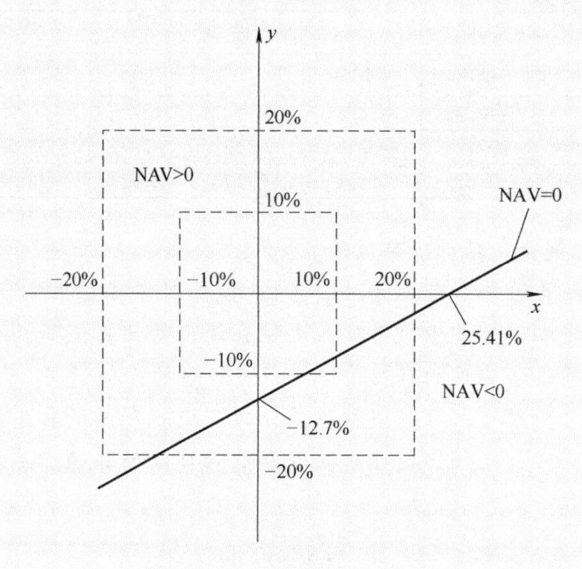

图 2-5 双因素敏感性分析图

敏感性分析虽然分析了不确定性因素的变化对方案的经济效益的影响，但它并不能说明不确定因素发生变动的可能性大小，即发生变动的概率，而这种概率与项目的风险大小直接相关。实际上，有些因素变动尽管对项目经济效果的影响很大，但是由于实际发生的可能性很小，所以给项目带来的风险并不大；而另外一些因素虽然它们的变动对项目的经济效益影响不大，但因其发生的可能性很大，反而可能给项目带来很大的风险。对这类问题的分析，敏感性分析无法解决，而应借助于风险分析。

2.4 房地产投资决策

2.4.1 房地产投资决策的内涵

房地产投资决策是指投资者为了保证所运营项目的最终盈利，在房地产开发投资的过程中，对拟开发建设项目的经济环境、政策环境、市场态势等影响因素进行细致的调查与分析，在充分掌握相关信息的基础上，对房地产投资项目进行合理和科学的判断。

房地产投资决策可分为四个步骤：①确定房地产投资决策的目标；②拟定多个可行的决策备选方案；③对决策方案进行比较，确定出最佳方案；④严格执行选定的最佳投资方案。

2.4.2 房地产投资决策的特征

由于房地产的不可移动性，其本身的自然特性及高价值属性导致房地产投资有别于其他类型的投资。以下三点是房地产投资决策独有的特征：

1. 必要性

房地产项目前期需要巨大的资金投入，而现金回收只能依靠后期的销售所得，时间跨度很长，在项目整个开发建设期间内，会有许多的不确定性因素影响项目的收益。因此只有进行完善、全面的项目投资决策，才能将风险发生的可能性降到最低。房地产项目决策一旦发生失误，就会给房地产开发企业造成巨大的损失，甚至给开发商带来毁灭性的打击。除了对投资人自身产生影响外，还可能导致银行贷款无法归还，所以对房地产投资进行决策分析是十分必要的。

2. 指导性

由于房地产业在我国国民经济中占据了重要的位置，也对我国经济的发展起到了重要作用，因此其受到了政府和社会的广泛关注，是政府进行宏观调控的重要手段。房地产投资决策分析中的相关开发节点和经济指标在整个开发过程中占据重要的位置，是整个项目顺利进行的保障，同时也为项目进一步的运行提供了可靠的依据，因此它具有较强的指导性。

3. 预测性

房地产投资决策具有预测性，是因为房地产投资决策分析是结合目前的政策、市场、经济等发展状况对未来时期拟开发项目的成本、收益及社会效益进行的预测，而非对已有项目的分析。同时，由于项目开发过程中会遇到各类不确定的影响因素，因此就需要对这些因素进行提前的分析和判断，这其实也是预测分析的过程。

2.4.3 房地产投资决策的主要内容

房地产投资决策的主要内容有：选择项目区位、选择开发时机、选择资金来源与结构、选择项目建成后经营管理方式等。

1. 选择项目区位

首先是对开发项目地理位置的了解；其次是对该地区的经济、政治、社会文化等因素的考虑，以及该地区的未来发展的趋势；然后是具体的选址，主要考虑的因素是气候、环境等，同时要考虑所在地点的经济发展程度、周围的自然环境、交通状况等。

2. 选择开发时机

房地产业作为社会经济大环境中的一个组成部分，其受经济周期波动的影响很大，因此选择合适的开发时机变得极为重要，准确把握投资机会成为投资决策者需要考量的重要因素。在经济衰退期，大众消费能力变弱，多数人会选择租房居住，房产销售困难，因此房地产开发企业会减少投资力度、缩小投资的规模、推迟或放弃投资计划。在经济发展和进步的阶段，结余资金比较多，购房需求旺盛，整个市场呈现出复苏和繁荣的迹象。这个阶段随着社会需求的增多，开发商的利润也随之增加，从而导致投资能力增强，房地产开发企业的投资大量增加。在经济稳定期，开发商可供销售房屋的数量和产品类别等恰巧匹配买方需求，若加大投资反而会造成资金的浪费。因此，企业更加应该综合考量各个方面的因素，慎重地进行房地产的投资，使企业的投资更适合市场的发展，减少投资过程中的损失和给企业造成的困境。

3. 选择资金来源与结构

房地产业资金的来源主要为股东投入与银行借款，一般政策规定自有资金需达到30%，股权和债权的比例会直接影响项目的资金成本和项目的利润，因此在进行决策分析时要考虑资金的来源与结构，以及有现金流入后资金的去向，是用于归还银行借款或是追加投资，这些都需要提前做好决策。

4. 选择项目建成后经营管理方式

项目建成后的经营管理方式可以是直接销售也可以是自持运营。两种模式带来的经济效益也是不尽相同的，直接销售可在短期内带来收益，而自持经营是一种持续经营的模式。选择一种运营模式意味着后期的经营策略有所不同，这些也需要在投资阶段提前做好决策。

2.4.4 房地产投资决策的程序

房地产项目投资决策分为以下几个步骤：市场调研及竞品分析，规划方案设计与比选，经济效益测算，不确定性及风险评估，综合分析论证。

1. 市场调研及竞品分析

市场调研是指开发的前期调研，房地产市场的调研是要有一定的方法的，必须要有明确的计划，全面地收集各个方面的资料，只有准确的市场调研才能为预测分析工作提供基础和依据。市场调研的内容不但包括了目标地块的自身情况，如土地性质、规划指标、基础设施等，也要对比周边竞品情况，如目标区域供需状况、土地市场、房地产开发程度、竞品售价或租金情况等。除此之外，还包括国家宏观调控及地方政策，目标地块所在区域的发展状况、税收政策、金融政策等方面。

2. 规划方案设计与比选

规划方案的设计需要根据不同阶段的发展制定不同的规划方案，同时结合产品的特色不断地进行修改，最终设计出最合适的规划方案。首先要考虑项目的总体规划，包括项目的总可售面积、容积率，总户数，配比车位数等。除满足各项规划条件外，还考虑设计方案是否符合该项目的风格，景观和外立面的布置、场地内外交通组织等要求。涉及多期开发的项目还要考虑各期各批次的产品搭配。更要结合营销定位设计出产品类别和户型，比如是别墅还是普通住宅，是公寓还是写字楼，主力户型是哪些，赠送率如何等。针对投资项目的不同，应设计出多个规划方案供选择，同时与市场调研紧密结合起来，这些对项目的后续建设至关重要。

3. 经济效益测算

房地产项目经济效益测算是建立在市场调研、项目策划、投资成本预算、销售价格预计和销售进度计划等的基础上的，通过对这些因素的分析，编制出相关财务测算表，计算出经济指标，同时对房地产项目的各个因素进行分析和探究，例如：企业的运营能力、实际的盈利能力、对于债务的偿还能力和资金的使用效率等，由此来判断财务评价是否可行或从多种方案中选择最佳方案。这个阶段首先需要制定合理科学的建设进度节点，如开工时间、主体封顶时间、开盘时间、交房时间等关键节点。再依据项目规划设计指标、工程进度等估算出项目的总投资成本；根据销售价格、去化速度预测项目总销售收入；根据相关税法规定，计算出项目所涉及的各项税费；根据支付节奏和回款节奏合理安排资金使用计划，同时计算出资金成本。根据以上已计算出来的收入、成本、税金、利息可以逐步估算出项目的损益和现金流情况，对比目标指标，对项目决策提供可量化的评判依据。

4. 不确定性及风险评估

房地产是一个具有极具风险的行业，其投资时期长、投资规模大，在建设过程中存在的不确定风险因素也非常的多，稍有不慎就会导致非常严重的后果。因此，对房地产进行不确定性及风险评估是非常重要且必要的，开展不确定性及风险评估可以判断该项目的可行性。对房地产进行不确定性和风险评估有以下几个方法：盈亏平衡分析法、敏感分析法及概率分析法。在选择这些方法的时候，需要具体问题具体分析，真正地认识到风险存在的问题，及如何去规避该风险。

5. 综合分析论证

以上所涉及的方法都是从不同的方面对房地产投资进行分析，这些分析方式及其结果都为房地产投资提供了一定的参考价值。但这些方式往往是针对单一项目而言的，在现实生活中，投资者往往面临着不同的投资机会，用以上的方式无法解决多个项目的投资决策，此时必须通过综合分析论证方式来对各个项目进行优劣分析和排序，评估风险。另一个进行综合分析论证的原因是单一论证过于片面，只有综合分析论证才能全面考察企业介入目标项目是否合适，如企业的开发模式、融资能力、人力资源配备等因素，与目标项目的匹配度等。房地产投资决策贯穿于整个房地产投资活动的全过程，涉及各个方面的内容。投资决策的结果直接影响房地产开发建设的效果，能否对房地产投资项目做出更加准确的预判、评估，需要多样的、综合的投资决策分析方法，进行反复的推演证明。在房地产投资决策的过程中，各种方法就显得尤为重要，不同的方法解决不同的工作重点，最后通过综合的分析，获得最终准确的分析结论。

2.4.5 房地产投资决策的主要方法

1. 市场分析和预测阶段

（1）PEST 分析法

PEST 分析法主要是对宏观环境进行分析。P、E、S、T 分别代表政治（Politics）、经济（Economy）、社会（Society）、技术（Technology）。对一个企业所处的宏观环境背景进行系统分析，通常是对政治（国家政策法规的出台等）、经济（经济的增长速度等）、社会（人文水平的发展等）、技术（技术创新、新技术应用等）因素的分析，以及结合企业现状确定企业在未来发展中可能面临的问题及状况，明确各项因素对企业发展的影响。使用 PEST 分析法进行分析要做到知己知彼，方可做出准确的分析。

（2）SWOT 分析法

SWOT 分析法是对内外部竞争环境、竞争条件下的形势分析。S、W、O、T 分别代表优势（Strength）、劣势（Weakness）、机会（Opportunity）、威胁（Threat），是通过对研究内容相关的各种内部优势、劣势、外部的威胁以及机会分析，通过详细的调查研究一一列举出来，并进行系统分析，从中得出结论，为决策提供参考。SWOT 分析法可以对研究内容进行全面、系统、准确的研究，从而根据研究结果制定相应的发展战略、计划以及对策等。在对前期策划进行分析时，还需要与项目进行结合从而对市场做出判断，从宏观的角度对项目整体的发展趋势以及前景做出判断，并对项目所在地的市场进行分析得出项目所具有的风险以及市场的潜力；而且还需要对项目进行合理的市场定位，详细分析项目所在地的市场，从而能够锁定项目的消费群体，可以很好地解决项目为谁建的问题，并且能够对目标市场中的购买力以及市场中的需求量做出分析，从而能够判断出目标市场所具有的辐射范围以及吸纳量，并且可以对目标市场与项目的客户群体进行 SWOT 分析。

（3）层次分析法

层次分析法（Analytic Hierarchy Process，AHP）是指将一个复杂的决策问题作为一个系统，将目标分解为多个小目标、准则、方案等层次，通过定性指标模糊量化方法算出层次单排序（权数）和总排序，以作为目标（多指标）、多方案优化决策的系统方法。层次分析法的优点是系统、简洁实用、需要信息量较少；缺点是不能为决策提供创新方案，因数据较少无法提供令人信服的信息等。

2. 财务评价阶段

（1）投资回收期法

投资回收期法（Payback Period Method）是一种静态分析法，是通过计算项目投产后，在正常生产经营条件下的收益额、折旧额、无形资产摊销额，用来收回项目总投资所需的时间，并利用与行业基准投资回收期对比来分析项目投资财务效益。

投资回收期的主要特点是计算方法简单、容易被接受理解，同时在一定程度上考虑了投资的风险状况，是投资决策时需要参考的重要指标。通常情况下，项目的投资回收期越长，投资风险则越高；反之，投资回收期越短，投资风险则越低。

（2）净现值法

净现值法是一种比较科学、简便的投资方案评价方法。是通过净现金效益量的总现值与净现金投资量算出净现值，并根据净现值的大小对投资方案做出基本评价。当计算出的净现值为正时，投资方案可行；当计算出的净现值为负时，投资方案不可行。净现值越大，投资方案越好。

（3）内部收益率法

内部收益率法（Internal Rate of Return，IRR）是用内部收益率来对项目的投资财务效益进行评价的方法。内部收益率，就是当资金流入现值总额与资金流出现值总额相等，即净现值等于零时的折现率。计算内部收益率的前提是使净现值等于零。

3. 风险型决策方法

此时，决策者知道各方案在不同自然状态下可能发生的概率，并且可以将各个方案的损益值量化。

（1）期望值法

该方法是根据概率论中求期望值的方法对房地产投资方案进行决策，即在知道比选方案不同概率下的损益值的大小条件下，通过比较不同方案的期望值进行决策，选取期望值较大的方案作为优选方案。

【例 2-4】 某房地产开发经营公司计划开发建设住宅小区，面临两个备选方案。两个方案的建设经营期限均为 6 年。方案 A 是进行大规模开发，需投资 2 亿元；方案 B 是进行小规模开发，需投资 1 亿元。根据市场调研和预测，该时期住宅需求量大的概率为 0.8，需求量小的概率为 0.2。两个方案的年损益值见表 2-25，试选择最佳开发方案。

表 2-25 两个方案的年损益值 (单位：万元)

投资方案	年损益值	
	需求量大 $P_1=0.8$	需求量小 $P_2=0.2$
A：大规模开发	6000	2000
B：小规模开发	3000	1000

【解】 为了评价两方案经济效益的好坏，用数学期望值分别计算两方案 6 年内的净收益期望值，并通过比较，选择期望值较大的方案为优方案。利用公式：

$$E(x) = \sum_{i=1}^{n} x_i \times P_i$$

$$E_A = \{[6000 \times 0.8 + (-2000 \times 0.2)] \times 6 - 20000\} \text{万元} = 6400 \text{万元}$$

$$E_B = \{[3000 \times 0.8 + 1000 \times 0.2] \times 6 - 10000\} \text{万元} = 5600 \text{万元}$$

比较两方案损益值的期望，得出：$E_A > E_B$。所以选择大规模开发建设方案比选择小规模开发建设方案获利要多。

(2) 决策树法

决策树也称决策图，是利用期望值进行决策分析的一种工具，用树状图表示风险投资方案未来可能发生的状况。决策树方法不仅能够解决单阶段决策问题，特别在解决多阶段不确定因素的多方案决策中，能起到很好的作用。这种方法可以把多种发展层次连续起来考虑，排列整齐，一目了然，便于计算和比较。

运用决策树法的基本步骤是：首先拟定若干个可行的备选方案，并用决策树的方案枝表示；其次，预测各种可能状态出现的概率以及每一种状态出现后的损益值，用概率分枝和预测结果表示；最后，计算不同方案的期望值，决定方案的取舍。

【例 2-5】 将例 2-4 加以补充和拓展，将建设经营期分为前 1 年和后 5 年两期考虑。根据对该地区住宅市场的调查和预测，前 1 年住宅需求量较大的概率为 0.8。如果前 1 年市场需求量较大，则后 5 年住宅需求较大的概率为 0.9；如果前 1 年市场需求量较小，则后 5 年需求量较小的概率为 0.9。试问在此情况下，哪种投资方案为最优方案？

【解】 具体做法是：

1) 先画出决策树图，并定出决策点（用方框表示）及其可以采用的投资方案。

2) 定出状态点（用圆圈表示），并在各状态点画出各种可能情况的概率。

3) 最后估计有关数据（结果结点用三角形表示），如在不同情况下的损益值。

方案枝或状态枝用直线表示，如图 2-6 所示。

按决策树分析、计算要求，其过程是从右至左，逐步推进。

首先根据决策树图中右端的收益值和概率，计算各期望值如下：

点④：$E_{A_4} = [6000 \times 0.9 + (-2000 \times 0.1)] \times 5$ 万元 $=26000$ 万元

点⑤：$E_{A_5} = [6000 \times 0.1 + (-2000 \times 0.9)] \times 5$ 万元 $= -6000$ 万元

点②：

$$E_{A_2} = [6000 \times 0.8 + (-2000 \times 0.2) + 26000 \times 0.8 + (-6000 \times 0.2) - 20000] \text{万元} = 4000 \text{万元}$$

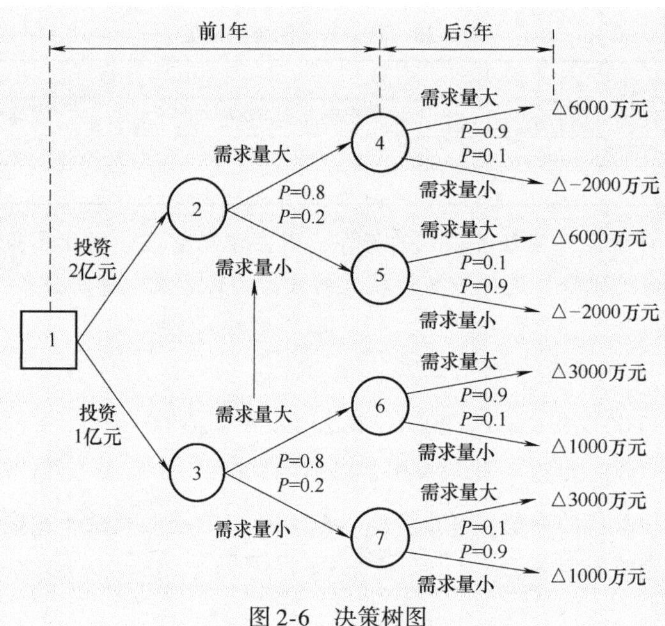

图 2-6　决策树图

点⑥：$E_{A_6}=(3000\times0.9+1000\times0.1)\times5$ 万元 $=14000$ 万元

点⑦：$E_{A_7}=(3000\times0.1+1000\times0.9)\times5$ 万元 $=6000$ 万元

点③：

$$E_{A_3}=(3000\times0.8+1000\times0.2+14000\times0.8+6000\times0.2-10000)\text{万元}$$
$$=5000\text{ 万元}$$

由此可见，在这种市场状态下，选择小规模投资开发要比大规模投资开发收益大，因为 $E_{A_3}>E_{A_2}$，市场风险小。

4. 不确定型决策方法

实际工作中，决策者有时很难预测未来各种状态发生的概率以及所产生的明确结果，这种情况属于不确定型决策问题。此类方法主要有悲观法、乐观法、折中法、后悔值法和机会均等法。

（1）悲观法

悲观法也称极大极小准则，主张在进行方案比选时尽量将事物发生的结果估计得坏一些，然后在最坏的情况下找最好的方案。具体方法就是在每一种投资方案中找出投资收益最小的（或净现值最小的），然后从中选出最小收益最大的方案为优选方案。

【例 2-6】 某房地产公司有三个投资方案可供选择，这三个方案的损益情况与房产市场的需求情况有关系，表 2-26 所示为在不同的市场需求情况下的损益值。根据悲观法进行选择，应该选择哪个方案？

表 2-26　在不同的市场需求情况下的损益值　　（单位：万元）

需求情况	需求量大	需求量一般	需求量小
方案一	3500	1800	1100
方案二	2300	1300	1200
方案三	1700	1000	900

【解】 1）求解各个方案的最小收益值：

方案一：$\min\{3500,1800,1100\}=1100$ 万元

方案二：$\min\{2300,1300,1200\}=1200$ 万元

方案三：$\min\{1700,1000,900\}=900$ 万元

2）找出各个方案中最小收益值中的最大值：

$$\max\{1100,1200,900\}=1200\text{ 万元}$$

3）选择方案：最大值所在的方案二是最优方案。

这种方法是一种很保守的决策方法，决策者尽量地避免风险造成的损失，但是同时这种方法也可能会让投资者失去巨大的盈利机会。

（2）乐观法

乐观法也称极大极大准则，和悲观法的思想正好相反，决策者在选择方案时采取乐观的态度，即选择一个可以提供最大盈利的方案作为优选方案。具体的做法是先从各个方案中找出收益最大的（或净现值最大的），然后从中选出最大收益值中最大的方案为优选方案。

【例 2-7】 以表 2-26 的数据为例，用乐观法选择最优方案。

【解】 1）求解各个方案的最大收益值：

方案一：$\max\{3500,1800,1100\}=3500$ 万元

方案二：$\max\{2300,1300,1200\}=2300$ 万元

方案三：$\max\{1700,1000,900\}=1700$ 万元

2）找出各个方案中最大收益值中的最大值：

$$\max\{3500,2300,1700\}=3500\text{ 万元}$$

3）选择方案：最大值所在的方案一是最优方案。

（3）折中法

大部分的投资者都是介于极悲观和极乐观之间的，折中法就是说决策者对每一个决策方案取其最大和最小损益值的加权平均值，然后从中选出加权平均值最大的方案为最优。至于最大和最小损益值的权重则由决策者的经验及其乐观程度决定。

【例 2-8】 以表 2-26 的数据为例，假设所投资项目的乐观系数为 $\alpha=0.8$，用折中法选择最优方案。

【解】 1）因为 $\alpha=0.8$，$1-\alpha=0.2$，所以折中收益值为：

方案一：$(0.8\times3500+0.2\times1100)$ 万元 $=3020$ 万元

方案二：$(0.8\times2300+0.2\times1200)$ 万元 $=2080$ 万元

方案三：$(0.8\times1700+0.2\times900)$ 万元 $=1540$ 万元

2）找出各方案的最大收益值：

$$\max\{3020,2080,1540\}=3020\text{ 万元}$$

3）选择方案：最大值所在的方案一是最优方案。

（4）后悔值法

决策者如果对未来的自然状态判断错误从而造成损失，就会对当初的决策行为感到后悔。后悔者法就是构造一个机会损失值或后悔值代替损益值的收益表。后悔值就是各种状态

下的最大收益减去其他方案的收益之差。具体做法是：首先用各种状态下的最大收益减去各个方案的收益值，然后选出各个方案的最大的后悔值，在这些后悔值中选出后悔值最小的方案为最优。

【例 2-9】 以表 2-26 的数据为例，用后悔值法选择最优方案。

【解】 1）求解每种状态下的最大收益值：

需求量大：max{3500,2300,1700} =3500 万元

需求量一般：max{1800,1300,1000} =1800 万元

需求量小：max{1100,1200,900} =1200 万元

2）求后悔值：用每种状态下的最大收益值减去该自然状态下各个方案的收益值，找出各个方案中最大后悔值，见表 2-27。

表 2-27 各个方案的最大后悔值 （单位：万元）

需求情况	需求量大	需求量一般	需求量小
方案一	0	0	100
方案二	1200	500	0
方案三	1800	800	300

3）选择方案：后悔值最小的 100 万元所在的方案一是最优方案。

（5）机会均等法

如果在决策的过程中，决策者不能肯定各种自然状态发生的概率，那么便认为它们是等概率的。假如有 n 个自然状态，则每个自然状态发生的概率是$\frac{1}{n}$。然后就可以按照风险决策方法用损益最大期望值做出决策。

本章小结

房地产开发项目可行性研究是房地产开发投资前期的工作要点，一般划分为三个阶段：投资机会研究、初步可行性研究和详细可行性研究。可行性研究的基本内容可概括为三大部分：市场研究、技术研究和效益研究。房地产开发项目可行性研究的最重要作用是为投资决策从技术、经济方面提供科学可行的依据，减少由于决策失误而带来的损失。

房地产市场研究的内容主要是市场调查与市场预测。其中市场调查主要从市场环境、消费者、竞争楼盘、竞争对手四个方面进行。房地产市场调查必须遵循一定的程序与步骤，才能达到期望的效果。房地产开发企业通过市场调查和市场预测，不仅掌握了市场现状，而且对未来市场的发展趋势做出了一定的判断，之后必须通过市场细分选择一个或几个目标市场，进行有效的市场定位。只有这样，开发企业才可能有针对性地满足某一部分消费者的需求。

房地产开发项目财务分析包括投资估算、制订资金筹措和使用计划、收入估算，编制基本财务报表，计算财务评价指标和各项财务比率，进行财务分析，做出财务评价。房地产开发投资是一个动态过程，还需进行不确定性分析，通常采用的不确定性分析方

法有盈亏平衡分析、敏感性分析和概率分析。

房地产投资决策的主要内容有：选择项目区位，选择开发时机，选择资金来源与结构，选择项目建成后经营管理方式等。房地产项目投资决策分析分为下几个步骤：市场调研及竞品分析，规划方案设计与比选，经济效益测算，不确定性及风险评估，综合分析论证。

思考与练习题

1. 简述房地产开发项目可行性研究的作用。
2. 以某一商品住宅为例阐述对该房地产项目进行市场研究的内容。
3. 简述房地产市场调查的程序。
4. 以某一写字楼为例阐述对其进行市场定位的全过程。
5. 房地产财务评价的基本报表包含哪些？

第3章

土地制度及房地产项目用地的获取

本章要点及学习目标

(1) 了解我国土地的自然状态
(2) 理解土地的自然特征和经济特征
(3) 熟悉土地的分类、功能和利用规划
(4) 理解土地的所有制度、征收制度、储备制度
(5) 掌握房地产开发项目获取土地的方法

作为一切生产资源和生产资料的源泉和依托，土地是房地产开发最重要的生产资料和产品组成部分。那么土地的特征是什么？其和房地产的特征有联系吗？我国土地是怎么进行分类和规划的呢？我国的土地所有制是怎样的？房地产开发所需要的土地是通过什么样的渠道获取的呢？本章将对这些跟土地相关的问题进行介绍。

3.1 土地概述

3.1.1 土地的自然状态

土地是包含地球特定地域表面及其以上和以下的大气、土壤与基础地质、水文与植物以及动物，还包含这一地域范围内过去和现在人类活动的种种结果。我国地理学家普遍赞成土地是综合的自然地理概念，认为土地“是地表某一地段包括地质、地貌、气候、水文、土壤、植被等多种自然要素在内的自然综合体”。

广义的土地不仅包括陆地部分，而且还包括光、热、空气、海洋等。较有代表性的是经济学家的观点。英国经济学家马歇尔指出：“土地是指大自然为了帮助人类，在陆地、海上、空气、光和热各方面所赠与的物质和力量。”美国经济学者伊利认为：“……土地这个词……它的意义不仅指土地的表面，因为它还包括地面上下的东西。”

由于土地概念涉及并影响世界各国，所以联合国也先后对土地做出过定义。1972 年，联合国粮农组织在荷兰瓦格宁根市召开的农村进行土地评价专家会议，对土地下了这样的定义："土地包含地球特定地域表面及以上和以下的大气、土壤及基础地质、水文和植被。它还包含这一地域范围内过去和目前人类活动的种种结果，以及动物就它们对目前和未来人类利用土地所施加的重要影响"；1975 年，联合国发表的《土地评价纲要》对土地的定义是："一片土地的地理学定义是指地球表面的一个特定地区，其特性包含着此地面以上和以下垂直的生物圈中一切比较稳定或周期循环的要素，如大气、土壤、水文、动植物密度，人类过去和现在活动及相互作用的结果，对人类和将来的土地利用都会产生深远影响。"

狭义的土地仅指陆地部分，较有代表性的是土地规划和自然地理学家的观点。土地规划学者认为："土地是指地球陆地表层，它是自然历史的产物，是由土壤、植被、地表水以及表层的岩石和地下水等诸多要素组成的自然综合体"；自然地理学者认为："土地由地理环境（主要是陆地环境）中互相联系的各个自然地理成分组成，包括人类活动影响在内的自然地域综合体。"

从土地管理角度应当怎样定义土地呢？原国家土地管理局 1992 年出版的《土地管理基础知识》中这样定义土地："土地是地球表面上由土壤、岩石、气候、水文、地貌、植被等组成的自然综合体，它包括人类过去和现在的活动结果。"因此，从土地管理角度可以将土地看成是自然的产物，是人类过去和现在活动的结果。

作为自然物的土地逐渐由人类生存和发展的最基本生态环境要素转化为人的劳动对象和劳动资料，成为人类生活和生产活动的自然资源宝库，而成为一切生产资源和生产资料的源泉和依托，并使自然资源和生态环境要素的土地转化为人工自然资源和人工生态环境要素，而成为自然资源综合体，即土地不仅具有使用价值，而且有了价值（劳动价值）。

我国的国土是中华民族繁衍生息的宝贵家园，也是我国经济社会持续发展的基本载体。科学推进国土集聚开发、分类保护和综合整治，进一步优化开发格局、提升开发质量、规范开发秩序，有利于形成安全、和谐、开放、协调、富有竞争力和可持续发展的美丽国土，为实现"两个一百年"奋斗目标、实现中华民族伟大复兴中国梦提供有力支撑和基础保障。

3.1.2 土地的特征

1. 土地的自然特性

自然特性是指不以人的意志为转移的自然属性。土地的自然特性有：

（1）土地的不可替代性

绝对找不出两块完全相同的土地，任何一块土地都是独一无二的，故又称土地性能的独特性或差异性。其原因在于土地位置的固定性及自然、人文环境条件的差异性。即使是位于同一位置相互毗邻的两块土地，由于形状、地形、植被及景观等因素的影响，也不可能完全相互替代。

（2）土地面积的有限性

土地不能像其他产品一样可以被不断地制造出来。由于受到地球表面陆地部分的空间限制，土地的面积是有限的。正像马克思所说的那样，它不能像工业生产中那样随意增加效率相同的生产工具的数量，即肥沃程度相同的土地数量。列宁曾指出：“土地有限是一个普遍现象。”人类可以围湖或填海造地，但这只是对地球表层土地形态的改变。从总体看，人类只能改变土地的形态，改善或改良土地的生产性能，但不能增加土地的总量。所以，人类必须充分、合理地利用全部土地，不断提高集约化经营程度。在不合理利用的情况下，土地将出现退化，甚至无法利用，从而使可利用的土地面积减少。

（3）土地位置的固定性

土地位置的固定性也叫不可移动性，是土地区别于其他商品的重要标志。我们可以把可移动的商品如汽车、食品、服装以及可移动的资源如人力、矿产等，由产地或过剩地区运送到供给相对稀缺或需求相对旺盛因而售价较高的地区。但我们无法把土地如此移动。

（4）土地质量的差异性

土地的特性和质量特征是土地各个构成要素（如地质、地貌、气候、水文、土壤、植被等）相互联系、相互作用、相互制约的总体效应和综合反映。地理位置不同，地表的气候、水热对比条件不一样，地质地貌对其具有再分配的功能，使得地表的土壤、植被类型也随之发生变化，因而造成土地的巨大自然差异性。这种差异性不仅存在于一个国家或一个地区的范围之内，还存在于一个基层生产单位内。随着生产力水平的提高和人类对土地利用范围的扩大，这种差异性会逐步扩大，而不是趋于缩小。土地的空间差异性要求人们因地制宜地合理利用各类土地资源，确定土地利用的合理结构与方式，以取得土地利用的最佳综合效益。

（5）土地永续利用的相对性

土地永续利用有两层含义：作为自然的产物，土地与地球共存亡，具有永不消失性，其作为人类的活动场所和生产资料，可以永久利用；但土地的这种永久利用是相对的，只有在利用中维持了土地的功能，才能得以实现。

2. 土地的经济特性

土地的经济特性是指人们在利用土地的过程中，土地在生产力和生产关系方面表现出来的特性。包括：

（1）土地经济供给的稀缺性

土地经济供给的稀缺性具体有两层含义：其一，给人们从事各种活动的土地面积是有限的；其二，特定地区、不同用途的土地面积也是有限的，往往不能完全满足人们对各类用地需求。

（2）土地用途的多样性

对一种土地的利用，常常会有两个以上用途，而且有可能从一种用途转换到另一种用途。这常使土地趋于最佳用途和最大经济效益，并使地价达到最高。这就要求人们在利用土地时，考虑土地的最有效利用原则，使土地的用途和规模等均为最佳。

（3）土地用途变更的困难性

土地用途的变更一般要经过国土资源管理部门和城市规划部门的同意，经过一定的审查程序才能完成。

（4）土地增值性

一般商品的使用随着时间的推移总是不断地折旧直至报废，自身价值会越来越小。而土地则不同，在土地上追加投资的效益具有持续性，而且随着人口增加和社会经济的发展，对土地的投资具有显著的增值性。

（5）土地报酬递减的可能性

在技术不变的条件下，对土地的投入超过一定限度时，就会产生报酬递减的现象，这就要求人们在利用土地增加投入时，寻找在一定技术、经济条件投入下投资的适合度，确定适当的投资结构，并不断改进技术，以便提高土地利用的经济效益，防止出现土地报酬递减的现象。土地报酬递减规律是房地产开发商确定商品房开发层数的重要因素。

（6）土地的产权特性

不同的权力附加意味着土地价值巨大的差异，土地的价值更多地取决于土地上附加的权益。

（7）土地的不动产特性

土地的不动产特性与土地位置的固定性相关，且需求一般为刚性需求，价值量也较大。

3.1.3 土地利用分类

对土地进行分类研究，不仅能够正确认识土地数量、质量和空间分布状况，指出改良与利用的方向及途径，还有助于扩大土地科学理论的应用范围，使其理论体系更趋完善。目前，国内外有关学者对于土地分类问题还持有不同的观点，在方法论方面存在着一定的分歧。在分类系统的建立上，由于应用目的不同，形成了不同的分类系统。其中有代表性的有两大类：一类是基于理论研究而建立的分类系统，如土地类型分类，称为基础理论分类系统或土地自然分类系统；另一类是基于应用而建立起来的分类系统，称为应用性分类系统。它与基础理论分类系统相对应，从实际出发反映同特定目的关系密切的土地的社会经济属性和一定的自然属性。这种分类系统主要有三种：以土地资源类型为划分对象的土地资源类型系统；以土地利用方式为目的的土地利用现状分类系统；以城镇土地利用为目的的城镇土地分类系统。这里主要讲解土地利用现状分类。

土地利用现状分类是区分土地利用空间地域组成单元的过程。这种空间地域单元是土地利用的地域组合单位，表现人类对土地利用、改造的方式和成果，反映土地的利用形式和用途（功能）。因此，国内外土地利用现状分类的划分标准存在着形式、用途（功能）及其二者综合三种模式。

2004 年发布的《土地管理法》规定，按土地用途将土地分为农用地、建设用地和未利用地。严格限制农用地转为建设用地，控制建设用地总量，对耕地实行特殊保护。农用地是指直接用于农业生产的土地，包括耕地、林地、草地、农田水利用地、养殖水面等；建设用地是指建造建筑物、构筑物的土地，包括城乡住宅和公共设施用地、工矿用地、交通水利设施用地、旅游用地、军事设施用地等；未利用地是指农用地和建设用地以外的土地。

2017 年 11 月发布的《土地利用现状分类》（GB/T 21010—2017）主要依据土地的利用方式、用途、经营特点和覆盖特征等因素，按照主要用途对土地利用类型进行归纳、划分，采用一级、二级两个层次的分类体系，共分 12 个一级类，73 个二级类，土地利用现状分类及编码见表 3-1。土地利用现状分类与三大类对照见表 3-2。

表 3-1　土地利用现状分类及编码

一级类		二级类		含　义
编码	名称	编码	名称	
01	耕地			指种植农作物的土地，包括熟地，新开发、复垦、整理地，休闲地（含轮歇地、休耕地）；以种植农作物（含蔬菜）为主，间有零星果树、桑树或其他树木的土地；平均每年能保证收获一季的已垦滩地和海涂。耕地中包括南方宽度<1.0m，北方宽度<2.0m固定的沟、渠、路和地坎（埂）；临时种植药材、草皮、花卉、苗木等的耕地，临时种植果树、茶树和林木且耕作层未破坏的耕地，以及其他临时改变用途的耕地
		0101	水田	指用于种植水稻、莲藕等水生农作物的耕地，包括实施水生、旱生农作物轮种的耕地
		0102	水浇地	指有水源保证和灌溉设施，在一般年景能正常灌溉，种植旱生农作物（含蔬菜）的耕地，包括种植蔬菜的非工厂化的大棚用地
		0103	旱地	指无灌溉设施，主要靠天然降水种植旱生农作物的耕地，包括没有灌溉设施，仅靠引洪淤灌的耕地
02	园地			指种植以采集果、叶、根、茎、枝等为主的集约经营的多年生木本和草本作物，覆盖度大于50%或每亩株数大于合理株数70%的土地，包括用于育苗的土地
		0201	果园	指种植果树的园地
		0202	茶园	指种植茶树的园地
		0203	橡胶园	指种植橡胶树的园地
		0204	其他园地	指种植桑树、可可、咖啡、油棕、胡椒、药材等其他多年生作物的园地
03	林地			指生长乔木、竹类、灌木的土地，及沿海生长红树林的土地，包括迹地，不包括城镇、村庄范围内的绿化林木用地，铁路、公路、征地范围内的林木，以及河流、沟渠的护堤林
		0301	乔木林地	指乔木郁闭度≥0.2的林地，不包括森林沼泽
		0302	竹林地	指生长竹类植物，郁闭度≥0.2的林地
		0303	红树林地	指沿海生长红树植物的林地
		0304	森林沼泽	以乔木森林植物为优势群落的淡水沼泽
		0305	灌木林地	指灌木覆盖度≥40%的林地，不包括灌丛沼泽
		0306	灌丛沼泽	以灌丛植物为优势群落的淡水沼泽
		0307	其他林地	包括疏林地（树木0.1≤郁闭度<0.2的林地），未成林地、迹地、苗圃等林地
04	草地			指生长草本植物为主的土地
		0401	天然牧草地	指以天然草本植物为主，用于放牧或割草的土地，包括实施禁牧措施的草地，不包括沼泽草地
		0402	沼泽草地	指以天然草本植物为主的沼泽化的低地草甸、高寒草甸
		0403	人工牧草地	指人工种植牧草的草地
		0404	其他草地	指树木郁闭度<0.1，表层为土质，不用于放牧的草地
05	商服用地			指主要用于商业、服务业的土地
		0501	零售商业用地	以零售功能为主的商铺、商场、超市、市场和加油、加气、充换电站等的用地
		0502	批发市场用地	以批发功能为主的市场用地
		0503	餐饮用地	饭店、餐厅、酒吧等用地

（续）

一级类		二级类		含　义
编码	名称	编码	名称	
05	商服用地	0504	旅馆用地	宾馆、旅馆、招待所、服务型公寓、度假村等用地
		0505	商务金融用地	指商务服务用地，以及经营性的办公场地用地。包括写字楼、商业性办公场所、金融活动场所和企业厂区外独立的办公场所；信息网络服务、信息技术服务、电子商务服务、广告传媒等用地
		0506	娱乐用地	指剧院、音乐厅、电影院、歌舞团、网吧、影视城、仿古城以及绿地率小于65%的大型游乐设施等用地
		0507	其他商服用地	指零售商业、批发市场、餐饮、旅馆、商务金融、娱乐用地以外的其他商业、服务业用地，包括洗车场、洗染店、照相馆、理发美容店、洗浴场所、赛马场、高尔夫球场、废旧物资回收站、机动车、电子产品和日用产品修理网点、物流营业网点，及居住小区及小区级以下的配套的服务设施等用地
06	工矿仓储用地			指主要用于工业生产、物资存放场所的土地
		0601	工业用地	指工业生产、产品加工制造、机械和设备修理及直接为工业生产等服务的附属设施等用地
		0602	采矿用地	指采矿、采石、采砂（沙）场，砖瓦窑等地面生产用地，排土（石）及尾矿堆放地
		0603	盐田	指用于生产盐的土地，包括晒盐场所、盐池及附属设施等用地
		0604	仓储用地	指用于物资储备、中转的场所用地，包括物流仓储设施、配送中心、转运中心等
07	住宅用地			指农村用于生活居住的宅基地
		0701	城镇住宅用地	指城镇用于生活居住的各类房屋用地及其附属设施用地，不含配套的商业服务设施等用地
		0702	农村宅基地	指农村用于生活居住的宅基地
08	公共管理与公共服务用地			指用于机关团体、新闻出版、科教文卫、公用设施等的土地
		0801	机关团体用地	指用于党政机关、社会团体、群众自治组织等的用地
		0802	新闻出版用地	指用于广播电台、电视台、电影厂、报社、杂志社、通讯社、出版社等的用地
		0803	教育用地	指用于各类教育用地，包括高等院校、中等专业学校、中学、小学、幼儿园及其附属设施用地，聋、哑、盲人学校及工读学校用地，以及为学校配建的独立地段的学习生活用地
		0804	科研用地	指独立的科研、勘察、研发、设计、检验检测、技术推广、环境评估与监测、科普等科研事业单位及其附属设施等用地
		0805	医疗卫生用地	指医疗、保健、卫生、防疫、康复和急救设施等用地，包括综合医院、社区卫生服务中心等用地；卫生防疫站、专科防治所、检验中心和动物检疫站等用地；对环境有特殊要求的传染病、精神病等专科医院用地；急救中心、血库等用地
		0806	社会福利用地	指为社会提供福利和慈善服务的设施及其附属设施用地，包括福利院、养老院、孤儿院等用地
		0807	文化设施用地	指图书、展览等公共文化活动设施用地，包括公共图书馆、博物馆、档案馆、科技馆、纪念馆、美术馆和展览馆等设施用地；综合文化活动中心、文化馆、青少年宫、儿童活动中心、老人活动中心等设施用地

（续）

一级类		二级类		含义
编码	名称	编码	名称	
08	公共管理与公共服务用地	0808	体育用地	指体育场馆和体育训练基地等用地，包括室内外体育运动用地，如体育场馆、游泳场馆、各类球馆及其附属的业余体校等用地，溜冰场、跳伞场、摩托车场、射击场，水上运动的陆域部分等用地，以及为体育运动专设的训练基地用地，不包括学校等机构专用的体育设施用地
		0809	公用设施用地	指用于城乡基础设施的用地，包括供水、排水、污水处理、供电、供热、供气、邮政、电信、消防、环卫、公用设施维修等用地
		0810	公园与绿地	指城镇、村庄范围内的公园、动物园、植物园、街心花园、广场和用于休憩、美化环境及防护的绿化用地
09	特殊用地			指用于军事设施、涉外、宗教、监教、殡葬、风景名胜等的土地
		0901	军事设施用地	指直接用于军事目的的设施用地
		0902	使领馆用地	指用于外国政府及国际组织驻华使领馆、办事处等的用地
		0903	监教场所用地	指用于监狱、看守所、劳改场、戒毒所等的建筑用地
		0904	宗教用地	指专门用于宗教活动的庙宇、寺院、道观、教堂等宗教自用地
		0905	殡葬用地	指陵园、墓地、殡葬场所用地
		0906	风景名胜设施用地	指风景名胜景点（包括名胜古迹、旅游景点、自然保护区、森林公园、地质公园、湿地公园等）的管理机构，以及旅游服务设施的建筑用地，景区内的其他用地按现状归入相应地类
10	交通运输用地			指用于运输通行的地面线路、场站等的土地，包括民用机场、汽车客货运场站、港口、码头、地面运输管道和各种道路以及轨道交通用地
		1001	铁路用地	指用于铁道线路及场站的用地，包括征地范围内的路堤、路堑、道沟、桥梁、林木等用地
		1002	轨道交通用地	指用于轻轨、现代有轨电车、单轨等轨道交通用地，以及场站的用地
		1003	公路用地	指用于国道、省道、县道和乡道的用地，包括征地范围内的路堤、路堑、道沟、桥梁、汽车停靠站、林木及直接为其服务的附属用地
		1004	城镇村道路用地	指城镇、村庄范围内公用道路及行道树用地，包括快速路、主干路、次干路、支路、专用人行道、非机动车道及其交叉口等用地
		1005	交通服务场站用地	指城镇、村庄范围内交通服务设施用地，包括公交枢纽及其附属设施用地、公路长途客运站、公共交通场站、公共停车场（含设有充电桩的停车场）、停车楼、教练场等用地，不包括交通指挥中心、交通队用地
		1006	农村道路	在农村范围内，南方宽度≥1.0m 且≤8m，北方宽度≥2.0m 且≤8m，用于村间、田间交通运输，并在国家公路网络体系之外，以服务于农村农业生产为主要用途的道路（含机耕道）用地
		1007	机场用地	指用于民用机场、军民合用机场的用地
		1008	港口码头用地	指用于人工修建的客运、货运、捕捞及工程、工作船舶停靠的场所及其附属建筑物的用地，不包括常水位以下部分
		1009	管道运输用地	指用于运输煤炭、矿石、石油、天然气等管道及其相应附属设施的地上部分用地

（续）

一级类		二级类		含义
编码	名称	编码	名称	
11	水域及水利设施用地			指陆地水等域，滩涂、沟渠、沼泽、水工建筑物等用地，不包括滞洪区和已垦滩涂中的耕地、园地、林地、城镇、村庄、道路等用地
		1101	河流水面	指天然形成或人工开挖河流常水位岸线之间的水面，不包括被堤坝拦截后形成的水库区段水面
		1102	湖泊水面	指天然形成的积水区常水位岸线所围成的水面
		1103	水库水面	指人工拦截汇积而成的总库容≥10 万 m^3 的水库正常蓄水位岸线所围成的水面
		1104	坑塘水面	指人工开挖或天然形成的蓄水量 < 10 万 m^3 的坑塘常水位岸线所围成的水面
		1105	沿海滩涂	指沿海大潮高潮位与低潮位之间的潮浸地带，包括海岛的沿海滩涂，不包括已利用的滩涂，不包括已利用的滩地
		1106	内陆滩涂	指河流、湖泊常水位至洪水位间的滩地；时令湖、河洪水位以下的滩地；水库、坑塘的正常蓄水位与洪水位间的滩地，包括海岛的内陆滩地，水库、坑塘的正常蓄水位与洪水位间的滩涂，包括海岛内内陆滩地，不包括已利用的滩地
		1107	沟渠	指人工修建，南方宽度≥1.0m、北方宽度≥2.0m 用于引、排、灌的渠道，包括渠槽、渠堤、护堤林及小型泵站
		1108	沼泽地	指经常积水或渍水，一般生长湿生植物的土地，包括草本沼泽、苔藓沼泽、内陆盐沼等，不包括森林沼泽、灌丛沼泽和沼泽草地
		1109	水工建筑用地	指人工修建的闸、坝、堤路林、水电厂房、扬水站等常水位岸线以上的建（构）筑物用地
		1110	冰川及永久积雪	指表层被冰雪常年覆盖的土地
12	其他用地			指上述地类以外的其他类型的土地
		1201	空闲地	指城镇、村庄、工矿范围内尚未使用的土地，包括尚未确定用途的土地
		1202	设施农用地	指直接用于经营性畜禽养殖生产设施及附属设施用地；直接用于作物栽培或水产养殖等农产品生产的设施及附属设施用地；直接用于设施农业项目辅助生产的设施用地；晾晒场、粮食果品烘干设施、粮食和农资临时存放场所、大型农机具临时存放场所等规模化粮食生产所必需的配套设施用地
		1203	田坎	指梯田及梯状坡地耕地中，主要用于拦蓄水和护坡，南方宽度≥1.0m、北方宽度≥2.0m 的地坎
		1204	盐碱地	指表层盐碱聚集，生长天然耐盐植物的土地
		1205	沙地	指表层为沙覆盖、基本无植被的土地，不包括滩涂中的沙地
		1206	裸土地	指表层为土质，基本无植被覆盖的土地
		1207	裸岩石砾地	指表层为岩石或石砾，其覆盖面积≥70% 的土地

表 3-2　土地利用现状分类与三大类对照

三大类	土地利用现状分类			
	一级类		二级类	
	类型编码	类型名称	类别编号	类别名称
农用地	01	耕地	0101	水田
			0102	水浇地
			0103	旱地

（续）

三 大 类	土地利用现状分类			
	一 级 类		二 级 类	
	类型编码	类型名称	类别编号	类别名称
农用地	02	园地	0201	果园
			0202	茶园
			0203	橡胶园
			0204	其他园地
	03	林地	0301	乔木林地
			0302	竹林地
			0303	红树林地
			0304	森林沼泽
			0305	灌木林地
			0306	灌丛沼泽
			0307	其他林地
	04	草地	0401	天然牧草地
			0402	沼泽草地
			0403	人工牧草地
	10	交通运输用地	1006	农村道路
	11	水域及水利设施用地	1103	水库水面
			1104	坑塘水面
			1107	沟渠
	12	其他土地	1202	设施农用地
			1203	田坎
建设用地	05	商服用地	0501	零售商业用地
			0502	批发市场用地
			0503	餐饮用地
			0504	旅馆用地
			0505	商务金融用地
			0506	娱乐用地
			0507	其他商服用地
	06	工矿仓储用地	0601	工业用地
			0602	采矿用地
			0603	盐田
			0604	仓储用地
	07	住宅用地	0701	城镇住宅用地
			0702	农村宅基地

（续）

三大类	土地利用现状分类			
	一级类		二级类	
	类型编码	类型名称	类别编号	类别名称
建设用地	08	公共管理与公共服务用地	0801	机关团体用地
			0802	新闻出版用地
			0803	教育用地
			0804	科研用地
			0805	医疗卫生用地
			0806	社会福利用地
			0807	文化设施用地
			0808	体育用地
			0809	公用设施用地
			0810	公园与绿地
	09	特殊用地	0901	军事设施用地
			0902	使领馆用地
			0903	监教场所用地
			0904	宗教用地
			0905	殡葬用地
			0906	风景名胜设施用地
	10	交通运输用地	1001	铁路用地
			1002	轨道交通用地
			1003	公路用地
			1004	城镇村道路用地
			1005	交通服务场站用地
			1007	机场用地
			1008	港口码头用地
			1009	管道运输用地
	11	水域及水利设施用地	1109	水工建筑用地
	12	其他土地	1201	空闲地
未利用地	04	草地	0404	其他草地
	11	水域及水利设施用地	1101	河流水面
			1102	湖泊水面
			1105	沿海滩涂
			1106	内陆滩涂
			1108	沼泽地
			1110	冰川及永久积雪
	12	其他土地	1204	盐碱地
			1205	沙地
			1206	裸土地
			1207	裸岩石砾地

3.1.4 土地利用功能

土地利用功能是土地利用系统的综合体现。客观认识土地利用功能的内涵，是合理划分土地利用功能并进行评价的基础。

马斯洛需求层次理论的前三个层次，分别是生理需求、安全需求、感情和归属的需求，对应到土地功能上可以分为三大类：①人类的基本生存的需要，土地提供人类生存的基本环境，如水、大气等，此为土地生态功能；②社会生产生活的基本需要，土地为人类社会提供食物或作物生长环境和生产物资，如粮食、矿物等，此为土地生产功能；③人类社会生活的需要，满足人类社会关系维系、文化医疗教育、参与经济发展，此为土地生活功能，或称土地社会功能。

土地是综合的功能整体，土地利用的可持续性亦是其功能目标。一个健康的土地系统不仅须具有结构上的完整性，还必须实现功能上的连续性，其中功能优化为核心和最终目标。就“土地利用”这一系统而言，其生态功能、生产功能、生活功能（图3-1）形成一个统一的、不可分割的整体，三者互相关联，在一定条件下还可以相互促进。

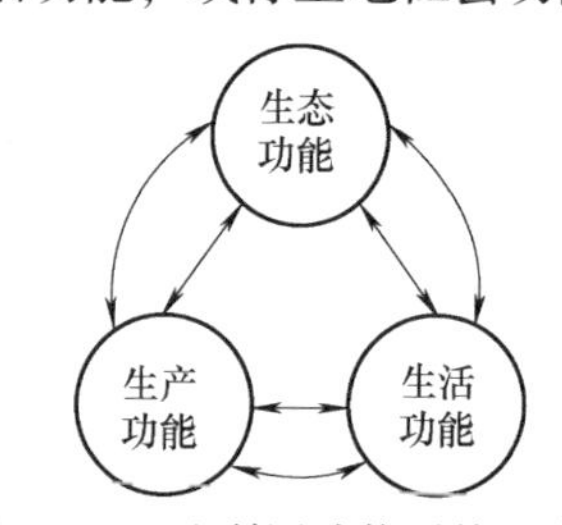

图3-1 土地利用功能系统示意图

生态功能分为水蓄积功能、水调节功能、水供应功能、调节大气功能、调节气候功能、净化空气质量功能、净化土壤功能、净化水体功能、固体废弃物处理功能、土壤形成功能、水土保持功能、栖息地功能、基因资源功能、生物调节功能、土壤持节养分功能、生物持节养分功能、非生物干扰调节功能、生物干扰调节功能等。

生产功能根据生产产品类型的不同分为粮食作物生产功能、经济作物生产功能、其他作物生产功能、人工林木生产功能、自然林木生产功能、牧草生产功能、人工草地生产功能、其他草地生产功能、家畜生产功能、野生动物生产功能、其他动物性生产功能、贵重金属生产功能、普通金属生产功能、稀土生产功能、能源生产功能、建材生产功能等。

生活功能分为教育服务功能、医疗服务功能、公共管理功能、绿色隔离功能、安全功能、宗教殡葬功能、住宅功能、居住配套设施功能、交通运输功能、沟管运输功能、保护文化多样性功能、旅游景观功能、公共娱乐功能、文化传承功能、财富增值功能、财富储存功能、基本生活保障功能、用地储备功能、养老保障功能、医疗保障功能、就业保障功能、心理保障功能等。

三大功能中，生态功能是基础，是生产功能、生活功能实现的前提条件。人类的生产、生活以生态系统的支撑为基础，但又通过人的生产、消费等活动影响着生态系统。因此，在土地利用规划中，必须保证生态用地的基础性地位，协同人与自然的相依关系与互动机制，满足可持续发展的需要。

土地利用的生产功能一直是实际土地规划工作中关注的热点，它通过其利用效率与效益体现其功能的价值。可持续发展的前提是发展，贫穷不可能达到可持续性的目标。过分提高生态保护、建设的标准，而不顾经济发展对城市、建设用地的需要，是不现实的。

和谐社会是以提高人民群众的生活质量为最终目标，人居环境的改善具有重要的社会意义，因此土地的生活功能在土地利用规划中的重要性不容置疑。当前，土地开发利用的目标由单一地追求经济增长上升为生态优化、经济发展和社会进步多目标的共同实现。从单一的生活、生产或生态功能出发的分类已不能满足实际土地利用规划的需要。

进行土地利用功能分类，调整土地利用结构与格局，正确处理生态、生产和生活用地三者之间的相互关系，是实现可持续发展的有效途径和必备环节。上一小节中的土地利用分类体系将为解决我国面临的严峻的土地问题提供基本的分析框架，为“生产发展、生活富裕、生态良好”落实用地空间。应以此来指导规划工作，保证重要的生态用地不被侵占，确保区域生态安全；提高生活用地人居环境质量，保障社会稳定；同时于适宜之区位布局生产用地，促进经济发展。

因此，对土地的利用和管理应做到：

1）坚持国土开发与资源环境承载能力相匹配。科学确定国土开发利用的规模、结构、布局和时序，划定城镇、农业、生态空间开发管制界限，引导人口和产业向资源环境承载能力较强的区域集聚。

2）坚持集聚开发与均衡发展相协调。以集聚开发为重点，鼓励有条件地区率先发展，最大限度地发挥要素集聚效益，提高对周边地区的辐射带动能力。优先保障民生设施建设空间，促进基本公共服务均等化。

3）坚持点上开发与面上保护相促进。对资源环境承载能力相对较强的地区实施集中布局、据点开发，腾出更多空间，实现更大范围、更高水平的国土保护。

4）坚持陆域开发与海域利用相统筹。在促进陆域国土纵深开发的同时，充分发挥海洋国土作为经济空间、战略通道、资源基地、安全屏障的重要作用。

5）坚持节约优先与高效利用相统一。健全土地、水、能源节约集约使用制度，大幅降低资源消耗强度，实现绿色发展、循环发展和低碳发展。

6）坚持市场调节与政府调控相结合。完善自然资源资产用途管制制度，强化国土空间用途管制，综合运用经济、行政和法律等手段，科学引导人口流动、城乡建设和产业布局，合理优化空间结构。

3.1.5　我国土地资源面临的问题

1. 资源约束不断加剧

1）资源禀赋缺陷明显。我国资源虽然总量大、种类全，但人均少，总体质量不高，主要资源人均占有量远低于世界平均水平。矿产资源低品位、难选冶矿多；土地资源中难利用地多、宜农地少；水土资源空间匹配性差，资源富集区与生态脆弱区多有重叠。

2）资源需求刚性增长。近十多年间，我国矿产资源供应量增速同比提高 0.5 ~1 倍，高出同期世界平均增速 0.5 ~1 倍，对外依存度不断提高，石油、铁矿石、铜、铝、钾盐等大宗矿产资源的国内保障程度不足 50%。建设用地需求居高不下，2015 年实际供地达到 53 万 hm^2。随着新型工业化、信息化、城镇化、农业现代化同步发展，资源需求仍将保持强劲势头。

3）资源利用方式较为粗放。我国目前单位国内生产总值用水量和能耗分别是世界平均水平的 3.3 倍和 2.5 倍；人均城镇工矿建设用地面积为 149m^2，人均农村居民点用地面积为 300m^2，远超国家标准上限；矿产资源利用水平总体不高。

4）国外资源利用的风险和难度不断加大。当前，世界经济正处于深度调整之中，复苏动力不足，地缘政治影响加重，新的产业分工和经济秩序正在加快调整，各国围绕市场、资源、人才、技术、标准等领域的竞争更趋激烈，能源安全、粮食安全、气候变化等全球性问题更加突出，发展仍面临诸多不稳定性和不确定性，我国从国际上获取能源资源的风险和难度不断加大。

2. 生态环境压力加大

1）部分地区环境质量持续下降。2015 年十大流域的 700 个水质监测断面中，劣Ⅴ类水质断面比例占 8.9%。京津冀、长江三角洲、珠江三角洲、山东半岛等地区，复合型大气污染严重；辽宁中部、成渝、海峡西岸等地区，复合型大气污染问题开始显现。全国土壤环境状况总体不容乐观，部分地区土壤污染较重，耕地土壤环境质量堪忧，工矿废弃地土壤环境问题突出。全国土壤总的点位超标率为 16.1%，耕地土壤点位超标率为 19.4%。

2）生态系统功能不断退化。部分地区森林破坏、湿地萎缩、河湖干涸、水土流失、土地沙化、草原退化问题突出，生物多样性降低，生态灾害频发。全国水土流失、沙化和石漠化面积分别为 295 万 km^2、173 万 km^2 和 12 万 km^2，全国中度和重度退化草原面积仍占草原总面积的三分之一以上，约 44% 的野生动物种群数量呈下降趋势，野生动植物种类受威胁比例达 15% ~20%。

3）地质灾害点多、面广、频发。陆域国土地质环境极不安全区、不安全区面积分别占陆域面积总数的 4.6%、10.1%，局部地区地质环境安全风险较高。川滇山地、云贵高原、秦巴山地、陇中南山地等，滑坡、崩塌、泥石流等突发性地质灾害高发频发；长江三角洲、华北平原、汾渭盆地、滨海沉积海岸等地区，地面沉降和地裂缝等缓变性地质灾害不断加重。

4）海洋生态环境问题日益凸显。陆源和海上污染物排海总量快速增长，近岸海域污染加重，特别是辽东湾、渤海湾、长江口、杭州湾、珠江口等海域污染问题十分突出；海岸自然岸线保有率为 37.6%，沙质海岸侵蚀严重，滨海湿地不断减少，海洋生态服务功能退化；赤潮、绿潮等海洋生态灾害频发，年均灾害面积分别超过 1.4 万 km^2 和 3 万 km^2；重大海洋污染事故时有发生。

3. 国土空间开发格局亟待优化

1）经济布局与人口、资源分布不协调。改革开放以来，产业和就业人口不断向东部沿海地区流动，市场消费地与资源富集区在空间上出现不平衡，造成能源资源的长距离调运和产品、劳动力大规模跨地区流动，经济运行成本、社会稳定和生态环境风险加大。

2）城镇、农业、生态空间结构性矛盾凸显。随着城乡建设用地不断扩张，农业和生态用地空间受到挤压，城镇、农业、生态空间矛盾加剧；优质耕地分布与城镇化地区高度重叠，耕地保护压力持续增大，空间开发政策面临艰难抉择。

3）部分地区国土开发强度与资源环境承载能力不匹配。国土开发过度和开发不足现象并存，京津冀、长江三角洲、珠江三角洲等地区国土开发强度接近或超出资源环境承载能力，中西部一些自然禀赋较好的地区尚有较大潜力。

4）陆海国土开发缺乏统筹。沿海局部地区开发布局与海洋资源环境条件不适应，围填海规模增长较快、利用粗放，可供开发的海岸线和近岸海域资源日益匮乏，涉海行业用海矛盾突出，渔业资源和生态环境损害严重。

4. 国土开发质量有待提升

1）城镇化重速度轻质量问题严重。改革开放以来，我国城镇化进程加快，常住人口城镇化率由 1978 年的 17.9% 提高到 2015 年的 56.1% 左右，但城镇化粗放扩张，产业支撑不足。2000—2015 年，全国城镇建成区面积增长了约 113%，远高于同期城镇人口 59% 的增幅。部分城市承载能力减弱，水土资源和能源不足，环境污染等问题凸显。

2）产业低质同构现象比较普遍。产业发展总体上仍处在过度依赖规模扩张和能源资源要素驱动的阶段，产业协同性不高，核心竞争力缺乏，产品附加值低，在技术水平、盈利能力和市场影响力等方面与发达国家相比，存在明显的差距。同时区域之间产业同质化严重，部分行业产能严重过剩。

3）基础设施建设重复与不足问题并存。部分地区基础设施建设出现过于超前、闲置和浪费严重等现象。中西部偏远地区的基础设施建设相对滞后，卫生、医疗、环保等公共服务和应急保障基础设施缺失。

4）城乡区域发展差距仍然较大。城乡居民收入比由 20 世纪 80 年代中期的 1.86：1 扩大到 2015 年的 2.73：1，城乡基础设施和公共服务水平存在显著差异。2014 年，东部地区人均国内生产总值分别为中部、西部和东北地区的 1.75 倍、1.79 倍和 1.28 倍，东部地区国土经济密度分别为中部、西部和东北地区的 2.81 倍、18.80 倍和 5.34 倍。一些地区发展滞后问题较为突出，截至 2015 年年底全国仍有 5630 万农村建档立卡贫困人口。

因此，我国应积极针对国土开发中存在的突出问题，加强顶层制度设计和统筹谋划，确定科学的国土开发、保护与整治的指导思想、基本原则和主要目标。全面推进国土开发、保护和整治，加快构建安全、和谐、开放、协调、富有竞争力和可持续发展的美丽国土。深入实施区域发展总体战略、主体功能区战略和三大战略，以资源环境承载能力为基础，推动国土集聚开发和分类保护相适应，促进区域协调发展，切实优化国土空间开发格局。与国土集聚开发、分类保护和综合整治“三位一体”总体格局相适应，推动形成基础设施更加完善、资源保障更加有力、防灾减灾更加高效、体制机制更加健全的现代化基础支撑与保障体系。

3.2 土地利用规划

3.2.1 土地利用规划的内涵

我国人多地少，耕地资源紧张，城市化工业化进程加剧了土地供需矛盾，水土流失、土地退化等生态环境问题日趋严重。土地利用规划的编制和实施为人类优化配置土地资源、合理利用每寸土地提供了科学有效的方法。

土地利用规划是在一定区域内，根据国家社会经济可持续发展的要求和当地自然、经济、社会条件对土地开发、利用、治理、保护在空间上和时间上所做的总体的战略性布局和统筹安排，是从全局和长远利益出发，以区域内全部土地为对象，合理调整土地利用结构和布局；以利用为中心，对土地开发、利用、整治、保护等方面做统筹安排和长远规划。

土地规划的目的在于加强土地利用的宏观控制和计划管理，合理利用土地资源，促进国民经济协调发展，是实行土地用途管制的依据，也是人口、资源、环境协调发展的重要手段。

3.2.2 我国土地利用规划体系

我国土地利用规划体系按等级层次分为土地利用总体规划、土地利用专项规划和土地利用详细规划。

1. 土地利用总体规划

土地利用总体规划是在较长的规划时期内，根据国民经济建设的发展需要以及土地本身的适宜性，对土地资源在各部门之间的分配和土地的开发、利用、整治、保护进行统筹协调，合理安排的战略性规划。

土地利用总体规划是一个多层次的规划体系，根据土地分级管理的层次，按国家行政管理体系编制，分为全国、省（自治区、直辖市）、市（地、州、盟）、县（旗）、乡5级。

2. 土地利用专项规划

土地利用专项规划是为解决某一特定方面的土地利用问题而进行的土地规划，如林地规划、草地规划、菜田保护区规划、基本农田保护区规划、风景区用地规划等都属于土地利用专项规划。土地利用专项规划的主要任务是改善土地生态系统的功能，提高土地利用综合效益。

3. 土地利用详细规划

土地利用详细规划是微观的土地利用规划，是总体规划和专项规划的深化和继续，是以合理开发、整治改造，保护和提高土地肥力，不断改善土地生态条件，提高土地利用集约化程度以及合理利用非农建设用地为目的的土地利用规划。

土地利用规划实行分级审批，由国务院和省级人民政府二级审批，一经批准必须严格执行。土地利用规划的修改必须经原批准机关批准，未经批准不得改变土地利用规划确定的用途。

3.2.3 土地利用规划的实践意义

1. 土地利用规划是调控土地利用的国家措施

土地利用规划是土地用途管制的依据，是国家意志的体现。

《土地管理法》规定“国家实行土地用途管制制度”，并规定“国家编制土地利用总体规划，规定土地用途，将土地分为农用地、建设用地和未利用地。严格限制农用地转为建设用地，控制建设用地总量，对耕地实行特殊保护”。

《土地管理法》第十五条规定：“各级人民政府应当依据国民经济和社会发展规划、国土整治和资源环境保护的要求、土地供给能力以及各项建设对土地的需求，组织编制土地利用总体规划”。土地利用规划的组织编制和实施土地利用规划是政府行为。

2. 土地利用规划是具有法定效力的管理手段

《国务院关于深化改革严格土地管理的决定》（国发〔2004〕28号）中规定：“严格土地利用总体规划、城市总体规划、村庄和集镇规划修改的管理。在土地利用总体规划和城市总体规划确定的建设用地范围外，不得设立各类开发区（园区）和城市新区（小区）。对清理后拟保留的开发区，必须依据土地利用总体规划和城市总体规划，按照布局集中、用地集约和产业集聚的原则严格审核。严格土地利用总体规划的修改，凡涉及改变土地利用方向、规模、重大布局等原则性修改，必须报原批准机关批准。城市总体规划、村庄和集镇规划也不得擅自修改。”

《国务院关于促进节约集约用地的通知》（国发〔2008〕13号）规定：“强化土地利用总体规划的整体调控作用。各类与土地利用相关的规划要与土地利用总体规划相衔接，所确定的建设用地规模必须符合土地利用总体规划的安排，年度用地安排也必须控制在土地利用年度计划之内。不符合土地利用总体规划和土地利用年度计划安排的，必须及时调整和修改，核减用地规模。”

以上文件都明确指出了土地利用规划的法定效力。土地利用总体规划的性质和作用决定了土地利用总体规划的法律强制力。土地利用总体规划中的各项规定、标准和政策应当有长期的稳定性，因为土地利用总体规划是对城乡建设、土地开发等各项土地利用活动的统一安排和部署。各项工作一旦实施，其效果或后果将难以扭转，土地利用总体规划不是一项普通的小工程，可以随时修改变更，所以这就要求以法律的形式将其固定下来，以克服单纯行政手段可能出现的短期行为。各级政府依法制订和实施规划，是土地利用和管理的最基本和最直接的活动。

3. 土地利用总体规划是量大面广的社会实践活动

土地利用总体规划的任何一个决策和任何一项行动，都要符合国家的法律法规，同时也要遵从当地的实际情况。制订规划时的前期工作就包括了大量的调查分析工作。搞清楚土地条件、土地利用现状、土地利用潜力和用地需求等情况，才能科学地拟定工作方案，同时还要广泛征求意见，协调各行业、各部门的用地需求及矛盾，之后还需要实施各项管理工作，采取各项措施以保障规划的实施。土地利用总体规划关系各行各业，影响千家万户，涉及政治、经济、社会等广泛领域，具有很强的综合性和实践性。由此可见，土地利用总体规划具有重要意义和地位。

3.2.4 土地利用规划和城乡规划的关系

土地规划是全域覆盖的规划，在主要指标的约束下，对农用地、建设用地、未利用土地进行统筹安排，重点是对基本农田和建设用地进行规划，明确基本农田布局，安排城镇、乡村、交通水利等用地。城乡规划重点是对城镇和乡村建设用地进行布局，根据预测的人口确定城乡建设用地边界与内部结构，对其所在区域的各项资源进行有效整合，使资源得到最大化的利用，它的主要目的是提高人们的生活质量并改善生活环境，实现城市和乡镇经济的快速发展。

土地利用规划的主要职责是对建设用地规模、基本农田保护、耕地保有量等土地红线的控制管理，具有较强的控制性。城乡（市）规划主要职责是确定城乡（市）性质定位、城乡（市）人口和建设规模、用地空间布局、设施配套、建设控制等。城乡规划体系包括城镇体系规划、城市规划、镇规划和村庄规划等层次，分为总体规划和详细规划（包括控制性详细规划和修建性详细规划）两个阶段；总体规划是建设项目选址的主要依据，详细规划是建设项目设计施工的主要依据。

随着社会的进步及经济的飞速发展，越来越多的农民涌入城市，促使城镇化建设速度不断提升，土地资源也日益紧张，土地规划与城乡规划实施之间的矛盾也日趋严重。应根据当前的情况建立土地规划管理与城乡规划的协调机制，加强两者之间的协调统一，使土地资源得到科学且合理的使用，在城乡经济得到发展的同时避免土地资源的浪费，这样才能加快城乡建设速度。未来土地规划与城乡规划一定是协调发展的，应当以发展的眼光从城乡的长远利益出发，使城乡经济发展与社会发展相协调，在确保城乡建设的基础上实现对农业用地的保护，确保土地规划管理与城乡建设目标的一致。

2008 年，上海市政府机构改革，历时三年完成市、区（县）、镇（乡）三级的“两规合一”，做到土地利用规划总图和城市总体规划总图的衔接，开始探索在同一蓝图下的城市规划管理和土地利用管理的新机制。2014 年，《国家新型城镇化规划（2014—2020 年）》中强调，加强城市规划与经济社会发展、主体功能区建设、国土资源利用、生态环境保护、基础设施建设等规划的相互衔接。2015 年 5 月，中共中央、国务院印发《关于加快推进生态文明建设的意见》，特别提出要积极实施主体功能区的战略，推动经济社会发展、城乡、土地利用、生态环境保护等规划“多规合一”。2016 年 7 月，北京市规划和国土资源管理委员会正式挂牌，规划和国土两个职能部门的合并，意味着北京市土地利用总体规划将和城市规划更加协调统一，从体制上为“多规合一”树立了良好的示范。

2018 年，我国成立自然资源部和生态环境部。自然资源部将国土资源部的职责、国家发展和改革委员会的组织编制主体功能区规划职责、住房和城乡建设部的城乡规划管理职责等整合。生态环境部统一负责生态环境监测和执法工作，监督管理污染防治、核与辐射安全。自然资源是生态环境的重要组成部分，也是影响生态环境的重要因素。组建自然资源部，有利于合理开发利用自然资源，保持自然资源的增值。建立生态环境部，可以全面实现生态保护和污染防治一体化监督管理。

3.3 土地所有制度

3.3.1 土地所有制的性质

土地所有制是指在一定社会生产方式下，由国家确认的土地所有权归属的制度。土地所有制是土地制度的核心和基础。我国实行土地的社会主义公有制，即全民所有制和劳动群众集体所有制。社会主义土地公有制的实行，建立起人与人之间平等的土地关系，为土地的合理利用提供了有利的条件，开辟了广阔的前景。

3.3.2 土地所有制的形式

土地的全民所有制采取社会主义国家所有的形式，国家代表全体劳动人民占有属于全民的土地，行使占有、使用、收益和处分的权利。

土地的社会主义劳动群众集体所有制采取农村集体经济组织的农民集体所有的形式，农村集体经济组织代表该组织的全体农民占有属于该组织的农民集体所有的土地，并对该集体所有的土地行使经营、管理权。

城市市区的土地全部属于国家所有。这里所说的城市是指国家按行政建制设立的直辖市、市、镇。这里所说的市区不包括城市郊区。

农村和城市郊区的土地，有的属于国家所有，有的属于集体所有；除法律规定属于国家所有的土地外，都属于集体所有。集体所有的土地依照法律属于村农民集体所有，由村农业生产合作社等农业集体经济组织或者村委会经营管理。已经属于乡（镇）农民集体经济所有的，可以属于乡（镇）农民集体所有。村农民集体所有的土地已经分别属于村内两个以上农业集体经济组织所有的，可以属于各该农业集体经济组织的农民集体所有。

根据《宪法》和《土地管理法》及其他有关法律和条理的规定，农村中的国有土地主要包括：①除由法律规定由集体所有的森林和山岭、草原、荒地、滩涂以外的全部矿藏、水流、森林、山岭、草原、荒地、滩涂等土地资源；②名胜古迹、自然保护区等特殊土地（不包括区内集体所有的土地）；③国营的农、林、牧、渔场（站）等农业企业和事业单位使用的土地；④国家拨给国家机关、部队、学校和非农业企业、事业单位使用的土地；⑤国家拨给农村集体和个人使用的国有土地；⑥法律规定属于农村集体所有以外的一切农村土地。

建制镇既不属于《宪法》和《土地管理法》所说的城市范畴，也不属于《宪法》和《土地管理法》所说的农村和城市郊区的范畴。镇的所有权问题，应根据实际情况分别处理。

3.4 土地征收制度

3.4.1 土地征收的内涵

土地征收是指国家为了公共利益需要，依照法律规定的程序和权限将农民集体所有的土地转化为国有土地，并依法给予被征地的农村集体经济组织和被征地农民合理补偿和妥善安置的法律行为。

《宪法》第十条规定："国家为了公共利益的需要，可以依照法律规定对土地实行征收或者征用并予以补偿。"从根本大法的高度对土地征收制度进行了确立。相应地，《土地管理法》《土地管理法实施条例》及《民法典物权编》均对相关征收制度进行了细节性和可操作性的规定，构建起了我国土地征收制度。因此，首先土地征收具有法定性，必须符合法律和行政法规的规定，遵循一定的法律程序；其次土地征收具有强制性，征收是国家强制取得他人土地所有权的行为，并不以取得征得被征地人的同意为必要条件；最后土地征收具有公益性，即土地征收必须符合公共利益。

3.4.2 土地征收的审批

征收下列土地的，由国务院批准：①永久基本农田；②永久基本农田以外的耕地超过 $35hm^2$ 的；③其他土地超过 $70hm^2$。规定以外的土地的征收，由省、自治区、直辖市人民政府批准，并报国务院备案。征收农用地的，应当先行办理农用地转用审批。

国家征收土地的，依照法定程序批准后，由县级以上地方人民政府予以公告并组织实施。被征用土地的所有权人、使用权人应当在公告规定期限内，持土地权属证书到当地人民政府自然资源主管部门办理征地补偿登记。

3.4.3 土地征收的程序

土地征收工作程序分为征地报批前工作、征地报批材料组卷和征地批准后组织实施三个阶段。第一阶段主要工作有发布《征地告知书》或者《拟征地公告》、被征地农村集体经济组织和被征地农民签字确认，告知被征地集体经济组织和被征地农民有申请听证权利，向他们送达《听证告知书》；第二阶段主要工作是在项目涉及地域进行勘测定界、测量放线、计算所占土地数量及其地域内拆迁物的清点、对失地农民的社会保障等工作，最后对这一系列工作进行统计，组卷逐级上报审批；第三阶段工作主要有组织实施的县级以上人民政府发布《征收土地公告》、县级以上人民政府自然资源主管部门发布《征地补偿安置方案公告》，告知被征地农村集体经济组织和被征地农民有申请听证的权利等，其具体程序如下：

1. 征地报批前工作

（1）征地情况告知

在征地报批前，市、县规划和自然资源委员会应当制作《征地告知书》并公告或者直接发布《拟征地公告》，将拟征土地的用途和位置告知被征地的农村集体经济组织和农户。

《征地告知书》或《拟征地公告》由规划和自然资源委员会负责在被征地土地所在地的村内张贴。在有条件的地方，市、县规划和自然资源委员会应当将《征地告知书》在互联网上发布、在当地电视台播出。张贴、发布或者播出《征地告知书》的过程，应当进行摄像和录像，取出的照片和视频资料要妥善保存备查。《征地告知书》不得泄露国家秘密。

（2）征地调查确认

在征地报批前，市、县人民政府自然资源主管部门应调查核实拟征土地的权属、地类、面积以及地上附着物权属、种类、规格和数量等，据实填写“征地调查结果确认表”，并经被征地的农村集体经济组织、被征地农户以及地上附着物所有人盖章和签字予以确认。

（3）函告征地情况

市、县人民政府自然资源主管部门将被征地农村集体经济组织和被征地农户确认的拟征地的权属、种类、面积和有审批权的人民政府等情况函告同级劳动保障部门。同级劳动保障部门及时确定被征地农民社保对象的条件、人数、养老保险费的筹资渠道、缴费比例，并函告同级规划和自然资源委员会。

（4）征地听证告知

在征地报批前，市、县规划和自然资源委员会应当制作《听证告知书》，将拟征土地的补偿标准、安置途径、当地劳动保障部门确定的被征地农民社保对象的条件、人数、养老保险费的筹资渠道、缴费比例等内容，告知被征地农村集体经济组织和被征地农民，并告知被征地的农村集体经济组织和被征地农民对补偿标准、安置途径和社保措施享有申请听证的权利。《听证告知书》由市、县人民政府自然资源主管部门负责在被征地土地所在地的村、组张贴并告知被征地农民。

（5）组织征地听证

在征地报批前，被征地集体经济组织和农户就征地补偿标准和安置途径申请听证的，市、县人民政府自然资源主管部门应当组织听证。涉及社会保障有关事项的，邀请劳动保障部门参加。举行听证的，应当制作“听证笔录”和“听证纪要”，全面准确地反映当事人的意思。确有必要的，应当对征地补偿标准和安置途径进行必要的修改和完善。被征地农村集体经济组织和农户自愿放弃听证的，应当填写“听证送达回执”。

2. 征地报批材料组卷

市县级人民政府为实施项目占用土地进行开发利用土地，依据《土地管理法》规定的法定职责，全面负责征收土地的实施工作，依据不同的审批方式，分别组卷上报有批准权的机关。

（1）单独选址组卷报批程序

第一步：在土地利用总体规划确定的城市建设用地范围外单独选址的建设项目使用土地的，建设单位应当向土地所在地的市、县人民政府自然资源主管部门提出用地申请。

第二步：市、县人民政府自然资源主管部门对材料齐全、符合条件的建设用地申请，应当受理，并在收到申请之日起30日内拟订农用地转用方案、补充耕地方案、征收土地方案和供地方案，编制建设项目用地呈报说明书，经同级人民政府审核同意后，报上一级土地行政主管部门审查。

第三步：有关自然资源主管部门收到上报的建设项目呈报说明书和有关方案后，对材料齐全、符合条件的，应当在 5 日内报经同级人民政府审核。同级人民政府审核同意后，逐级上报有批准权的人民政府，并将审查所需的材料及时送该级自然资源主管部门审查。

第四步：有批准权的人民政府自然资源主管部门应当自收到上报的农用地转用方案、补充耕地方案、征收土地方案和供地方案并按规定征求有关方面意见后 30 日内审查完毕。

（2）城市分批次建设用地组卷报批程序

第一步：在土地利用总体规划确定的城市建设用地范围内，为实施城市规划占用土地的，由市、县人民政府自然资源主管部门拟订农用地转用方案、补充耕地方案和征收土地方案，编制建设项目用地呈报说明书，经同级人民政府审核同意后，报上一级自然资源主管部门审查。

第二步：有关自然资源主管部门收到上报的建设项目呈报说明书和有关方案后，对材料齐全、符合条件的，应当在 5 日内报经同级人民政府审核。同级人民政府审核同意后，逐级上报有批准权的人民政府，并将审查所需的材料及时送该级自然资源主管部门审查。

第三步：有批准权的人民政府自然资源主管部门应当自收到上报的农用地转用方案、补充耕地方案、征收土地方案并按规定征求有关方面意见后 30 日内审查完毕。

3. 征地批准后组织实施

（1）发布《征收土地公告》

征地经依法批准后，被征土地所在地的市、县人民政府应当自收到征地批准文件之日起 10 个工作日内，在被征收土地的村内张贴《征收土地公告》。该公告应当包括下列内容：

1）征地批准机关、批准文号、批准时间和批准用途。

2）被征用土地的所有人、位置、地类和面积。

3）征地补偿标准、农业人员安置途径、社保情况。

4）办理征地补偿登记的期限和地点。

（2）办理征地补偿登记

被征地农村集体经济组织、农村村民、地上附着物产权人或者其他权利人应当在《征收土地公告》规定的期限内，持土地权属证书等有关证明材料，到《征收土地公告》规定的地点办理征地补偿登记手续。

（3）发布征地补偿安置方案公告

市、县人民政府自然资源主管部门根据批准的《征收土地方案》和补偿登记资料，在发布《征收土地公告》之日起 45 日内，以被征地农村集体经济组织为单位制定《征地补偿安置方案公告》并在被征收土地的村内张贴。该公告当包括下列内容：

1）本集体经济组织被征收土地的位置、地类、面积、地上附着物和青苗的种类、数量，需要安置的农业人口和数量。

2）土地补偿费的标准、数额、支付对象和支付方式。

3）安置补助费的标准、数额、支付对象和支付方式。

4）地上附着物和青苗的补偿标准和支付方式。

5）社保费用的筹集方法、缴费比例和办法。

6）其他有关征地补偿、安置的具体措施。

3.4.4 土地征收的补偿

按照被征收土地的原用途给予补偿。

征收耕地的补偿费用包括土地补偿费、安置补助费以及地上附着物和青苗的补偿费。征收耕地的土地补偿费，为该耕地被征收前三年平均年产值的六至十倍。征收耕地的安置补助费，按照需要安置的农业人口数计算。需要安置的农业人口数，按照被征收的耕地数量除以征地前被征收单位平均每人占有耕地的数量计算。每一个需要安置的农业人口的安置补助费标准，为该耕地被征收前三年平均年产值的四至六倍。但是，每公顷被征收耕地的安置补助费，最高不得超过被征收前三年平均年产值的十五倍。

征收其他土地的土地补偿费和安置补助费标准，由省、自治区、直辖市参照征收耕地的土地补偿费和安置补助费的标准规定。被征收土地上的附着物和青苗的补偿标准，由省、自治区、直辖市规定。征收城市郊区的菜地，用地单位应当按照国家有关规定缴纳新菜地开发建设基金。

依照前面规定支付土地补偿费和安置补助费，尚不能使需要安置的农民保持原有生活水平的，经省、自治区、直辖市人民政府批准，可以增加安置补助费。但是，土地补偿费和安置补助费的总和不得超过土地被征收前三年平均年产值的三十倍。国务院根据社会、经济发展水平，在特殊情况下，可以提高征收耕地的土地补偿费和安置补助费的标准。

征地补偿安置方案确定后，有关地方人民政府应当公告，并听取被征地的农村集体经济组织和农民的意见。被征地的农村集体经济组织应当将征收土地的补偿费用的收支状况向本集体经济组织的成员公布，接受监督。禁止侵占、挪用被征用土地单位的征地补偿费用和其他有关费用。

3.5 国有土地上房屋征收与补偿

3.5.1 国有土地上房屋征收的内涵

为了保障国家安全、促进国民经济和社会发展等公共利益的需要，有下列情形之一，确需要征收房屋的，由市、县级人民政府做出房屋征收决定：

1）国防和外交的需要。

2）由政府组织实施的能源、交通、水利等基础设施建设的需要。

3）由政府组织实施的科技、教育、文化、卫生、体育、环境和资源保护、防灾减灾、文物保护、社会福利、市政公用等公共事业的需要。

4）由政府组织实施的保障性安居工程建设的需要。

5）由政府依照城乡规划法有关规定组织实施的对危房集中、基础设施落后等地段进行旧城区改建的需要。

6）法律、行政法规规定的其他公共利益的需要。

被征收人对市、县级人民政府做出的房屋征收决定不服的，可以依法申请行政复议，也可以依法提起行政诉讼。

房屋征收范围确定后，不得在房屋征收范围内实施新建、扩建、改建房屋和改变房屋用途等不当增加补偿费用的行为；违反规定实施的，不予补偿。

任何单位和个人不得采取暴力、威胁或者违反规定中断供水、供热、供气、供电和道路通行等非法方式迫使被征收人搬迁。禁止建设单位参与搬迁活动。

3.5.2 国有土地上房屋征收的补偿

为规范国有土地上房屋征收与补偿活动，维护公共利益，保障被征收房屋所有权人的合法权益，2011 年国务院发布了《国有土地上房屋征收与补偿条例》。条例规定：①市、县级人民政府负责本行政区域的房屋征收与补偿工作；②市、县级人民政府确定的房屋征收部门（以下称房屋征收部门）组织实施本行政区域的房屋征收与补偿工作；③市、县级人民政府有关部门应当依照本条例的规定和本级人民政府规定的职责分工，互相配合，保障房屋征收与补偿工作的顺利进行。

房屋征收部门拟定征收补偿方案，报市、县级人民政府。市、县级人民政府应当组织有关部门对征收补偿方案进行论证并予以公布，征求公众意见。征求意见期限不得少于 30 日。

市、县级人民政府做出房屋征收决定前，应当按照有关规定进行社会稳定风险评估；房屋征收决定涉及被征收人数量较多的，应当经政府常务会议讨论决定。做出房屋征收决定前，征收补偿费用应当足额到位、专户存储、专款专用。

因旧城区改建需要征收房屋，多数被征收人认为征收补偿方案不符合该条例规定的，市、县级人民政府应当组织由被征收人和公众代表参加的听证会，并根据听证会情况修改方案。

做出房屋征收决定的市、县级人民政府对被征收人给予的补偿包括：

1）被征收房屋价值的补偿。

2）因征收房屋造成的搬迁、临时安置的补偿。

3）因征收房屋造成的停产停业损失的补偿。

市、县级人民政府应当制定补助和奖励办法，对被征收人给予补助和奖励。征收个人住宅，被征收人符合住房保障条件的，做出房屋征收决定的市、县级人民政府应当优先给予住房保障。具体办法由省、自治区、直辖市制定。

对被征收房屋价值的补偿，不得低于房屋征收决定公告之日被征收房屋类似房地产的市场价格。被征收房屋的价值，由具有相应资质的房地产价格评估机构按照房屋征收评估办法评估确定。

被征收人可以选择货币补偿，也可以选择房屋产权调换。

被征收人选择房屋产权调换的，市、县级人民政府应当提供用于产权调换的房屋，并与被征收人计算、结清被征收房屋价值与用于产权调换房屋价值的差价。

因旧城区改建征收个人住宅，被征收人选择在改建地段进行房屋产权调换的，做出房屋征收决定的市、县级人民政府应当提供改建地段或者就近地段的房屋。

因征收房屋造成搬迁的，房屋征收部门应当向被征收人支付搬迁费；选择房屋产权调换的，产权调换房屋交付前，房屋征收部门应当向被征收人支付临时安置费或者提供周转用房。

对因征收房屋造成停产停业损失的补偿，根据房屋被征收前的效益、停产停业期限等因素确定。具体办法由省、自治区、直辖市制定。实施房屋征收应当先补偿、后搬迁。

做出房屋征收决定的市、县级人民政府对被征收人给予补偿后，被征收人应当在补偿协议约定或者补偿决定确定的搬迁期限内完成搬迁。

3.6 土地储备制度

3.6.1 土地储备的内涵

随着全国第一家城市土地收购储备机构——上海土地发展中心的成立，城市土地储备工作在全国相继展开。土地储备是指县级（含）以上国土资源主管部门为调控土地市场、促进土地资源合理利用，依法取得土地，组织前期开发、储存以备供应的行为。土地储备工作统一归口国土资源主管部门管理，土地储备机构承担土地储备的具体实施工作。

土地储备是指在土地尚未需要开发利用之前，预先由公共机构将其获取并持有，以作为未来开发之用或用作实现某一公共利益。我国的城市土地储备制度是指由城市政府委托的机构通过征用、收购、换地、转换或到期回收等方式，把分散在土地使用者手中的土地集中起来，并由政府或政府委托的机构组织进行土地开发，在完成了征地补偿、房屋拆迁补偿安置以及必要的基础设施建设后，再按照供地计划将土地投入市场的制度。通常所称的城市土地储备是一种简略的提法，它的完整概念应是土地收购、土地整理和土地供应的全过程。

我国实行土地储备的目的在于：实施土地供应的总量控制；有效利用存量土地，消化、处置闲置土地；扶持国有困难、破产企业，变现土地资产。但在实践中，由于困难、破产企业自身直接变现土地资产存在诸多困难，不仅难寻买主，也难以实现好的价位，于是就将土地收购储备制度、重任留给土地收购储备机构。

3.6.2 土地储备计划

各地应根据城市建设发展和土地市场调控的需要，结合当地社会发展规划、土地储备三年滚动计划、年度土地供应计划、地方政府债务限额等因素，合理制订年度土地储备计划。年度土地储备计划内容应包括如下内容：

1）上年度末储备土地结转情况（含上年度末的拟收储土地及入库储备土地的地块清单）。

2）年度新增储备土地计划（含当年新增拟收储土地和新增入库储备土地规模及地块清单）。

3）年度储备土地前期开发计划（含当年前期开发地块清单）。

4）年度储备土地供应计划（含当年拟供应地块清单）。

5）年度储备土地临时管护计划。

6）年度土地储备资金需求总量。

其中，拟收储土地是指已纳入土地储备计划或经县级（含）以上人民政府批准，目前已启动收回、收购、征收等工作，但未取得完整产权的土地；入库储备土地是指土地储备机构已取得完整产权，纳入储备土地库管理的土地。

3.6.3 土地储备的程序

1. 土地的入库

下列土地可以纳入储备范围：

1）依法收回的国有土地。

2）收购的土地。

3）行使优先购买权取得的土地。

4）已办理农用地转用、征收批准手续并完成征收的土地。

5）其他依法取得的土地。

入库储备土地必须是产权清晰的土地。土地储备机构应对土地取得方式及程序的合规性、经济补偿、土地权利（包括用益物权和担保物权）等情况进行审核，不得为了收储而强制征收土地。对于取得方式及程序不合规、补偿不到位、土地权属不清晰、应办理相关不动产登记手续而尚未办理的土地，不得入库储备。

收购土地的补偿标准由土地储备机构与土地使用权人根据土地评估结果协商，经同级自然资源主管部门和财政部门确认，或地方法规规定的其他机构确认。

储备土地入库前，土地储备机构应向不动产登记机构申请办理登记手续。储备土地登记的使用权类型统一确定为“其他（政府储备）”，登记的用途应符合相关法律法规的规定。

2. 储备土地的开发

储备土地的前期开发应按照该地块的规划，完成地块内的道路、供水、供电、供气、排水、通信、围挡等基础设施建设，并进行土地平整，满足必要的“通平”要求。具体工程要按照有关规定，选择工程勘察、设计、施工和监理等单位进行建设。

前期开发工程施工期间，土地储备机构应对工程实施监督管理。工程完成后，土地储备机构应按规定组织开展验收或委托专业机构进行验收，并按有关规定报所属自然资源主管部门备案。

3. 储备土地的运营

在储备土地未供应前，土地储备机构可将储备土地或连同地上建（构）筑物，通过出租、临时使用等方式加以利用。储备土地的临时利用，一般不超过两年，且不能影响土地供应。储备土地的临时利用应报同级自然资源主管部门同意。其中，在城市规划区内储备土地的临时使用，需搭建建（构）筑物的，在报批前，应当先经城市规划行政主管部门同意，不得修建永久性建筑物。

储备土地完成前期开发，并具备供应条件后，应纳入当地市、县土地供应计划，由市、县自然资源主管部门统一组织土地供应。供应已发证的储备土地之前，应收回并注销其不动产权证书及不动产登记证明，并在不动产登记簿中予以注销。

3.7 土地使用制度

国有土地和农民集体所有的土地，可以依法确定给单位或者个人使用。使用土地的单位和个人，有保护、管理和合理利用土地的义务。

3.7.1 农用地使用制度

农民集体所有的土地依法属于村农民集体所有的，由村集体经济组织或者村民委员会经营、管理；已经分别属于村内两个以上农村集体经济组织的农民集体所有的，由村内各该农村集体经济组织或者村民小组经营、管理；已经属于乡（镇）农民集体所有的，由乡（镇）

农村集体经济组织经营、管理。

农民集体所有的土地由本集体经济组织的成员承包经营，从事种植业、林业、畜牧业、渔业生产。土地承包经营期限为三十年。发包方和承包方应当订立承包合同，约定双方的权利和义务。承包经营土地的农民有保护和按照承包合同约定的用途合理利用土地的义务。农民的土地承包经营权受法律保护。

在土地承包经营期限内，对个别承包经营者之间承包的土地进行适当调整的，必须经村民会议三分之二以上成员或者三分之二以上村民代表的同意，并报乡（镇）人民政府和县级人民政府农业行政主管部门批准。

国有土地可以由单位或者个人承包经营，从事种植业、林业、畜牧业、渔业生产。农民集体所有的土地，可以由本集体经济组织以外的单位或者个人承包经营，从事种植业、林业、畜牧业、渔业生产。发包方和承包方应当订立承包合同，约定双方的权利和义务。土地承包经营的期限由承包合同约定。承包经营土地的单位和个人，有保护和按照承包合同约定的用途合理利用土地的义务。

农民集体所有的土地由本集体经济组织以外的单位或者个人承包经营的，必须经村民会议三分之二以上成员或者三分之二以上村民代表的同意，并报乡（镇）人民政府批准。

确认林地、草原的所有权或者使用权，确认水面、滩涂的养殖使用权，分别依照《中华人民共和国森林法》《中华人民共和国草原法》和《中华人民共和国渔业法》的有关规定办理。

建设占用土地，涉及农用地转为建设用地的，应当符合土地利用总体规划和土地利用年度计划中确定的农用地转用指标；城市和村庄、集镇建设占用土地，涉及农用地转用的，还应当符合城市规划和村庄、集镇规划。不符合规定的，不得批准农用地转为建设用地。

3.7.2 建设用地使用制度

具体建设项目需要使用土地的，必须依法申请使用土地利用总体规划确定的城市建设用地范围内的国有建设用地。能源、交通、水利、矿山、军事设施等建设项目确需使用土地利用总体规划确定的城市建设用地范围外的土地，涉及农用地的，必须按照有关规定办理。

建设项目确需使用土地利用总体规划确定的城市建设用地范围外的土地，涉及农民集体所有的未利用地的，只报批征收土地方案和供地方案。具体建设项目需要占用土地利用总体规划确定的国有未利用地的，按照省、自治区、直辖市的规定办理；但是，国家重点建设项目、军事设施和跨省、自治区、直辖市行政区域的建设项目以及国务院规定的其他建设项目用地，应当报国务院批准。

1. 土地使用权划拨

下列建设用地，经县级以上人民政府依法批准，可以以划拨方式取得：

1）国家机关用地和军事用地。

2）城市基础设施用地和公益事业用地。

3）国家重点扶持的能源、交通、水利等基础设施用地。

4）法律、行政法规规定的其他用地。

以划拨方式取得的土地，没有具体的使用年限，只要地上物不灭失、国家不征收，土地使用权就一直存在。但划拨土地上的房屋在转让时，需要到国土资源管理部门办理转让审批手续，补交土地出让金。设定房地产抵押权的土地使用权是以划拨方式取得的，依法拍卖该房地产后，应当从拍卖所得的价款中缴纳相当于应缴纳的土地使用权出让金的款额后，抵押权人方可优先受偿。以营利为目的，房屋所有权人将以划拨方式取得使用权的国有土地上建成的房屋出租的，应当将租金中所含土地收益上缴国家。

土地划拨流程图如图 3-2 所示。

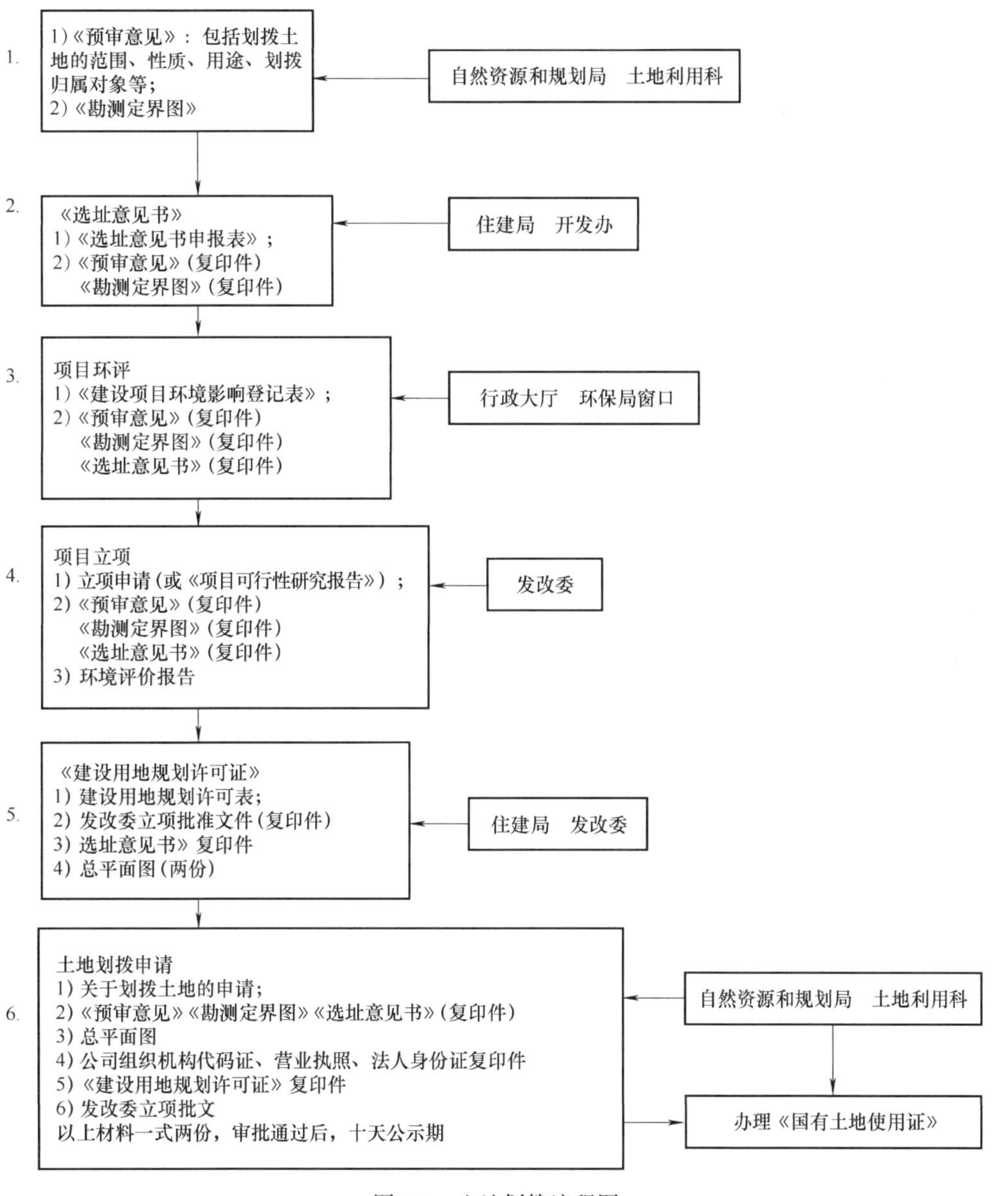

图 3-2　土地划拨流程图

2. 土地使用权出让

土地使用权出让是指国家以土地所有者的身份将土地使用权在一定年限内让与土地使用者，并由土地使用者向国家支付土地使用权出让金的行为。土地使用权出让应当签订土地出让合同。

土地使用权出让的地块、用途、年限和其他条件，由市、县人民政府自然资源管理部门会同城市规划和建设管理部门、房产管理部门共同拟订方案。地下的各类自然资源、矿产以及埋藏物、隐藏物和市政公用设施等，不在土地使用权有偿出让范围之内。

土地使用权出让可以采取协议出让、招标出让、拍卖出让、挂牌出让四种方式。

（1）协议出让

协议出让土地使用权是指政府与选定的土地使用者协商土地使用权出让金和条件，达成协议，签订土地使用权出让合同，有偿出让土地使用权的一种方式。出让国有土地使用权，除依照法律、法规和规章的规定应当采用招标、拍卖或者挂牌方式外，方可采取协议方式。协议出让最低价不得低于新增建设用地的土地有偿使用费、征地（拆迁）补偿费用以及按照国家规定应当缴纳的有关税费之和；有基准地价的地区，协议出让最低价不得低于出让地块所在级别基准地价的70%。

市、县人民政府自然资源主管部门应当根据经济社会发展计划、国家产业政策、土地利用总体规划、土地利用年度计划、城市规划和土地市场状况，编制国有土地使用权出让计划，报同级人民政府批准后组织实施。

国有土地使用权出让计划经批准后，市、县人民政府自然资源主管部门应当在土地有形市场等指定场所，或者通过报纸、互联网等媒介向社会公布。国有土地使用权出让计划公布后，需要使用土地的单位和个人可以根据国有土地使用权出让计划，在市、县人民政府自然资源主管部门公布的时限内，向市、县人民政府自然资源主管部门提出意向用地申请。

市、县人民政府自然资源主管部门公布计划接受申请的时间不得少于30日。在公布的地段上，同一地块只有一个意向用地者的，市、县人民政府自然资源主管部门方可按照规定采取协议方式出让，但商业、旅游、娱乐和商品住宅等经营性用地除外。同一地块有两个或者两个以上意向用地者的，市、县人民政府自然资源主管部门应当按照《招标拍卖挂牌出让国有土地使用权规定》，采取招标、拍卖或者挂牌方式进行出让。

（2）招标、拍卖、挂牌（招拍挂）出让

1）招标出让土地使用权是指市、县人民政府自然资源主管部门（以下简称出让人）发布招标公告，邀请特定或者不特定的自然人、法人和其他组织参加国有建设用地使用权投标，根据投标结果确定国有建设用地使用权人的行为。

2）拍卖出让国有建设用地使用权是指出让人发布拍卖公告，由竞买人在指定时间、地点进行公开竞价，根据出价结果确定国有建设用地使用权人的行为。

3）挂牌出让国有建设用地使用权是指出让人发布挂牌公告，按公告规定的期限将拟出让宗地的交易条件在指定的土地交易场所挂牌公布，接受竞买人的报价申请并更新挂牌价格，根据挂牌期限截止时的出价结果或者现场竞价结果确定国有建设用地使用权人的行为。

工业（包括仓储用地但不包括采矿用地）、商业、旅游、娱乐和商品住宅等经营性用地以及同一宗地有2个以上意向用地者的，应当以招标、拍卖或者挂牌方式出让。

出让人应当根据招标拍卖挂牌出让地块的情况，编制招标拍卖挂牌出让文件。招标拍卖挂牌出让文件应当包括出让公告、投标或者竞买须知、土地使用条件、标书或者竞买申请书、报价单、中标通知书或者成交确认书、国有建设用地使用权出让合同文本。出让人应当至少在投标、拍卖或者挂牌开始日前20日，在土地有形市场或者指定的场所、媒介发布招标、拍卖或者挂牌公告，公布招标拍卖挂牌出让宗地的基本情况和招标拍卖挂牌的时间、地点。

投标、开标依照下列程序进行：

1）投标人在投标截止时间前将标书投入标箱。招标公告允许邮寄标书的，投标人可以邮寄，但出让人在投标截止时间前收到的方为有效。

标书投入标箱后，不可撤回。投标人应当对标书和有关书面承诺承担责任。

2）出让人按照招标公告规定的时间、地点开标，邀请所有投标人参加。由投标人或者其推选的代表检查标箱的密封情况，当众开启标箱，点算标书。投标人少于 3 人的，出让人应当终止招标活动。投标人不少于 3 人的，应当逐一宣布投标人名称、投标价格和投标文件的主要内容。

3）评标小组进行评标。评标小组由出让人代表、有关专家组成，成员人数为 5 人以上的单数。

拍卖依照下列程序进行：

1）主持人点算竞买人。

2）主持人介绍拍卖宗地的面积、界址、空间范围、现状、用途、使用年期、规划指标要求、开工和竣工时间以及其他有关事项。

3）主持人宣布起叫价和增价规则及增价幅度。没有底价的，应当明确提示。

4）主持人报出起叫价。

5）竞买人举牌应价或者报价。

6）主持人确认该应价或者报价后继续竞价。

7）主持人连续 3 次宣布同一应价或者报价而没有再应价或者报价的，主持人落槌表示拍卖成交。

8）主持人宣布最高应价或者报价者为竞得人。

挂牌依照下列程序进行：

1）在挂牌公告规定的挂牌起始日，出让人将挂牌宗地的面积、界址、空间范围、现状、用途、使用年期、规划指标要求、开工时间和竣工时间、起始价、增价规则及增价幅度等，在挂牌公告规定的土地交易场所挂牌公布。

2）符合条件的竞买人填写报价单报价。

3）挂牌主持人确认该报价后，更新显示挂牌价格。

4）挂牌主持人在挂牌公告规定的挂牌截止时间确定竞得人。

挂牌时间不得少于 10 日。挂牌期间可根据竞买人竞价情况调整增价幅度。挂牌截止应当由挂牌主持人主持确定。挂牌期限届满，挂牌主持人现场宣布最高报价及其报价者，并询问竞买人是否愿意继续竞价。有竞买人表示愿意继续竞价的，挂牌出让转入现场竞价，通过现场竞价确定竞得人。挂牌主持人连续 3 次报出最高挂牌价格，没有竞买人表示愿意继续竞价的，按照下列规定确定是否成交：①在挂牌期限内只有 1 个竞买人报价，且报价不低于底价，并符合其他条件的，挂牌成交。②在挂牌期限内有 2 个或者 2 个以上的竞买人报价的，出价最高者为竞得人；报价相同的，先提交报价单者为竞得人，但报价低于底价者除外。③在挂牌期限内无应价者或者竞买人的报价均低于底价或者均不符合其他条件的，挂牌不成交。

以招标、拍卖或者挂牌方式确定中标人、竞得人后，中标人、竞得人支付的投标、竞买保证金，转作受让地块的定金。出让人应当向中标人发出中标通知书或者与竞得人签订成交确认书。

中标通知书或者成交确认书应当包括出让人和中标人或者竞得人的名称，出让标的，成交时间、地点、价款以及签订国有建设用地使用权出让合同的时间、地点等内容。

中标通知书或者成交确认书对出让人和中标人或者竞得人具有法律效力。出让人改变竞得结果，或者中标人、竞得人放弃中标宗地、竞得宗地的，应当依法承担责任。中标人、竞得人应当按照中标通知书或者成交确认书约定的时间，与出让人签订国有建设用地使用权出让合同。中标人、竞得人支付的投标保证金和竞买保证金抵作土地出让价款；其他投标人、竞买人支付的投标保证金和竞买保证金，出让人必须在招标拍卖挂牌活动结束后 5 个工作日内予以退还，不计利息。受让人依照国有建设用地使用权出让合同的约定付清全部土地出让价款后，方可申请办理土地登记，领取国有建设用地使用权证书。

未按出让合同约定缴清全部土地出让价款的，不得发放国有建设用地使用权证书，也不得按出让价款缴纳比例分割发放国有建设用地使用权证书。

应当以招标、拍卖、挂牌方式出让国有建设用地使用权而擅自采用协议方式出让的，对直接负责的主管人员和其他直接责任人员依法给予处分；构成犯罪的，依法追究刑事责任。

土地使用权出让的年限，一般根据不同行业和经营项目的实际需要确定。各类用途土地使用权出让的最高年限如下：①居住用地 70 年；②工业用地 50 年；③教育、科技、文化、卫生、体育用地 50 年；④商业旅游、娱乐用地 40 年；⑤综合或者其他用地 50 年。土地使用权期满时，土地使用者可以申请续期。需要续期的，应当依照有关规定重新签订土地使用权出让合同，支付土地使用权出让金。

土地使用者需要改变土地使用权出让合同所规定的土地用途的，应当征得市、县人民政府土地管理部门的同意，并经土地管理部门和城市规划部门批准，依照有关规定重新签订土地使用权出让合同，调整土地使用权出让金。

3. 土地使用权转让

土地使用权转让是指土地使用者将土地使用权再转移的行为，包括出售、交换与赠与。未按土地使用权出让合同规定的期限和条件投资开发利用土地的，土地使用权不得转让。

土地使用权转让应当签订转让合同。土地使用权转让时，土地使用权出让合同和登记文件所载明的权利、义务也随之转移。土地使用者通过转让方式取得的土地使用权，其使用年限为土地使用权出让合同规定的使用年限减去原土地使用者已使用年限后的剩余年限。

土地使用权转让，其地上建筑物、其他附着物所有权也随之转让。地上建筑物、其他附着物的所有人或者共有人，享有该建筑物、附着物使用范围内的土地使用权。土地使用者转让地上建筑物、其他附着物所有权时，其使用范围内的土地使用权随之转让，但地上建筑物、其他附着物作为动产转让的除外。

土地使用权转让价格明显低于市场价格的，市、县人民政府有优先购买权。土地使用权转让的市场价格不合理上涨时，市、县人民政府可以采取必要的措施抑制。

4. 土地使用权出租

土地使用权出租是指土地使用者作为出租人，将土地使用权随同地上建筑物、其他附着物租赁给承租人使用，由承租人向出租人支付租金的行为。未按土地使用权出让合同规定的期限和条件投资开发、利用土地的，土地使用权不得出租。

土地使用权出租，出租人与承租人应当签订租赁合同。租赁合同不得违背国家法律、法规和土地使用权出让合同的规定。土地使用权出租后，出租人必须继续履行土地使用权出让合同。

土地使用权出租时，要受到如下几方面的限制：①出租的土地必须是经过国家出让的土地；②出租的土地必须是已按出让合同规定的期限和条件投资开发并利用的土地；③出租方必须是土地出让关系中的受让方；④土地使用权出租的期限必须短于出让的期限；⑤土地使用权出租的用途必须和出让合同中的用途一致；⑥出租时不仅仅指土地，还包括地上建筑物、其他附着物。

3.8 房地产开发项目用地的获取

土地使用权的获取是房地产项目开发建设的基础。没有土地，再完美的开发计划也无法实现。房地产开发商在对一个城市的房地产市场进行调查研究以后，如果认可该市的房地产市场状况，那么其接下来的工作就是寻求土地资源。只有有了土地意向，可行性研究工作才有基础，研究的结果才有意义。

土地使用权的获取是指开发商为了某种开发建设的需要，按着一定的程序（包括行政的、法律的、经济的），通过契约的形式获得土地使用权，并在规定的期限内按批准的规划完成项目开发建设的活动。

以上概念表述包含以下几点含义：

1）土地使用权的获得是一个系统工作过程。要获得土地使用权，首先必须明确该土地的拟开发项目是否符合城市总体规划的基本要求，是否符合城市经济、社会、环境的发展需要。只有在办理了《建设用地规划许可证》的基础上方可进行国有土地使用权证的办理。

2）土地使用权的获得必须符合国家有关法律、法规的规定，必须按着一定的程序取得，坚决禁止土地交易中的暗箱操作。随着中国城市化发展进程的加快，城市规划区内用于开发的土地必将呈现紧张的态势，土地使用权的竞争将日趋激烈。尤其是城市郊区的土地在用途变更过程中，土地收益大量流失。

3）土地使用权获得后，必须按期、按规划完成项目开发建设。《中华人民共和国城市房地产管理法》第二十六条规定：“以出让方式取得土地使用权进行房地产开发的，必须按照土地使用权出让合同约定的土地用途、动工开发期限开发土地。超过出让合同约定的动工开发日期满一年未动工开发的，可以征收相当于土地使用权出让金百分之二十以下的土地闲置费；满二年未动工开发的，可以无偿收回土地使用权；但是，因不可抗力或者政府、政府有关部门的行为或者动工开发必需的前期工作造成动工开发迟延的除外。”

3.8.1 土地使用权划拨

对于房地产开发企业，以行政划拨方式获取土地使用权，通常涉及的是私人参与的城市基础设施用地、公益事业项目和国家重点扶持的能源、交通、水利等项目的用地。目前，经济适用房、廉租房等保障房项目用地也是通过行政划拨方式供地。

3.8.2 土地使用权出让

1. 协议出让

协议出让的基本特点是在受让方没有第三者参与竞争的条件下，通过双方协商，达到出让国有土地使用权的目的。因此该方式缺乏竞争机制，市场透明度不高，主观随意性较大，但政府对地价容易控制，灵活性较大。因而这种出让方式在市场发育的初始阶段及对一些特殊性质的项目用地，如市政项目、非营利性项目及政府为调整产业结构、实施产业政策而给予优惠扶持的项目用地等较为适用。由于协议出让方式操作过程存在着诸多弊端，目前我国对该方式的应用有严格的限制，我国规定经营性项目禁止协议出让。

2. 招标出让与拍卖出让

这两种方式的基本特点是都引入了市场竞争机制，二者的区别在于：一是招标出让时各投标者相互不知道对方所投标书的内容，而且每个投标者只有一次投标机会，标书一旦投入，不能随便更改；而拍卖出让时采用公开竞价，各竞买人根据当场情况报价，而且可以多次报价。二是拍卖出让时，出价最高者即为受让人，而招标出让时，受让人的确定还要考虑投标设计方案、投标者的资信情况、业绩等相关内容，因而报价最高者并不一定就能成为受让人。

3. 挂牌出让

挂牌方式实质上同拍卖方式相同，是一种公开竞价并以报价高低决定受让人的出让方式。由于挂牌方式的成功与否与参与挂牌竞价的人数多少无关，而拍卖方式出让土地，土地部门规章对竞买人数有规定，所以对于一些投资巨大而又竞争性较弱的经营性用地，挂牌方式可谓是一种既经济又有效的出让方式。同时，由于挂牌方式有合理的交易期限（不少于10个工作日），因此，该方式可以避免拍卖会上的一些不理智行为，使竞买人可以通过充分的理性判断来进行报价决策，从而可以有效防止地价被不合理地炒高。

总之，从引入市场机制的程度来说，协议方式最低，招标方式次之，挂牌与拍卖方式最高。从国有土地使用权出让价格来讲，一般也是协议方式最低，招标方式次之，挂牌与拍卖方式最高。

3.8.3 土地使用权转让

1. 土地使用权转让的概念

广义的土地使用权转让是指土地使用权发生转移的所有行为，包括土地使用权的出让。狭义的土地使用权转让是指通过出让方式获得土地使用权的土地使用者，通过买卖、赠与或其他合法方式将土地使用权再转移的行为。

从狭义方面而言，通常人们把由土地使用权出让而形成的土地市场称为一级市场，由国家经营；把允许土地使用权转让而形成的土地市场称为二级市场。要建立完善的土地市场体系，就需要一级市场和二级市场的融合，只有这样才能使土地使用权真正作为商品进行流通，只有这样才能推动整个房地产业的健康发展。

2. 土地使用权转让的法律条件

世界各国为了防止“炒卖”地皮现象的发生和削弱土地投机的负面效应，都对土地的转让做了有附加条件的限制，这是国际上通行的对地产市场进行的调节和控制的基本方法。

同样，我国也以立法的形式对土地使用权的转让做了规定。《城市房地产管理法》对土地使用权的转让规定了具体的条件。该法第三十九条规定，以出让方式取得土地使用权的，转让房地产时，应当符合下列条件：

1）按照出让合同约定已经支付全部土地使用权出让金，并取得土地使用权证书。

2）按照出让合同约定进行投资开发，属于房屋建设工程的，完成开发投资总额的百分之二十五以上，属于成片开发土地的，形成工业用地或者其他建设用地条件。

3）转让房地产时房屋已经建成的，还应当持有房屋所有权证书。

《中华人民共和国土地增值税暂行条例》对土地转让过程中征收土地增值税做了规定：转让国有土地使用权、地上建筑物及其附着物并取得收入的单位和个人，为土地增值税的纳税义务人，应当缴纳土地增值税。土地增值税的征收，为国家规范土地、房地产市场交易秩序，合理调节土地增值收益提供了重要手段。

3. 土地使用权转让的特点

（1）土地使用权转让的法律效力

土地使用权转让时，土地使用权出让合同载明的权利义务随之转移，转让人不能保留一部分权能而只转让其他权能。国家虽然不参与土地使用权转让双方之间的法律关系，但新的受让人使用土地必须按照国家与原受让人之间订立的合同进行，不得随意变更土地使用权的使用年限、用途及其他限定规则。《城市房地产管理法》第四十三条规定：“以出让方式取得土地使用权的，转让房地产后，其土地使用权的使用年限为原土地使用权出让合同约定的使用年限减去原土地使用者已经使用年限后的剩余年限。”第四十四条规定：“以出让方式取得土地使用权的，转让房地产后，受让人改变原土地使用权出让合同约定的土地用途的，必须取得原出让方和市、县人民政府城市规划行政主管部门的同意，签订土地使用权出让合同变更协议或者重新签订土地使用权出让合同，相应调整土地使用权出让金。”另外，《城镇国有土地使用权出让和转让暂行条例》第二十三条还规定：“土地使用权转让时，其地上建筑物、其他附着物所有权随之转让。”第二十四条规定：“土地使用者转让地上建筑物、其他附着物所有权时，其使用范围内的土地使用权随之转让，但地上建筑物、其他附着物作为动产转让的除外。”从这上述规定可以看出，由于在自然状态下土地与地上建筑物及其附着物具有不可分性，因而土地使用权转让时，其地上建筑物、其他附着物所有权随之转让。

（2）土地使用权转让的类别

土地使用权转让的方式有三种，即出售、交换和赠与。

1）出售。土地使用权出售是指土地使用者将土地使用权转移给其他公民、法人，并获得土地使用权出让金的行为。这种出售行为与一般商品意义上的买卖不同，一般商品的买卖行为会涉及所有权的转移，而土地使用权的出售只转移使用权，所有权不会发生转移，仍属于国家所有。

2）交换。土地使用权交换是指双方当事人约定互相转移土地使用权，其本质是一种权利交易。在很多情况下，交换的双方都是为了更好地满足自己的经济需要。

3）赠与。土地使用权赠与是指赠与人把所占有的土地使用权无偿转移给受赠人的行为。土地使用权作为一种财产，其权利人可以将其赠与任何公民、法人，其法律关系与一般赠与关系一致。

在实际经济生活中，土地使用权还存在其他转让方式，如土地入股联建联营、企业兼并等经营性土地使用权转移方式，以及土地使用权继承，用地单位合并、分立等非经营性土地使用权转移方式。

4. 土地使用权转让的程序

（1）转让申请

由原受让人向出让人提出转让土地使用权的申请，出让人（自然资源主管部门）就转让情况对再受让人的资信、转让合同草案、转让金标准进行审查。如果审查无异议，则向出让人发出同意转让通知书；若不同意转让，则应指出原因和改进建议。在审查申请时，自然资源主管部门应对拟转让地价进行评审，若发现转让价过低，政府可优先收购。价格过高的，可采取必要调控措施。对于转让土地使用权是否需要经过申请，各地规定不一，事实上只有少数地方规定转让须经过申请。例如，天津和广州两市规定，受让人应向出让人即国土局提出申请，经批准同意后，才能进行土地使用权转让。一般情况下，当事人只要符合规定的转让条件，就可自行决定转让土地使用权。

（2）签订转让合同

原受让人通过招标、拍卖或协议方式确定新的受让人后，要与新受让人签订转让合同，明确双方当事人的权利义务，转让合同的内容必须符合出让合同的要求。《房地产管理法》第四十一条规定："房地产转让，应当签订书面转让合同，合同中应当载明土地使用权取得的方式。"

（3）转让合同公证

转让合同公证是指由公证机关证明转让合同的真实性和合法性的非诉讼活动。由于转让合同属经济合同的性质，虽然《城镇国有土地使用权出让和转让暂行条例》并没有规定转让合同要进行公证，但各地方政府法规基本上都规定了土地使用权转让合同必须进行公证。有些地方规定，公证是转让合同生效的必要条件，而转让合同经过公证后才具有强制执行的效力。

（4）缴纳土地出让金和增值税

转让合同签订后，再受让人应按合同要求及时向转让人支付土地转让金，同时转让人要在合同签订后的7日内到税务部门缴纳土地增值税。由于国家建设投资等原因而使土地增值，使得转让方在转让时获得增值收益，国家要对这部分收益征税，这就是土地增值税。征收土地增值税是防止土地投机和规范房地产交易市场的有效措施之一。

（5）土地使用权变更登记

双方当事人共同到所在地市、县人民政府自然资源主管部门办理土地变更登记手续，换领土地使用证。办理变更登记时，须提交转让登记申请书、土地使用证和房产证、土地转让合同、付款凭证、受让人资信证明、法人代表证书等。同时应就地上建筑物所有权转让合同向房地产管理部门办理过户登记。

3.8.4　房地产开发可接受的地价的测算

房地产开发企业在受让土地前必须对地块的地价进行测算，尤其在参加土地招标或是土地拍卖前，特别要做好这项工作。地价测算既有规则可循，又因条件而异，是一项颇费心计的工作。房地产投资动辄上千万元，地价往往要占投资的相当比例，高水平的地价测算，是房地产投资成功的第一步。

政府出让土地使用权，事前都会公布土地的概况及使用要求，如土地位置、面积、形状、用途、建筑覆盖率、建筑层数、容积率、设施配套要求等指标，这些指标都与地价有密切的关系。投资者要凭借自己的经验和能力，既遵守土地使用限制的规则，又充分利用没被限制的一切因素，构思出一个最佳的土地经营方案，以最佳的经营状况去测算地价。

1. 影响地价的两大因素

在同一区域内，地价主要受两大因素的影响：一是土地的用途，不同用途的土地上建起来的房地产商品会带来不同的收益，从而导致高低不同的地价。一般来说，土地作商业用途时地价最高。二是土地的容积率，容积率不同的土地有不同的可建面积，也就有不同的土地价格，如相邻的甲、乙两块土地，土地面积等同，容积率相差 10 倍，土地甲的可建建筑面积 10 倍于土地乙，那么这两块面积相同的土地的价格绝不会相同。

2. 用对比法推算基础数据

在地价测算中，较准确地评估土地所建的房地产预期楼价和房地产建造成本等基础数据，是关键性的环节。

按照规定，商品房是可以预售的，但必须在投入开发建设的资金达到投资总额 25% 后才能进行。从买地到预售，高层的房地产一般需相隔一年以上，多层的房地产也需半年多；相隔时间越长，楼市变化越大，预期楼价评估也越难准确。另外，确定合理的房地产建造成本也是件不易的事。这是因为建造房地产需要相当长的一段时间，而在此段时间内，物价上涨、利率变化及其他一些社会、政治、经济因素都将影响房地产建造成本，导致房地产建造成本的评估不易准确，使得对预期销售价格及建造成本的测算最富挑战性。竞投土地时不同投资者的不同出价能很大程度上反映这些投资者用不同的眼光去评估预期的楼价和建造成本。出价高的往往对未来楼价预估得比别人高，对建造成本预测比别人低。

在一般情况下，进行地价测算都采用对比法来推算一些基础数据，如预期的楼价和建筑成本，可以通过与一些条件相似的楼宇实际成交价格和工程决算结果进行比较来估算。运用对比法的关键点是：①要找到相当数量的条件相似的楼宇，综合取得其基础数据作为测算的参数；②要综合分析各个相关因素，如现时楼宇市场的状态与趋势、楼宇位置及环境状况、地块规划要求、社会物价水准走势等，对参数加以合理推算，以获得地价测算的基础数据。可以从以下渠道取得推算数据：公司的档案资料；专业机构的报告，如估价事务所报告；政府的统计分析报告；专业定额标准及其有关规定等。

有了地价测算的基础数据，就可以依下述公式进行投标或竞标地价的计算。

3. 地价测算

常用假设开发法测算土地价格。假设开发法是指求取评估地块未来开发完成后的价格，减去未来的正常开发成本、税费和利润后，所得剩余为评估地块价格的方法。

假设开发法可靠性程度的高低主要取决于两个预测：①根据土地最佳利用方式进行开发，包括地块的用途、建筑规模、容积率、建筑设计等；②根据当地房地产市场行情或供求状况，正确地预测未来开发完成后的房地产价格。

另外，运用假设开发法还有下列几个要求：①稳定的房地产政策环境和健全的房地产法律法规；②全面合理的房地产投资开发和交易税费项目；③长远稳定的土地供给计划；④完整、公开及透明度高的房地产资料数据库。否则，运用假设开发法的人为主观因素将加大。

运用假设开发法测算地价的步骤如下：

1）调查待开发房地产的基本情况，包括待开发房地产所属地区的市场情况、畅销物业率等。

2）选择最佳的开发利用方式，确定政府的规划限制，弄清规定的用途、建筑密度、容积率等。

3）估计开发经营期，弄清待开发房地产的开发期限和经营期限，以利于房地产价格和其他费用的测算。

4）预测开发完成后的房地产价格，同时估算开发成本、管理成本、投资利息、销售费用、销售税费及开发利润。

5）测算地价。可用公式表示为

地价 = 开发完成后的房地产价格 - 房屋开发成本 - 管理费用 - 投资利息 - 销售费用 - 销售税费 - 开发利润

本章小结

土地是地球表面上由土壤、岩石、气候、水文、地貌、植被等组成的自然综合体。土地的特征包括其自然特征和经济特征两个方面，主要有土地的不可替代性、土地面积的有限性、土地位置的固定性、土地经济供给的稀缺性和用途的多样性等特征。土地的利用功能可分为生态功能、生产功能和生活功能。我国土地利用规划体系按等级层次分为土地利用总体规划、土地利用专项规划和土地利用详细规划。

我国实行土地的社会主义公有制，即全民所有制和劳动群众集体所有制。国家为了公共利益需要，依照法律规定的程序和权限将农民集体所有的土地转化为国有土地，并依法给予被征地的农村集体经济组织和被征地农民合理补偿和妥善安置，此为土地征收。另外，为了维护公共利益，对国有土地上的房屋的征收与补偿也应保障被征收房屋所有权人的合法权益。我国城市土地储备由城市政府委托的机构通过征用、收购、换地、转换或到期回收等方式，把分散在土地使用者手中的土地集中起来，在完成了征地补偿、房屋拆迁补偿安置以及必要的基础设施建设后，再按照供地计划将土地投入市场。建设项目需要使用土地时，必须依法申请使用土地利用总体规划确定的城市建设用地范围内的国有建设用地。土地使用权的获得是房地产开发的基础。房地产开发企业获取土地使用权的方式主要有划拨、出让和转让几种。其中，出让方式具体包括协议出让、招标出让、拍卖出让和挂牌出让。

思考与练习题

1. 简述土地的特征。
2. 简述土地利用规划的作用。
3. 简述我国土地的所有制度。
4. 我国房地产开发企业获取土地的方法有哪些？
5. 阐述假设开发法进行地价测算的步骤。

第4章

房地产开发的前期工作

本章要点及学习目标

(1) 了解房地产开发资金的筹集方式
(2) 熟悉房地产规划设计的内容
(3) 掌握房地产开发项目报建及“五证”办理的流程
(4) 熟悉房地产招投标管理与流程

前期工作是整个房地产开发项目建设过程中的一个重要环节，这不仅因为此阶段是进行项目申报和获取各种许可证的时期，也因为这一阶段是项目成本主要发生和容易变化的时期。因此，前期工程进行得顺利与否，与投资者的利益密切相关。在前期工作中，我们可以通过哪些途径来筹集房地产开发资金？如何计算开发资金成本以及选择出最佳筹资方案？如何评价开发项目规划设计方案？如何进行房地产开发项目的报建？如何进行建设工程施工招标工作？本章将结合这些问题进行介绍。

4.1 房地产开发资金筹措

4.1.1 房地产开发资金筹措的目的

1. 实现房地产开发企业发展目标

房地产开发企业投资开发新的项目，或者在项目开发的各个阶段中，往往需要筹集大量资金，特别是中长期资金，同时，项目投资者总是希望加快项目的投资开发速度和进程，这样必须突破现有的资本存量，需要新的资本增量。这种扩张性筹集资金必然会使企业的资产规模有所扩大，使企业增加了市场竞争能力和收益能力，但也会使得负债规模有所增大，从而也就带来了更大的投资风险。

2. 调整资本结构，改善偿债能力和盈利能力

房地产开发企业的资本结构是一个动态指标，会随着开发项目的进度和项目开发资金的使用状况而发生变化。比如企业有能力支付到期旧债，但为了调整原有的资本结构，会继续选择举新债，从而使项目自身的资本结构更加合理，充分发挥杠杆作用；又或者是房地产开发企业现有支付能力已不足以偿还到期债务，被迫举借还债，这表明企业的财务状况已经恶化。因此，通过筹集资金，调整资本结构，能够使房地产开发企业的权益资本和债务资本保持适当的比例关系，从而改善和提高企业或项目的偿债能力和盈利能力。

4.1.2 房地产开发资金筹措的原则

房地产开发资金的有效筹集，应保证房地产开发资金投入与回收在时间上、数量上的协调平衡，从而保证资金循环运动和房地产开发项目建设的顺利进行。

1. 时机适当原则

在房地产开发项目建设过程中，随着项目开发进度的推进，项目占用资金呈现逐步增加的趋势，所以如果项目所需资金能全部筹措到位，在项目开发建设前期阶段内会出现资金过剩的情况；反之，如果资金筹措跟不上工程进度需要，又或者开发建设时筹措不到资金，也会严重影响房地产开发项目的进度。因此，在房地产开发筹集资金的过程中，必须根据项目开发进度计划和资金使用计划，安排和确定适当、合理的筹集时机和规模，从而避免因取得资金过早而造成资金的闲置，增加资金使用成本，或者因为筹资时间滞后而影响房地产开发项目正常进行。

2. 安全性原则

房地产开发企业在筹集资金的过程中，必须全面、理性地衡量项目现有或预期的收益能力和偿债能力，使房地产开发企业的权益资本和债务资本保持合理的比例，负债率和还债率控制在一定的范围之内，降低房地产开发企业的财务风险。

房地产开发项目资金筹集的安全性按风险程度从小到大分为 A、B、C、D 四个等级。其中 A 级表示风险很小，B 级表示风险较小，C 级表示风险较大，D 级表示风险极大。房地产开发企业应该尽可能选择风险程度为 A 级的筹资方案，因为它的安全性最好。

3. 经济性原则

首先必须根据和适应投资的要求，以投资定筹资，充分考虑房地产开发企业的筹资能力；其次要合理降低筹资成本和筹资的期限，不同来源和用途的资金都会产生不同筹资成本，因此筹资时必须考虑房地产开发项目的财务安排；再次必须考虑房地产开发项目的各种生产要素、开发进程与筹集资金的配套和协调；最后要考虑固定资产投资所需要的资金与维持项目正常营运所需要的资金的配套，经济合理地筹集资金。

房地产开发项目资金筹集方案的经济性按综合筹资成本费用率标准划分，共分为 A、B、C、D 四个等级。其中 A 级表示筹资成本最低，B 级表示筹资成本较低，C 级表示筹资成本较高，D 级表示筹资成本很高。因此，房地产开发企业应该尽可能选择筹资成本为 A 级的筹资方案。

4. 可行性原则

在筹集资金过程中，除了要考虑房地产开发企业自身的筹资能力、偿还能力、盈利能力和经营能力以外，还必须考虑筹资方式的可操作程度。按筹资方案的可操作程度，筹资方案的可行性分为 A、B、C、D 四个等级。其中，A 级表示筹资方式及所筹资金全部落实，B 级表示筹资方式及所筹资金能基本落实，C 级表示筹资方式及所筹资金尚不能肯定，D 级表示筹资方式及所筹资金没有落实。

根据上述四个原则，房地产开发企业应该在确定适当、合理的筹集时机和规模条件下，选 AAA 级标准的筹资方案为最佳筹资决策方案，因为它的安全性、经济性和可行性均是最好的；而 DDD 级方案则是最差的，通常不被选用。

4.1.3 房地产开发资金筹措方式

1. 自有资金

自有资金作为股本金，是房地产开发商对其所投资项目投入的资本金。房地产开发商的自有资金包括现金和其他流动资产、速动资产，以及在近期内可以回收的各种应收款等。速动资产包括各种应收的银行票据、股票和债券，以及其他可立即出售的已经建成房屋建筑物等。各种应收款包括已订立合同的应收售楼款、近期可租售的各类房地产商品的付款及租金等。

2. 银行贷款

银行贷款是房地产开发企业融资的主要渠道之一，目前房地产开发企业的融资渠道主要依赖于商业银行，在房地产企业所筹集的资金中，约有 70% 的资金来自商业银行系统。根据银行的操作规程，银行贷款又分为信用放款和抵押放款两种形式。

信用放款是对信用指数较高的房地产企业的放款。信用放款无须抵押和担保。但是银行要加强信用放款的跟踪监控，以确保信用放款能够按期收回。

房地产抵押贷款是指抵押人以其合法的房地产财产以不转移占有的方式向抵押权人提供债务担保的贷款行为。抵押物往往是指由抵押人提供并经抵押权人许可的作为债务人履行债务担保的房地产财产。抵押人是指以房地产财产作为本人或第三人履行债务担保的企业法人、个人或其他符合相关法律规定的经济组织。债务人不履行债务时，抵押权人有权依法以抵押的房地产财产拍卖所得的价款依照抵押合同优先受偿。

我国央行规定，对未取得《土地使用权证》《建设用地规划许可证》《建设工程规划许可证》和《施工许可证》四证的项目，不得发放任何形式的贷款。同时，对房地产企业自有资金比例的要求调整为保障性住房和普通商品住房项目为 20%，其他为 30%。

3. 证券化资金

（1）发行房地产股票

房地产股票是股份制房地产开发企业发放的股份入股凭证。股票购买者就是股份制房地产开发企业的股东，他们对房地产开发企业拥有以股份份额所体现的所有权，股东有权根据房地产开发企业的经营利润获得股息和红利，同时也必须对企业因经营不善而导致的后果承担有限责任。股东不能要求退股，但可以把自己所持有的股票转让给他人。股份制的房地产开发公司可以根据企业在不同时期、不同经营环境的需要，选择发行不同种类的房地产股票，其中包括普通股和优先股等。

股份制房地产开发企业在从事房地产项目的开发建设时，可以通过发行股票的方式来筹措资金。在经过严格的审查与审批程序后，房地产开发企业可以在境内或者境外发行股票。

（2）发行房地产债券

房地产债券是房地产开发企业为了筹措房地产资金而向社会公开发行的借款信用凭证。债券的发行者是债务人，债券的购买者是债权人，债券持有人有权按照约定的期限和利率获得利息，并到期收回本金，但无权参加房地产开发企业的经营管理，同时也不对房地产开发企业的经营状况承担责任或享受权益。

房地产债券分为记名式和无记名式两种。由于记名式房地产债券具有手续繁、流通差的特点，而无记名式房地产债券具有手续简便、易流通、低风险等特点，所以房地产投资者一般喜欢选择无记名式房地产债券。因此，房地产企业在发行债券时一般也都应以发行无记名式房地产债券为主。

发行房地产债券的好处很多，主要有：资金筹集或资金终止筹集方便快捷、灵活高效，发行成本低；不会存在银行贷款的中途停贷的风险；社会大众易于接受债券。

4. 联建和参建筹资

联建和参建筹资实际上是一种合伙制融资，是指合伙人按照彼此达成的协议共同出资开发一个房地产项目的行为。在实践中，联建一般是指各单位之间的共同投资行为。参建一般是指个人参与某一房地产项目的投资行为，而这一房地产项目是由一个或几个房地产企业为主开发经营的。一些中小型房地产开发企业在资金筹集相对困难较大，寻找一家或多家实力雄厚的大型房地产开发企业进行联合开发，是一种分散和转移风险的好办法。房地产开发企业可以组织各参建、联建成员发挥各自的优势，并由各成员分别筹集各自需要的资金。特别是在现时期房地产开发中，环境复杂多变，投资风险较大，合作开发是一个相当有效的选择。

5. 外资

利用外资是房地产融资的一种渠道和方式，具体形式有中外合资开发、外商独资开发等。据有关部门资料显示，外商投资房地产呈现逐年递增趋势，投资规模不断扩大。有条件的企业可以利用外资进行房地产投资，但所承受的政治风险较大，一旦出现意外，损失非常大。

6. 预售筹资

当房地产开发进行到一定程度，符合规定的预售条件即可预售。对房地产开发商来说，预售部分房屋既可以筹集到必要的建设资金，又可以降低市场风险。尽管可能损失部分未来的收益，但对开发商来说，适时、适价地预售部分房屋是必要的。

7. 承包商垫资

在市场环境竞争激烈的情况下，许多有一定经济实力的承包商为了获取房地产开发项目的建设任务，愿意自己带资承包项目的建设工程。这样，房地产开发企业就能将一定程度的筹资风险分摊给了承包商。

8. 房地产信托投资基金

房地产信托投资基金是房地产直接融资可持续发展的模式，也是房地产项目融资的未来发展方向，是解决房地产项目投资来源的重要融资方式。

房地产信托投资基金（Real Estate Investment Trust，REITs）是由房地产投资信托基金公司负责对外公开发行受益凭证，向投资大众募集资金的一种融资方式。募集之后委托一家房地产开发公司来运用资金，进行投资标的开发建设、运营管理及未来的租售，其所获的利润在扣除相应的管理费用和租售佣金之后，结余部分由受益凭证持有人分享。其发行的受益凭证可通过证券公司公开上市流通，比其他的直接融资方式更具有流动性，且投资者可以享受有限责任、集中统一管理、自由转让以及不必缴纳公司税项等优惠条件。在这些利益的驱动下，房地产开发企业能够快速筹集到更多的资金。

综上所述，房地产业的发展需要多元化、多层次的融资渠道来支持，以化解或者分解单一靠银行贷款的风险。融资渠道多元化的实现将有助于房地产业本身结构的升级，对房地产开发运作方式也会产生很大的影响。

4.1.4　房地产开发资金成本及其计算

1. 房地产开发资金成本

房地产开发资金成本是投资者在房地产开发项目实施中，为了筹集和使用资金而付出的代价。房地产开发资金成本由资金筹措成本和资金使用成本两部分组成。房地产开发筹措成本是指房地产投资者在资金筹措过程中支付的各项费用，主要包括向银行借款的手续费、发行股票或者债券而支付的各项代理发行费用，如印刷费、广告费等。房地产开发资金筹措成本属于一次性费用，筹资次数越多，资金筹措成本也就越大。房地产开发资金使用成本又称资金占用成本，它包括支付给股东的各种股利、向债权人支付的贷款利息以及支付给其他债权人的利息、费用等。房地开发资金使用成本一般与所筹集资金数额的多少以及所筹集资金使用时间的长短有关，是资金成本的主要内容。

房地产开发资金成本可用绝对数表示，也可用相对数表示。为便于分析比较，房地产开发资金成本通常用相对数表示，即支付的报酬与提供的资本之间的比率，也称房地产开发资金成本率，可用下列公式来进行计算：

$$K = \frac{D}{P - F} \times 100\% \tag{4-1}$$

式中　K——资金成本率（一般通称为资金成本）；

D——使用费；

P——筹资总额；

F——筹资费用。

按照房地产开发资金成本的计算对象和计算方式不同，可分为个别资金成本、综合资金成本和边际资金成本。

2. 个别资金成本的计算

个别资金成本是指按各种资金筹资方式计算确定的成本。采用不同筹资方式取得的资金由于影响资金成本的具体因素不同，其资金成本也就高低不等。

（1）长期借款资金成本率公式

房地产开发企业向银行借款，所支付的利息费用一般可作为财务费用，通常在所得税前扣除，这可使房地产开发企业少缴一部分所得税，因此长期借款的资金成本率计算公式可以写成：

$$K_1 = \frac{I_1(1 - T)}{1 - f_1} \times 100\% \tag{4-2}$$

式中　K_1——长期借款资金成本率；

I_1——长期借款利率；

f_1——长期借款筹资费用率；

T——企业所得税税率。

上述公式仅适用于每年末支付利息、借款期末一次全部还本的情况。

【例 4-1】　某房地产企业长期借款 500 万元，年利率 6.8%，借款期限 3 年，每年付息一次，到期一次还本，企业所得税税率为 25%，筹资费用忽略不计，试计算这笔长期借款的资金成本率。

【解】 根据题意，带入式（4-2）可得

$$K_1=\frac{6.8\%\times(1-25\%)}{1-0}=5.1\%$$

（2）债券资金成本率公式

房地产开发企业发行债券的成本主要是指债券利息和筹资费用。债券利息也属于财务费用，应在所得税前扣除。房地产开发债券筹资费用一般比较高，不可在计算融资成本时省略。债券资金成本率可按下列公式计算：

$$K_b=\frac{R_b(1-T)}{(1-f_b)} \tag{4-3}$$

或

$$K_b=\frac{I_b(1-T)}{B(1-f_b)} \tag{4-4}$$

式中 K_b——债券资金成本率

R_b——债券利率；

I_b——债券年利息率；

B——债券筹资额；

f_b——债券筹资费用率；

T——企业所得税税率。

【例 4-2】 某房地产开发企业发行总面值为 500 万元的 3 年期债券，票面利率为 8%，发行费率为 5%，发行筹资额 400 万元。企业所得税税率为 25%，试计算该公司债券的资金成本。

【解】 根据题意，带入式（4-3）可得

$$K_b=\frac{500\times8\%\times(1-25\%)}{400\times(1-5\%)}=7.89\%$$

（3）普通股资金成本率公式

普通股股息不是固定的，普通股持有者的投资风险最大，股息率也最高。普通股股息率会随着房地产开发项目经营状况而变化，当项目经营状况很好的时候，普通股股息率会很高，发行普通股则需要较高的筹资费用，普通股筹资成本率很高。其计算公式如下：

$$K_e=\frac{D}{S(1-f)}\times100\%+g \tag{4-5}$$

式中 K_e——普通股资金成本率；

D——普通股预期年股利支出；

S——普通股筹资额；

f——普通股筹资费用率；

g——普通股利年增长率。

【例 4-3】 某房地产开发公司发行普通股正常市价 400 万元，筹资费用率为 5%，第一年支付股利 40 万元，预计每年股利增长率为 9%，试计算其资金成本率。

【解】 根据题意，代入式（4-5）可得

$$K_e = \frac{40}{400 \times (1 - 5\%)} \times 100\% + 9\% = 19.53\%$$

（4）优先股资金成本率公式

房地产开发企业发行优先股，也需要支付筹资费，其股息要分期支付。优先股的股息率一般高于债券的票面利率，所以筹资成本也高于债券的筹资成本。优先股的显著特点是股利支出是固定的。其计算公式如下：

$$K_p = \frac{D}{S(1 - f)} \times 100\% \tag{4-6}$$

式中 K_p——优先股资金成本率；

D——优先股预期年股利支出；

S——优先股票面价值；

f——优先股筹资费用率。

【例 4-4】 某房地产开发公司为某项目发行优先股股票，票面额按正常市价计算为 200 万元，筹资费用率为 4%，股息年利率为 10%，试求其优先股资金成本率。

【解】 根据题意，代入式（4-6）可得

$$K_p = \frac{200 \times 10\%}{200 \times (1 - 4\%)} \times 100\% = 10.42\%$$

（5）留用利润资金成本率公式

房地产开发项目的税后利润除了用于支付股息外，一般都要留有一部分用于投资。留用利润是房地产企业内部的一种资金来源。股东虽然没有以股息的形式分得这部分利润，但可以从股票市价的提高中得到好处。房地产开发企业留用一部分利润，相当于普通股股东对房地产开发企业进行了追加投资，使普通股的资金增加。股东对这一部分追加投资同以前缴给企业的股本一样，也要求给予相应比率的报酬。因此，房地产开发企业对这部分资金并不能无偿使用，也应计算其资金成本。留用利润不需要支付筹资费，其资金成本计算公式为

$$K_n = \frac{D_1}{P_0} + g \tag{4-7}$$

式中 K_n——留用利润的成本率；

D_1——第一年股利；

P_0——留用利润总额；

g——股利年均增长率。

3. 综合筹资成本率的计算

房地产开发需要多种渠道来筹措资金，为了进行筹资和投资决策，确定最佳资本结构，还需测算房地产开发项目各种资金来源综合的资金成本，即以各种资金占全部资金的比例为权数，对各种资金成本进行加权平均计算，它是由个别资金成本和加权平均权数两个因素决定的，计算公式如下：

$$K = \sum_{j=1}^{n} W_j K_j \tag{4-8}$$

式中　K——加权平均资金成本率（即综合筹资成本率）；

W_j——第 j 种来源资金占全部资金的比例（权重）；

K_j——第 j 种来源资金的资金成本率。

【例 4-5】 某房地产企业预计增加资金 2000 万元，拟订筹资方案是：银行借款 1000 万元，资金成本率为 5%；发行普通股 400 万元，资金成本率为 13%；发行债券 600 万元，资金成本率为 6%。试计算该筹资方案的综合筹资成本率。

【解】 根据式（4-8），可计算综合筹资成本率为

$$K = \frac{1000}{2000} \times 5\% + \frac{400}{2000} \times 13\% + \frac{600}{2000} \times 6\% = 6.9\%$$

4.1.5　房地产开发资金筹措方案选择

1. 衡量房地产开发资金筹措方案的标准

房地产开发企业在运用各种筹资方式筹措资金时，应首先拟定出筹措所需资金的多个不同方案，进而对这些方案进行计算和分析，从中选出最优方案；然后考虑所选方案，改进该方案的资本结构，使之达到最优。这个过程就是资本结构的优化与筹资决策。

（1）筹资方案的收益率大于综合资金成本率

考察筹资方案是否有利时，通常是用各种筹资方案的综合资金成本率与相应方案的投资收益率进行比较。如果方案的投资收益率大于综合筹资成本率，则表明此筹资方案是可行的；反之，则是不可行的。

（2）财务杠杆效应与财务风险之间达到最佳均衡

当某一筹资方案确定的资本结构中债务资金比例在一定范围内增加时，负债资本的资金成本率并不会增大，总资本的平均资金成本率会因此下降，这时房地产开发企业可以增加资本结构中的债务资金比例，这样就可以在较小的财务风险条件下获得最大程度的财务杠杆效应。但当资本结构中的债务比例超过一定范围时，财务风险会迅速增大，负债资本的资金成本率明显增加。这个范围就是财务杠杆效应与财务风险之间的最佳均衡点。

（3）综合筹资成本率最低

在筹资方案中，不同的资金来源有着各自不同的筹资成本率、筹资条件和要求。因此，房地产开发企业在筹资时，对确定下来的筹资方案还要进一步优化，在诸多方案中选择一个综合筹资成本率最低的筹资方案。

2. 房地产开发资金筹措方案的决策程序

一般而言，房地产开发资金筹措方案的决策程序为：根据项目的实际情况，编制房地产开发资金使用计划表；根据投资资金使用计划表和公司的资金情况，编制若干个可能的筹资方案；计算各个方案的资本结构和资金成本率；选择资金成本率最低的方案为待选方案；计算公司的财务杠杆效应，分析各方案资本结构的效益情况；计算各有关方案的财务比率等指标，分析各方案资本结构的风险；通过综合比较和分析，对备选方案的可行性进行判定；最后找到一个资金成本率较低，又通过可行性研究的筹资方案，便是最佳决策方案。

4.2 房地产开发项目的规划设计

4.2.1 房地产开发项目规划设计的原则与内容

1. 项目规划设计的原则

房地产项目在开发前必须对市场进行周密的调查和准确的定位，对不同类型、不同规模的房地产项目，其规划设计有不同的具体要求。总体而言，房地产项目的规划设计应遵循以下基本原则。

（1）突出以人为本的经营理念

规划设计必须以人为本，注重开发项目的文化定位，满足客户需要。要坚持和发扬富有文化特色的开发理念，如在小区规划设计过程以及物业管理中，充分融入地域文化的内涵，营造具有当地文化色彩的社区文化环境。要以《商品住宅性能认定管理办法（试行）》的要求为标准，以提高城市居民的生活质量和生活水平为最终目的，努力实现在限定的条件下，建设布局合理、设计新颖、质量优良、功能齐全、配套完善、环境优美、具有本地建筑风格的住宅小区，在不大的空间内创造较高的居住生活舒适度，既能满足居民当前的基本需要，又能适应市场的需求变化[⊖]。

（2）体现人文关怀

设计住宅就是设计生活。人文关怀成了楼市发展新方向——能提升住宅品质，能满足购房者需要。就建筑本身而言，它是文化的载体，是人文环境的反映。由实践经验可知，开发亲情是开发商人文关怀的努力方向。一个好的小区，不只是一栋栋漂亮的房子，而应有一种可以让大家凝聚、想念、熟悉的人文氛围。特别是在我国的传统思维中，大部分老年人尤其看重家庭生活和来自亲人间的关爱，其乐融融的家庭生活是人们的精神享受，是人们理想中健康生活的内涵。

（3）符合城市总体布局

强调房地产项目的规划设计要符合城市规划的布局结构，其原因是城市布局结构是构成良好城市环境的关键，是功能组织良好的标志，离开合理的布局结构是不可能建设出一个优良的城市的。随着行业的发展和人们对住房需求的提升，房地产项目建设不仅要符合城市布局结构，更应起到对城市布局结构的补充、完善的作用，促使城市的功能更加完善。

（4）丰富和创造最佳的城市空间环境

房地产项目是城市空间的一部分，规划设计不仅要创造自身的优良空间环境，还要与城市整体相联系，创造完整统一、和谐美好、符合当地城市发展理念的城市空间环境。

（5）房地产项目规划设计应满足的具体要求

1）使用要求，即满足居民生活的多种需要，为居民创造方便、舒适的生活居住环境，这是衡量居住区规划设计优劣的基本条件。

2）卫生要求，即为居民创造卫生、安静的居住环境，要有良好的日照、通风，防止噪声和空气的污染。

⊖ 陈林杰．我国中小房地产企业发展问题与对策［J］．建筑经济，2007（5）：75-77.

3）安全要求，即为居民创造安全的居住环境，防火防盗，保护居民人身、财产安全。

4）经济要求，即在确定居住建筑标准、公共建筑规模时，应符合实际经济条件，与当时当地的建设投资、经济、生活条件相适应，尽量降低房地产项目造价，节约用地。

5）施工要求，即房地产项目规划设计应考虑施工技术和条件，有利于施工的组织运行。

6）美观要求，即创造优美的居住环境和城市面貌。

2. 项目规划设计的内容

房地产开发项目规划设计主要有建筑规划设计、道路规划设计和绿化规划设计三大块内容。

（1）建筑规划设计

建筑规划设计是房地产开发项目规划设计的核心内容。

1）建筑类型的选择。建筑类型直接影响房地产项目投资和经营效益，也影响城市用地和城市面貌。因此，建筑类型的选择要在满足城市规划要求的同时，综合考虑项目自身的技术经济条件，决定具体的建筑物类型，如在住宅项目的挑选过程中是选择超高层、多层还是别墅群建筑等。

2）建筑布局。建筑布局受到容积率和建设用地面积的限制，容积率是居住区规划设计中主要的技术经济指标之一。规划建设用地面积是指允许建设的用地范围，其居住区外围的城市道路、公共绿地、城市停车场等均不包含在内。

建筑布局要考虑容积率。容积率高，说明单位建设用地内房子建得多，人口密度相对较大。一般说来楼层越高，容积率也越高。比如多层住宅的容积率一般为1.2～1.5，而高层住宅居住区的容积率一般都会大于2。在房地产开发建设中，为了取得更高的经济效益，房地产开发企业会尽可能地提高建筑高度，以争取更高的容积率。但容积率过高，会出现楼房高、道路窄、建筑密、绿地少等情形，将极大地影响居住区的生活环境与质量。

建筑布局还应考虑日照间距。如果住宅的日照间距不够，一些住宅的低层就不能获得足够的日照。在房地产项目规划中，应使住宅布局科学合理、日照充分。为保证每户都能获得规定的日照时间和日照质量，要求各个住宅楼之间保持一定距离，也就是要保持一定的日照间距。

3）配套公建。居住区内配套的公建设施是否足够、方便，是衡量居住区品质的一项重要标准。在人口较多的居住小区内，应该设有小学，且住宅与小学校园的距离不能过远，一般应在300m左右。如菜市场、便利店、小超市等居民使用频繁的配套公建，服务半径一般不要超过200m。

4）居住建筑的规划布置原则。

① 人口规模适当。多层住宅组团以500户左右为宜，高层住宅的组团户数可多一些。住宅组团的公共服务设施的服务半径以100m左右为宜。

② 日照充分。住宅应尽量南北向布置，应保证住宅之间足够的日照间距，尽量减少遮挡。

③ 通风良好。住宅布置应保证夏季有良好的通风，冬季则防止冷风直接灌入。住宅布置还应有利于住宅内部气候条件的改善。

④ 美观舒适。住宅区要有一定的绿化面积，多布置建筑景观，开辟适合儿童及老人的健身休息娱乐场所，创造优美的居住环境。

⑤ 安静整洁。住宅区级道路只为住宅区内部服务。排放污染物的建筑如饭店、锅炉房等，不应紧靠住宅群。垃圾站要与住宅楼要保持较远的距离。

5）居住建筑的布置形式。居住建筑群体平面组合的基本形式有以下几种：

① 行列式，即按一定的朝向和间距成排布置住宅建筑。大部分居住建筑群体是南北向重复排列，其优点是每户都有好的朝向，施工较方便，但形成的空间比较单调。

② 周边式，即沿街坊或院落周围布置住宅建筑。其优点是内庭院有封闭的空间感，比较安静，土地利用率高，但会有部分住宅的通风及朝向均较差。

③ 混合式，即采用行列式和周边式结合的方法布置住宅建筑，可以取两种形式之长，形成半敞开式的住宅院落，是较理想的布置形式。

④ 自由式，即结合建设用地的地形地貌特点及周围条件，自由灵活地布置住宅建筑，以获得较大的绿化、活动空间，同时有利于取得良好的日照和通风效果。

（2）道路规划设计

房地产项目道路是城市道路系统的组成部分，不仅要满足房地产项目内部的功能要求，而且要与城市总体取得有机的联系。

1）房地产项目道路功能。满足居民日常生活方面的交通活动需要，如职工上下班、学生上下学、购物及其他活动需要。一般以步行或骑自行车为主，同时要有汽车道，满足居民私人汽车进出。

方便市政公用车辆的通行和货运需要，如邮电传递，消防、救护车辆的通行，家具的搬运，垃圾的清除及偶尔街道、工厂货运交通的需要等。

2）道路规划内容。

① 房地产项目道路主要为住宅区内部服务，以保证房地产项目内居民的安全和安宁。

② 住宅区内部不应有过多的车道出口通向城市干道，两出口间距不小于 150m。

③ 住宅区道路走向应符合人流方向，方便居民出入。住宅区与公交车站的距离不宜大于 500m。

④ 住宅区尽端式道路长度不宜超过 200m，在尽端处应留有回车空间。

⑤ 住宅单元楼入口到最近车行道之间的距离一般不宜超过 60m，如果超出，宅前小路就应放宽到 2. 6m 以上，以便必须入内的车辆通行。建筑物外墙与行人道边缘距离应不小于 1. 5m，与车行道边缘应不小于 3m。

⑥ 住宅区道路应结合地形布置，尽可能结合自然分水线和汇水线设计，以利于排水和减少土石方工程量。在旧住宅区改造时，应充分利用原有道路系统及其他设施。

（3）绿化规划设计

绿化可以提升房地产项目档次、树立楼盘形象，所以绿化规划设计越来越受到开发商的高度重视。

1）房地产项目绿化系统的分类。房地产项目绿化起到遮阳、通风、防尘、隔噪声等作用，一般分为以下四类：

① 公共绿地，包括房地产项目公园、居住小区公园、住宅组群的小块绿地。

② 公共建筑和公共设施绿地，如商务会所、社区商店周围的绿地。

③ 住宅旁绿化和庭院绿地。

④ 道路绿化，在干道、小路两旁种植的乔木或灌木丛。

2）房地产项目绿化的布置内容。房地产项目绿化的布置内容主要有以下三项：

① 依地形绿化，美化和丰富环境，要充分利用自然地形和现状条件，尽可能利用劣地、坡地、洼地等不利建设的用地作为绿化用地，节约用地，化不利因素为有利因素。

② 合理选种和配置绿化品种，花草结合，常绿树与落叶树结合，力求四季常青，以提高居住环境的品质，提高物业品质。

③ 形成完整绿化系统，应根据功能和使用要求，采取重点与一般结合的原则进行布置，形成系统，并与周围的城市绿化相协调。

4.2.2 房地产开发项目工程勘察设计

1. 项目勘察设计概述

勘察设计是工程建设的重要环节，科学有效的勘察设计不仅能提升建设工程的投资效益和质量安全，还能对城市建设的发展产生重大影响。

勘察分为可行性研究、初勘、定测和补充定测四个阶段，每个勘察阶段都有其目的。先确定建筑建设的可行性，然后对地质水文的情况做初步勘察，最后通过详勘，掌握各地层岩土情况，通过试验来确定地基承载力，从而选取合适的基础形式和施工方法。

工程设计是指在可行性研究确定项目可行的基础上，对项目工程建设的具体工程技术和经济问题进行解决。在进行勘察设计工作时，必须遵循国家颁布的《建筑工程勘察设计管理条例》等现行有关规章制度。从事建设工程勘察设计的单位应当依法取得相应等级的资质证书，并在其资质等级许可的范围内承接项目工程勘察设计业务。建设工程勘察设计的发包方与承包方应按照国家规定的建设工程勘察设计程序，签订建筑工程勘察设计合同。在工程勘察设计时，要坚持先勘察、后设计、再施工的原则。勘察单位要仔细勘察，设计单位则要精心设计，树立质量第一的项目工程建设观念。

2. 项目勘察设计的管理[⊖]

建设项目工程勘察是指根据建设工程的要求，查明、分析、评价建设场地的地质地理环境特征和岩土工程条件，编制建设工程勘察文件的活动。建设项目工程设计是指根据建设工程的要求，对建设工程所需的技术、经济、资源、环境等条件进行综合分析、论证，编制建设工程设计文件的活动。

（1）勘察设计单位的资质管理

我国对从事建设工程勘察、设计活动的单位，实行资质管理制度。工程勘察设计资质按承担不同业务范围一般分为甲、乙、丙、丁四个等级。国务院有关部门和县级以上人民政府建设行政主管部门，对持证单位的资质实行资质年检制度，建设工程勘察、设计单位应当在其资质等级许可的范围内承接建设工程勘察、设计业务。

禁止建设工程勘察、设计单位超越其资质等级许可的范围或者以其他建设工程勘察、设计单位的名义承揽建设工程勘察、设计业务。禁止建设工程勘察、设计单位允许其他单位或者个人以本单位的名义承揽建设工程勘察、设计业务。

⊖ 参见《建设工程勘察设计管理条例（2017）》。

(2) 勘察设计市场的管理

我国对勘察设计行业实行从业单位资质、个人执业资格准入管理制度。

1) 勘察设计的委托。发包方可以将整个建设工程的勘察、设计发包给一个勘察、设计单位，也可以将其分别发包给几个勘察、设计单位。发包方不得将建设工程勘察、设计业务发包给不具有相应勘察、设计资质等级的建设工程勘察、设计单位。除建设工程主体部分的勘察、设计外，经发包方书面同意，承包方可以将建设工程其他部分的勘察、设计再分包给其他具有相应资质等级的建设工程勘察、设计单位。建设工程勘察、设计单位不得将所承包的建设工程勘察、设计转包。

2) 勘察设计业务的承接。承包方必须在建设工程勘察设计资质证书规定的资质等级和业务范围内承揽建设工程的勘察、设计业务。具有乙级及以上勘察设计资质的承接方可以在全国范围内承接勘察设计业务，在异地承接勘察设计业务时，须到项目所在地的建设行政主管部门备案。

(3) 建设工程勘察设计的监督管理

国务院建设行政主管部门对全国的建设工程勘察、设计活动实施统一监督管理。国务院铁路、交通、水利等有关部门按照国务院规定的职责分工，负责对全国的有关专业建设工程勘察、设计活动的监督管理。

县级以上地方人民政府建设行政主管部门对本行政区域内的建设工程勘察、设计活动实施监督管理。县级以上地方人民政府交通、水利等有关部门在各自的职责范围内，负责对本行政区域内的有关专业建设工程勘察、设计活动的监督管理。

3. 项目勘察设计的目的

(1) 工程勘察的目的、内容和质量要求

项目勘察主要是对地形地貌、地质特点及水文等状况进行测绘、勘探和测试。工程勘察的目的是为项目建设单位及设计单位提供地质、水文、地震等勘察文件，以满足建设工程规划设计、施工等需要。

一般情况下，对于工程勘察的内容，由工程设计单位提出勘察范围与要求，由勘察单位组织完成，工程勘察的主要内容见表 4-1。

表 4-1 工程勘察的主要内容

工程勘察的主要内容	水文泥沙调查和洪水分析
	地形测量、陆地摄影、航测成图
	区域构造稳定和地震危险性调查分析
	卫生照片和航测照片、遥感资料的地质解释
	各种比例的区域和现场地质测绘
	综合物探调查、测试
	水文地质调查测试和地下水动态观测
	钻探、坑探、槽探、井探
	天然建筑材料调查、勘探和试验
	建筑物地基、边坡和地下洞室围岩等的现场测试

勘察单位要确保其勘察成果符合国家标准、规范、规程，勘察单位要加强对收集原始资料、现场勘察、编制勘察纲要以及勘察成果资料整理等环节的进行控制把关。此外，勘察单位还应做好后期服务工作，参加工程质量检验工作，参与工程质量事故调查，并能提出技术处理方案。

（2）工程设计的目的和作用

工程设计是对拟建工程的生产工艺流程、设备设施、建筑物外形、结构和空间布置、建筑群的组合以及与周围环境的相互联系等方面提出设想，并直接体现于设计图和文件上的技术经济工作。其主要目的是解决进行建设的具体工程技术和经济问题。项目设计的作用如下：

1）实现先进技术与生产建设相结合。

2）建设项目的使用价值与价值的有机结合。

3）作为安排建设计划、设备的采购安装和组织施工的依据。

4）作为编制招标标底及投资控制的依据。

5）设计阶段的项目费用估算，将使房地产开发企业确定项目建设所需的费用，可作为其筹措资金和进行成本控制的依据。

4. 建设工程的设计阶段划分及主要内容

设计单位应当根据建设工程勘察结果进行建设工程设计。设计成果应当符合国家规定的设计要求，并注明工程的合理使用年限。在我国，一般将中小型工程分为“初步设计”和“施工图设计”两个阶段；大型工程或需要较高较难技术的工程分为“方案设计”“初步设计”和“施工图设计”三个阶段。设计方案应征询环保、人防、消防、自来水、市政、供电、煤气、绿化、电信等部门的意见，且与城市规划管理部门协商，获得规划部门许可。工程设计各个阶段的主要内容及深度要求见表4-2。

表4-2　工程设计各个阶段的主要内容及深度要求

阶　段	主要内容	深度要求
方案设计	由咨询单位对可行性研究提出意见和问题，经与建设单位协商认可后提出的具体开展建设的设计文件。设计文件应能反映建筑平面布局、功能分区、立面造型、空间尺度、建筑结构、环境关系等方面内容	应当满足编制初步设计文件和控制概算的需要
初步设计	在方案设计的基础上，提出设计标准、基础形式、结构方案及各个专业的设计方案	应当满足编制施工招标文件、主要设备材料订货和编制施工图设计文件的需要，是下一阶段施工图设计的基础 设计方案的选择和确定；主要设备、材料订货；土地征收；基本建设投资控制
施工图设计	标明工程各构成部分的尺寸、布置和主要施工方法，绘制详细的建筑安装详图（包括建设项目部分工程的详图、零部件结构明细表、验收标准、方法、施工图预算）及必要的文字说明	应当满足设备材料采购、非标准设备制作和施工的需要，并注明建筑工程的合理使用年限

5. 建设工程项目设计的实施步骤

（1）初步设计的工作程序

初步设计的一般工作程序如下：

1）准备。由项目经理会同勘察设计的负责人，研究设计依据的文件。弄清项目目标、设计范围、工作条件特点，确定工作阶段，指定勘察设计经理人选，确定项目的范围和内容。由设计经理与各个专业设计人员组成项目组。在认真研读设计相关的政策文件和分析项目基础资料的基础上，提出需要补充与核实的基础资料任务书，估算费用，报项目经理，安排计划进度，同时委托勘察部门进行工程勘察。

2）确定设计原则。首先，由项目经理组织各个专业设计负责人在详细了解建设单位意见的基础上，考虑项目所在地的法律、法规、标准，并参考类似项目的设计文件，编制设计原则，经项目经理批准执行。其次，在明确设计原则之后，还要进行必要的设计协调工作。最后，由项目经理主持召开会议，审查、核实本项目的设计工作准备情况，正式宣布开始设计方案的拟订。

3）工程项目设计方案拟订。本阶段是工程项目设计的最为关键的环节，也是最主要的工作内容。

首先，要进行方案构思。通过调查研究，进行必要的分析和计算，绘制方案图，得出正确的分析结论。其次，要进行方案评价，得到推荐方案。再次，要进行定案，项目经理召集有关人员进行研讨、分析、方案修正，最终得出最为科学合理的设计方案。最后，要进行费用估算。费用估算应按现行不同行业的概算定额进行编制。其主要依据是技术图和设备清单。

4）设计制图。设计制图阶段是设计成果基本成形的阶段，设计人员要在对设计方案充分理解的基础上，统筹安排设计图的数量和顺序，充分表达设计思想与意图。

5）初步设计审查。基本设计的审查是保证设计成果质量的有效手段。审查时，应从整体出发，把项目的规模、宏观布局、系统方案、主要参数等宏观内容作为审查重点，确保获得高质量高水平的工程设计方案。

6）编写设计说明书。初步设计说明书主要是要体现建设单位的设计要求、自己的设计理念与思想。

7）文件汇总编制。由设计经理负责制订工程设计综合进度计划，定出综合归口和会签日期、进行成品审查以及出版设计。

8）文件出版及初步设计结束。

（2）施工图设计的工作程序

施工图设计的一般工作程序如下：

1）准备。首先，要明确研究任务、组织人员。由项目经理组织设计经理、施工经理等负责人认真研究设计的依据文件，明确项目目标、项目特点、设计范围以及施工现场等条件，确定项目划分结构与项目编码，并确定设计阶段的工作进度。

其次，由设计经理负责组织各个专业设计负责人弄清各个专业的设计范围和技术要求，提出需要补充与核实基础资料的任务书、估算费用，报项目经理安排计划执行。

再次，由项目经理组织各个专业设计负责人编制施工图卷册目录。设计经理与项目经理协商确定施工图各卷册的提交进度。根据这个进度，设计经理组织各个专业设计人员制订每个卷册的设计审核、出版进度计划，各专业间交换资料的内容和日期，这就是详细设计的综合进度。

最后，召开开工会议。设计经理召集设计人员下达设计任务计划。

2）制定设计原则。施工图设计不得对初步设计进行随意修改，施工设计的工程预算原则上不得超出初步设计预算。建议修改初步设计方案时，必须由设计部门提出因变更引起的工程量和费用的变化，经原设计审批的主管部门批准后方可修改设计和工程概预算。

3）制定设计大纲和总体框架设计。制定设计大纲可以有效提高设计效率、保证设计质量，是工程设计中的一个重要方法和重要环节。大纲的内容根据不同性质的工程、不同类型的专业而定。一般要确定设计的配合进度、设计范围、设计深度、设计标准、设计主要参数、技术条件、控制措施等。

总体框架设计包括平面总体布置和空间组合设想。平面总体布置要确定工程项目各项内容之间的相互关系、位置尺寸、管道布局、进出通道等宏观控制问题。空间组合设想要依据功能分区、建筑式样与立面的协调、建筑体量的组合与外部环境的融合等因素，综合考虑工程建筑的总体空间组合。

4）施工设计。详细设计要在总体框架设计的控制与指导下进行，详细设计是对工程项目总体设计的深入与完善。在本阶段，设计人员应在充分理解总体框架设计的基础上，按单项工程进行设计，包括设计绘图和工程计算。

5）完善总图设计。首先汇集各个单项工程设计内容，然后画出综合性总图的各个部位大样。综合性总图不仅要体现各专业总图的内容，还要指导进行各个专业总图的完善。总图设计有平面设计和竖向设计两个内容，要将二者结合起来，将平面和竖向设计相融合，处理好工程项目内外部的关系。

6）设计的审查。与初步设计的审查内容相近。

7）施工图设计预算。施工图设计预算的主要依据是各卷册图样资料、工程量表和各种费用。

8）文件汇总编制。与初步设计的文件汇总编制内容相近。

9）文件出版与施工图设计结束。

10）施工图设计后的服务。设计单位在施工图设计结束后并未完全完成自己的任务，其还要为项目建设施工单位以及项目施工监理单位提供一定的服务。

6. 建设工程项目设计的质量要求

根据《关于加强勘察设计质量工作的通知》（建设〔1999〕176 号）中相关规定，建设工程项目设计的质量要求如下。

1）设计单位要确保其设计成果符合国家标准规范，特别是要严格执行国家强制性标准规范，以保证建筑工程的质量安全、经济适用、环境保护、节约能耗等方面的要求。

2）设计文件中选用的材料、构配件和设备，应注明规格、型号、性能等技术指标，其质量要求必须符合国家规定的标准。

3）设计单位应认真做好后期服务工作，参加设计文件交底，积极配合解决施工中出现的设计问题，参与工程重要部位的验收（主体结构及隐蔽工程），特殊工程要派设计代表配合施工。对出现质量事故的工程，设计单位应及时参加工程质量事故调查，并提出技术处理方案。

4）设计单位要对设计质量承担相应的经济责任和法律责任。设计单位内部要建立严格的质量责任制度，明确各自的质量责任。单位的法定代表人、技术总负责人、项目负责人、注册执业人员和勘察设计人员，要按各自的职责对其经手的建设工程的设计在工程寿命期限和法律追诉期限内承担终身质量责任，并承担相应的行政、经济和法律责任。

5）勘察设计单位要加强技术档案的管理工作，设计的依据性文件、设计图和计算书各级校审记录、设计修改、有关主要技术质量问题的书面文件、函件等应归档齐全。

6）建立健全勘察设计文件审查制度，确保勘察设计的质量。对于工程设计中涉及公众利益、结构安全性以及国家政策规定的其他内容，要逐步开展政府的审查工作，即由政府设计主管部门组织设计审查，或认定授权有资格的、权威的勘察设计单位承担勘察设计审查工作，实行有偿服务。

7）建设行政主管部门要继续推行设计质量监督检查制度。要会同有关专业部门定期或不定期地对设计单位的质量体系建设和设计文件质量进行抽查，并将检查结果与单位的资格动态管理挂钩，对存在严重问题的单位要依法加大处罚力度，通过媒体定期向社会公布检查和处理结果。

8）建立勘察设计质量事故报告制度。国家和地方建设行政主管部门及有关专业部门要成立建设工程勘察设计质量鉴定专业委员会并批准一批事故鉴定机构，为处理质量纠纷和判定质量事故的责任提供客观、公正和权威的技术认定。

7. 建设工程项目的立项审批

根据国家有关规定，经营性项目总投资在 5000 万元以上，非经营性项目总投资在 3000 万元以上的，需编报项目建议书、可行性研究报告、初步设计。项目建议书及可行性研究报告初审后，由主管部门报国家发改委审批立项，初步设计由国家发改委或主管部门审批。

经营性项目总投资在 5000 万元以下（不含 5000 万元）的，非经营性项目总投资在 3000 万元以下（不含 3000 万元）的，需编报可行性研究报告和初步设计，均由行业主管部门审批。对于投资额较小的单项新建或扩建工程，可向主管部门提出建设必要性的投资估算报告，直接编报项目初步设计，具体投资限额由行业主管部门确定。

4.2.3 房地产开发项目规划设计方案评价

1. 房地产开发项目规划设计方案评价的特点

（1）评价主体的多元性

房地产开发项目规划设计方案的评价主体除开发商本身以外，还涉及使用者、管理者、设计者和施工者。不同的评价主体，对方案的评价目标与标准是不一样的，会导致不同的评价结果。

1）使用者。在众多的评价者中，最主要的是使用者，这主要是因为开发项目欲获得较好的经济效益，必须要得到使用者的认可。因此，使用者对开发项目的意见是极为重要的。

2）城市规划管理部门。城市规划管理部门从城市社会公众利益出发，以项目开发建设必须服从城市总体规划为原则，尽可能考虑到项目自身的特点，对设计方案进行评价。其通过行政审批认可后，项目才能建设实施。因此，城市规划管理部门对开发项目的评价意见也至关重要。

3）设计者和施工者。设计者和施工者对设计方案的理解和看法也是不容忽视的，前者通过构思，从建设项目的实用性、经济性和美观性等方面表达建设单位的意图；后者从建设实施的角度对开发项目实施的可行性、功效等进行评价，这二者都直接影响建设项目的最终收益。因此，他们也是重要的评价者。

（2）评价目标的多样性

开发项目规划设计的目标不是单一的，而是多样的。在评价规划设计方案时，不能单一地把经济目标作为评价的标准，而是要将社会效益和环境效益也考虑进去，以综合效益作为方案优劣的评价标准。

1）效益的综合性。由于城市中存在着广泛的外部性，因而城市中各项开发建设活动客观上会对城市社会产生影响。为了提高房地产开发活动的外在效益和减少其外在成本，城市规划管理部门必须在考虑项目建设的经济效益的同时，保证建设项目开发利用的社会效益和环境效益。

2）多目标密切相关。开发项目的经济效益、社会效益和环境效益三者之间有着密切的关系，既有矛盾的一面，也有统一的一面。

（3）评价结论的不确定性

1）评价者的主观性。房地产开发项目规划设计方案标准的评价指标体系中，有很多指标难以定量描述，只能根据主观判断来确定。评价者由于经验、价值观和专业水平存在着差异，往往对同一个方案，不同的评价者得出的评价结论也不一样。

2）项目未来情况的不确定性。对规划设计方案的评价，实际上是对方案实施后所取得的效益进行评价，由于设计方案未经实施，因而对未来情况难以准确描述，只能通过评价者对规划设计的图样模型等来进行分析、设想，从而做出主观判断。因此很难保证这种预测性的判断是否准确。

2. 房地产开发项目规划设计方案评价指标体系

居住小区开发项目规划设计方案的评价指标体系可分为用地面积指标和主要技术经济指标。

（1）用地面积指标

建设用地面积是指小区内房屋建筑、公共建筑、道路和绿化等所占的土地面积。可以通过小区用地平衡表，分析各类用地所占的比例，从而评价土地资源利用的合理性和经济性。

（2）主要技术经济指标

1）住宅平均层数，它是指各种住宅层数的平均值，按各种层数住宅的建筑面积与占地面积之比计算。

2）住宅建筑净密度，它是指住宅建筑基底总面积与住宅用地面积之比。

3）人口净密度，它是指每公顷居住用地上所容纳的居住人数。

4）平均每人、每户居住用地面积，它是指居住建筑用地面积与居住总人数（或总户数）之比。

5）建筑密度，它是指项目用地范围内所有基底面积之和与规划建设用地面积之比。

6）容积率，它是指单位开发用地上建造的建筑面积。

7）绿化覆盖率，它是指在建设用地范围内全部绿化种植物水平投影面积之和与建设用地面积的比率（%）。

8）人均公共绿地面积，它是指住宅区内平均每人占有的公共绿地面积。

9）工程造价，包括工程总造价以及每户、每平方米建筑面积的综合造价。

3. 房地产开发项目规划设计方案评价方法

对房地产开发项目规划设计方案的评价，首先，要明确评价目标；其次，确定评价内容和指标；再次，选择合适的评价方法，对方案进行分析和评价；最后，通过比较分析，判断并选择最佳方案。

在规划设计方案评价过程中，所涉及的评价标准有两类：相对标准和绝对标准。前者是在不同方案之间进行相互比较，后者是以国家规定的定额指标和规划管理部门提出的规划设计要点作为评价依据。

开发项目规划设计方案评价是一种综合评价，即追求多目标综合效果的评价。这与侧重于项目经济上是否可行的可行性研究阶段对开发项目进行的评价有着较大的区别，在规划设计阶段对开发项目的评价，一方面，根据可行性研究的结果，审查开发项目规划设计的技术经济指标是否合理；另一方面，对开发项目的社会效益和环境效益也要进行评价。对规划设计方案的综合评价通常采用综合评分法、层次分析法等定量分析方法。

4.3 房地产开发项目报建管理

4.3.1 房地产开发项目报建流程

房地产开发项目报建是指在原规划设计方案的基础上，房地产开发企业委托规划设计单位提出各个单体建筑的设计方案并对其布局进行定位，对开发项目用地范围内的道路和各类工程管线做更深入设计，使其达到施工要求，并提交有关部门审批的过程。用于报建的建筑设计方案经城市规划、消防、抗震、人防、环卫等管理部门审查通过后，可以进一步编制项目的施工图和技术文件，再报城市规划管理门及有关专业管理部门审批。

房地产开发项目报建的流程如图 4-1 所示。

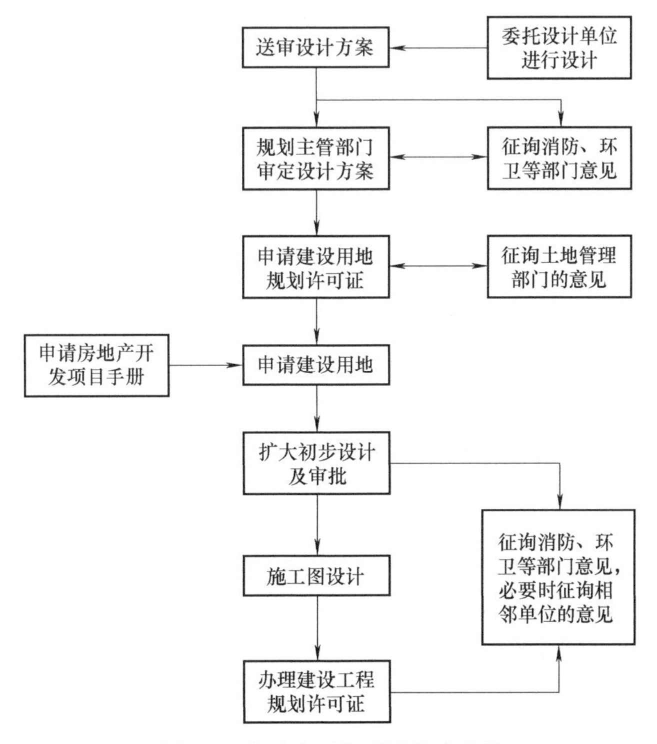

图 4-1 房地产开发项目报建流程

4.3.2 建设工程规划许可证的审批流程

建设工程规划许可证是由城市规划行政主管部门核发的，用于确认建设工程是否符合城市规划要求的法律凭证。建设单位或者个人凡在城市规划区内的各项建设活动，无论是永久性，还是临时性的，都必须向城市规划行政主管部门提出申请，由城市规划行政主管部门审查批准。在取得建设工程规划许可证后，方可进行后续的开发建设工作。工程规划许可证的审批流程包括以下内容：

1. 建设工程规划许可证申请

建设单位应当持设计任务书、建设用地规划许可证和土地使用权证等有关批准文件，向城市规划行政主管部门提出建设工程规划许可证核发申请。城市规划行政主管部门对建设单位提交的申请进行审查，确定建设工程涉及其他相关主管部门的，则应根据实际情况和需要，征询有关行政主管部门的意见。

2. 初步审查

城市规划行政主管部门受理申请后，应对建设工程的性质、规模、建设地点等是否符合城市规划要求进行审查，需向环境保护、环境卫生、交通、通信等有关部门征求意见，以便使规划更加合理完善。

（1）核发规划设计要点意见书

城市规划行政主管部门根据申请的审查结果和项目所在地段详细规划的要求，向建设单位或个人核发规划设计要点意见书，提出相关规划设计限制要求。建设单位或者个人按照规划设计要点意见书的要求，委托设计部门进行方案的设计工作。

（2）方案审查

建设单位根据规划设计要点意见书完成方案设计后，应将设计方案（至少两个）的有关图样、模型及文件报送城市规划行政主管部门。城市规划行政主管部门对每个方案的总平面布置，工程周围环境关系和个体设计质量、造型等要素进行审查比较后，将核发设计方案通知书，并提出规划修改意见。建设单位据此委托设计单位进行施工图设计。

（3）核发建设工程规划许可证

建设单位按照设计方案通知书的要求完成施工图设计后，将注明勘察设计证号的初步设计文件报城市规划行政主管部门审查，经审查批准后，将核发建设工程规划许可证。

4.4 房地产开发项目招标投标

4.4.1 房地产开发项目招标投标概述

房地产开发项目招标是指房地产开发企业将开发项目的工程可行性研究内容、监理、勘察设计、建设项目施工等业务的要求，编制成招标文件，通过发布招标广告或向承包企业发出招标通知的形式，吸引有能力的承包企业参加投标竞争，直至签订相应工程合同的全过程。房地产开发投标是指承包企业在获得招标信息后，根据房地产开发企业招标文件提出的各项条件和要求，结合自身能力，提出自己愿意承包工程的条件和报价，供房地产开发企业选择，直至签订工程承包合同的全过程。可以说，房地产开发招标和投标是同一项房地产开发业务中密不可分的两个部分。

1. 房地产开发项目招标投标的作用

（1）有利于建设市场的法制化和规范化

从法律意义上说，房地产开发项目的招标投标是招标投标双方按照法定程序进行交易的法律行为，因此招标投标双方的交易行为都会受到相关法律的约束。房地产开发建设市场在招标投标行为的推动下将更加规范合理。

（2）使工程造价更趋合理

房地产开发招标投标活动最明显的特点是竞标人之间的竞争，特别是其中的价格竞争，最终导致工程造价趋于合理的水平。

（3）有效控制房地产开发投资

在房地产开发活动中，不同投标人的个别投入产出比水平是不一样的，但为了竞得项目并在市场中取胜，降低投入产出比水平就成为市场取胜的重要途径。因此，投标人必然要努力提高自身劳动生产率，降低个别投入产出比水平，进而推动整个社会的房地产开发项目劳动生产率的提高、平均投入产出比水平下降，使得房地产开发项目投资得到进一步的控制。

（4）促进行业技术进步和管理水平提高

投标竞争中最激烈竞争实质上是整个竞标团队的人员素质、技术装备、技术水平和管理水平的全面竞争。投标人要在竞争中取胜，就必须在自身技术、实力、业绩、声誉等方面展现出优势。因此，竞争迫使竞标单位采用新技术，加强对企业和项目的管理，从而促进全行业的技术进步和管理水平的提高。

2. 房地产开发项目招标投标原则

（1）公开原则

房地产开发项目招标投标活动中所遵循的公开原则要求招标活动信息公开、开标活动公开、评标标准公开、中标结果公开。

（2）公平原则

房地产开发项目招标人要给所有的竞标人平等的竞争机会，比如相同的信息量、同等的投标资格要求，平等的评标条件。招标文件中所列合同条件的权利和义务要对等，要体现承发包双方的平等地位。

（3）公正原则

招标人在执行开标程序、评标委员会在执行评标标准时都要严格照章办事、尺度相同，不能厚此薄彼。

（4）诚实信用原则

房地产开发项目招投标双方都要诚实守信，不得有欺诈、失信的行为。招标人不得搞虚假招标，也不得在招标中损害承包人的利益。投标人不能编造虚假的资质、虚假的信息来进行投标，投标文件中所有信息都要真实。合同签订后，任何一方都要严格、认真地履行。

3. 房地产开发项目招标方式

（1）公开招标

房地产开发项目公开招标是指招标人以招标公告的方式邀请不特定的法人或者其他组织

进行投标。招标的公告必须在国家指定的报刊、信息网络或者其他媒介发布。招标公告应当标明招标人的名称、地址、招标项目的性质、数量、实施的地点和时间，以及获得招标文件的办法等事项。如果要进行投标资格预审，则在招标公告中还应标明资格预审的主要内容及申请投标资格预审的办法。

公开招标的优点是：招标人有较大的选择范围，可在众多的投标人中选到报价合理、技术可靠、声誉良好的中标人。其缺点是：资格审查及评标的工作量巨大、耗时长、成本高，同时参加竞争的投标者越多，每个参加者中标的机会越小，风险越大，损失也就越多。

（2）邀请招标

房地产开发项目邀请招标是指招标人以投标邀请书的方式邀请特定的法人或者其他组织进行投标。投标邀请书上需要标明招标人的名称、地址、招标项目性质、数量、实施地点和时间，以及获取招标文件的办法等内容。房地产开发招标人采取邀请招标方式的，应邀请至少三个具备承担招标项目的能力且资信良好的潜在投标人投标。邀请招标虽然能保证最后中标人具有可靠的资信和完成任务的能力，能保证合同的履行，但由于受招标人自身的条件限制，不可能对所有的潜在招标人都了解，可能会失去在技术上、报价上更有竞争力的投标人。

4.4.2 房地产开发项目建设监理招标投标

项目法人一般通过招标方式择优选定监理单位，对房地产开发工程建设监理试行招标，有助于房地产开发企业获得高质量的监理服务。

1. 工程建设监理招标类型

房地产开发建设监理招标，按照招标项目的范围可分为全过程监理招标、设计监理招标和施工监理招标。

（1）全过程监理招标

全过程监理招标是指从房地产开发项目立项开始到建成交付的全过程的监理。这对投标人的要求较高，不仅要有会设计、懂施工的监理人才，还要有能从事房地产开发建设前期服务的高级咨询人才。通常所说的全过程监理招标一般是指从设计开始到竣工交付过程中的监理招标。

（2）设计监理招标

招标人仅将房地产开发项目设计阶段的监理服务发包，设计监理投标人一般要求有设计方面的背景或特长。若业主对设计监理服务满意，则设计监理中标人在完成设计监理任务后也可被邀请参加施工监理投标。

（3）施工监理招标

施工监理是我国在推行建设监理制度过程中实施最早且最为普遍的监理工作，施工监理招标在建设监理招标中也是最早开始的。

2. 工程建设监理招标文件的编制

（1）工程建设监理招标文件的主要内容

为了指导投标人正确编制投标文件，招标人编制的招标文件应包括以下内容和资料：投标人须知（包括答疑、投标、开标的时间、地点以及规定投标有效期），投标书编写及封装要求，招标文件、投标文件澄清与修改的时限规定等；工程项目简介包括项目名称、地点和规模、工程等级、总投资、现场条件、计划开工和竣工日期等；委托监理任务的范围和工作任务大纲；合同条件；评标原则、标准和方法；招标人可向监理人提供的条件，包括办公、住宿、生活、交通、通信条件等；监理投标报价方式及费用构成；项目的有关资料；投标书用的表格等。

(2) 工程建设监理招标文件编制要点

监理招标文件编制的重点工作是编写监理任务大纲，拟定主要合同条件，确定评标原则、评标标准和方法。

监理任务大纲是监理投标单位制订监理规划、确定监理报价的依据，其主要内容有监理工作纲要和目标，总监理工程师及监理人员，监理工作计划，投资、进度、质量控制方法，合同管理和信息管理方法，监理工作报告等。

监理任务包括监理内容和目标。监理内容是在监理过程中的具体工作，如协助业主进行设计、施工招标、确定分包商、审批设计变更、审批工程进度、工程合同款支付签证、主持质量事故鉴定与处理等；监理目标主要是投资目标、工期目标和质量目标；此外，还包括业主授权，主要是指审批设计变更、停复工令、采购及支付等权利。

监理合同条件一般采用监理合同标准文本内容。

评标原则除应遵循客观、公平、公正、科学等评标的最基本原则外，主要依据招标的目标确定。监理招标的标的是“监理服务”，是受招标人的委托对房地产开发项目的建设过程提供监督、管理、协调、咨询等服务，因此招标人选择中标人的原则是“基于能力的选择”，但依据招标项目的不同、投标人的不同，可以有不同的评标原则，如选择最优秀的监理中标人，选择取费最低的监理中标人，或在监理能力和监理费用中取得平衡的最合适的监理中标人。

评价标准就是体现投标人的能力和报价的一种综合，使招标人能在投标人的能力和报价中取得一种平衡。确定评价标准之前必须先有评价指标或评价的内容，评价指标应包括投标人的能力、投标人承诺在本监理项目上的投入及监理报价三个方面的内容。

常用的评标方法是评议法、综合评分法及最低评标价法。评议法是由评标委员会成员集体讨论达成一致或进行表决，取多数来确定中标人的方法。当监理项目较小、技术难度及复杂程度低而投标人特点明确时，可采用此法。综合评分法是由评标委员会对各投标人满足评价指标的程度给出评分，在考虑预先确定的各个指标相对的权重得到的综合分，比较各投标人的得分高低选定中标人或中标候选人。最低评标价法是以价格为主要因素确定中标供应商的评标方法，即在全部满足招标文件实质性要求的前提下，依据统一的价格要素评定最低报价，以提出最低报价的投标人作为中标候选人或中标人的评标方法。当招标的监理项目小、技术含量低、施工简单，而监理投标人的资信能力旗鼓相当时，选用最低评标价法。

3. 工程建设监理投标的关键事项

1）了解招标项目及招标人，决定是否投标。一般正常的监理项目招标应在设计招标或施工招标之前。如果项目的资金并未到位，实施与否很难确定，如果投标人有足够的在手监理项目，就不应该参加该项目的投标。

2）认真研究招标文件，明确监理任务和目标。在研究招标文件的同时，还要对项目现场进行必要的踏勘，以便编写监理规划和计算报价。

3）确定项目的监理班子。这是完成监理任务实现监理目标的关键。

4）编写切实可行且行之有效的监理规划。监理规划是监理工作的指南，是项目监理部的纲领性文件，体现监理工作计划、工作方法、监理水平和投入程度，是对招标人的承诺保证。

5）准备投标答辩。

6）填写投标表格，准备有关材料封装递送。

4. 工程建设监理招标的开标、评标与定标

（1）工程建设监理招标开标

工程建设监理招标开标应按招标文件规定的时间、地点进行，必要时应邀请公证部门对开标进行公证。开标时招标单位代表应先与投标人代表共同检查投标文件的密封完整性，并签字确认。由招标单位根据招标文件要求，启封核查投标人提交的竞标资料，并审查投标文件的完整性、文件的签署、投标保证金等，对于已经提交了撤回通知和未在截止时间之前送达的投标文件不予启封。开标时应做好开标记录，并请公证人签字确认。开标后，应该按照招标文件规定的方法由评标委员会进行秘密评标。

（2）工程建设监理招标评标

工程建设监理招标评标由评标委员会按照招标文件中规定的评标方法和标准进行评定，主要工作有：符合性审查；评委阅读标书、组织答辩；评审。

由评标委员会对监理单位所投的有效标书进行监理规划和总监理工程师答辩、监理组织机构和人员、监理报价及监理单位的社会信誉、资质等级、监理经验等方面的分析、研究和比较，选择其中较优者为中标监理单位。评标委员会可选用评议法、综合评分法或最低评标价法选出中标人或中标候选人。评标委员会写出评标报告，提出中标人成中标候选人名单报招标人决策。

（3）工程建设监理招标定标

招标人根据评标委员会的报告，结合与项目有关的各种情况做出判断，选定中标人。

4.4.3 房地产开发项目勘察设计招标投标

勘察设计的质量对工程项目建设的效果有着至关重要的影响，而通过勘察设计招标投标引入竞争机制，能够提高勘察设计质量、缩短勘察设计工作周期，进而提高建设工程质量、缩短建设时间、控制建设投资。

1. 勘察设计招标的特点

（1）勘察招标的特点

1）勘察招标一般选用单价合同。由于勘察是为设计提供地质技术资料的，勘察深度要与设计相适应，且补勘、增孔的可能性很大，所以用固定总价合同不适合。

2）评标的重点不是报价，而是勘察质量。勘察报告的质量影响建设项目质量，项目勘察费与项目基础的造价或项目质量成本相比是很小的。降低勘察费就可能影响工作质量、工程总造价、工程质量，是得不偿失的，因此勘察评价的重点不是报价。

3）勘察人员、设备及作业制度是关键。勘察人员主要是采样人员和分析人员，他们的工作经验、工作态度、敬业精神直接影响勘察质量；设备包括勘察设备和专业的分析仪器，这是勘察的前提条件；作业制度是勘察质量的有效保证，这些应是评标的重点。

（2）设计招标的特点

鉴于设计任务本身的特点，设计招标应用设计方案竞选的方式招标。设计招标与其他招标的主要区别表现为四个方面，具体见表 4-3。

表 4-3 设计招标与其他招标的主要区别

区　　别	设计招标	其他招标
招标文件的内容不同	设计招标文件中仅提出设计依据、工程项目应达到的技术指标项目限定的工作范围，项目所在地的基本资料、要求完成的时间等内容，而无具体的工作量	有具体工作量
投标书的编制要求不同	投标人的投标报价是先提出设计构思和初步方案，并论述该方案的优点和实施计划，在此基础上进一步提出报价	投标人的投标报价是按规定的工程量清单填报单价后算出总价
开标形式不同	开标时由各投标人自己说明投标方案的基本构思和意图及其他实质性内容，或开标即对投标的设计文件作保密处理，评审只看方案的优劣，可以有效保证评标的公正性和公平性	开标时由招标单位的主持人宣读投标书并按报价高低排定标价次序
评标原则不同	评标委员更多关注于所提供方案的技术先进性、所达到的技术指标、方案的合理性，以及对工程项目投资效益的影响	除了技术的先进性和方案的合理性之外，评标委员还需关注投标价的高低

2. 勘察设计招标文件

（1）勘察招标文件的编制

勘察招标文件的主要内容有：投标须知，包括现场踏勘、标前会、编标、封标、投标、开标、评标等所涉及投标事务的时间、地点和要求；项目说明，包括名称、地点、类型、功能、总投资、建设期等；勘察任务书；合同主要条件；技术标准及基础资料；编制投标文件用的各种格式文本。

勘察任务书的主要内容有：拟建设项目的概况，包括项目名称、地面、类型、功能、总投资、资金来源、建设期；现场状况；勘察的目的；勘察的范围；勘察项目的要求；勘察的进度要求；提交勘察成果的内容和时间的要求；孔位布置图。勘察任务书由该项目的设计人提出，经招标人批准。

（2）设计招标文件的编制

设计招标文件的主要内容有：招标须知；设计依据文件，包括设计任务书及经批准的有关行政文件复印件；项目说明书，包括设计内容、设计范围和深度、项目总投资限额、项目建设周期和设计工作进度要求等方面内容；合同的主要条件；设计编制的依据资料，包括提供设计所需资料的内容、方式和时间，投标文件编制要求等。

设计任务书大致包括以下内容：设计文件编制的依据；国家有关行政主管部门对规划方面的要求；技术经济指标要求；平面布局、结构形式、结构设计、设备设计以及特殊工程方面的要求；其他有关方面的要求，如环保、消防等。

3. 勘察设计投标书的组成

勘察设计投标书的内容包括：投标函；技术标书；投标保函；招标文件所要求的反映投

标人资信、能力、业绩方面的证明材料。

持有当地建设工程设计证书的设计单位和取得当地许可证的外省市设计单位，都可以在批准的业务范围内参加当地的开发工程设计投标，参加设计投标的单位可以独立，也可联合申请参加投标。投标单位的投标文件应按照招标文件规定的内容编制，一般包括：综合说明书；方案设计图样；主要的施工技术要求；工程投资估算、经济分析和主要材料用量、设备要求；设计质量达到的等级和设计周期及其保证设计进度的措施、建设工期；设计收费金额等。

投标文件的说明书、图样和模型一律不用图鉴及其他任何标识，不注明单位名称、不署名，而另行备文加盖公章及法人代表印章，一并密封后送交开发企业，最后由开发企业统一编号，以确保招投标活动的公正性。

4. 勘察设计投标书的评审

投标书的方案各有不同，需要评审的内容较多。勘察投标书主要评审勘察方案是否合理、勘察技术水平是否先进、各种所需的勘察数据是否准确可靠、报价是否合理。

设计投标书主要考察设计指导思想是否正确，设计产品方案能否反映目前国内外较先进的水平，总体布局是否合理，场地利用系数的合理性，工艺流程的先进性，设备选型是否适合项目需要，主要房屋建筑物、构筑物的结构的合理性，“三废”治理方案是否有效、可行；建筑标准是否合理，项目投资估算是否超过总投资限额等；设计进度快慢；已有的设计经历和成果以及社会信誉；报价的合理性。

5. 勘察设计投标书的定标

评标委员会通过投标人的评标答辩和对投标书进行评分比较后，在评标报告中推选出候选中标方案，由招标人定标并与候选中标人进行谈判。招标人与投标人签订合同后，对未中标的投标人应依据投标书设计工作量的大小，给予一定的经济补偿。

4.4.4 房地产开发项目施工招标投标

对房地产开发项目施工实行招标投标，有利于房地产开发企业选择优良的施工承包企业，也符合政府的有关规定和要求。房地产开发项目施工招标应尽可能采取竞争招标方式。

1. 申请施工招标的条件

房地产开发企业在实施施工招标前，应向当地招标投标办事机构或其他政府指定的管理机构申请登记并接受其管理。申请施工招标的工程应具备下列条件：招标人已经依法成立；初步设计及概算已经完成审批手续的，已经批准；招标范围、招标方式和招标组织形式等应当履行核准手续的，已经核准；有足够的资金或相应的资金来源已经落实；有招标所需的设计图样及技术资料。

2. 房地产开发项目施工招投标的程序

(1) 组建招标机构

招标活动必须有一个机构来组织，这个机构就是招标组织。如果招标人具有编制招标文件和组织评标的能力，则可以自行组织招标，并报建设行政监督部门备案；否则应先选择招标代理机构，与其签订招标委托合同，委托其代为办理招标事宜。

招标代理机构是具有从事招标代理业务的营业场所和资金，拥有能够编制招标文件和组织评标的专业力量，并拥有从事相关工作满八年并具有由高级职称或者具有同等专业水平的技术、经济等方面的专家组成的评标专家库，且经县级以上人民政府行政主管部门认定代理和取得法人资格的社会中介组织。

无论是自行办理招标事宜还是委托招标代理机构办理，招标人都要组织招标领导班子，如招标委员会、招标领导小组等，以便能够对招标中的诸如确定投标人、中标人等重大问题进行决策。

房地产开发项目的招标应向招标投标管理机构提出招标申请。申请书的主要内容应包括：房地产开发企业的基本情况；负责组织招标的人员的基本情况；拟招标的开发项目建设工程已具备的条件；拟采用的招标方式和对投标企业的要求等。房地产开发企业的招标申请经招标投标管理机构核准后，才可实施招标。

评标小组由房地产开发企业依法组建，开发项目评标由评标小组负责。评标小组的成员来自房地产开发企业的代表和有关技术、经济等方面的专家，成员人数为五人以上单数，其中技术、经济等方面的专家不得少于成员总数的三分之二。评标小组的专家一般由开发企业从有关部门提供的专家名单中，或从招标代理机构的专家库内的与拟招标项目相关专业的专家名单中随机抽取确定，评标小组成员的名单在中标结果确定前应当保密。

(2) 准备招标文件

招标文件是房地产开发企业向投标单位说明工程情况和招标要求的重要书面文件，它提供拟招标项目建设工程的主要技术要求、主要的合同条款、评标的标准和方法，以及开标、评标、定标的程序等内容。它是投标企业进行投标报价和房地产开发企业组织评标的主要依据，也是签订工程承包合同的依据。

(3) 发布招标公告或发送投标邀请函

采取公开招标方式时，应在国家指定的报刊、信息网络或其他媒体上发布招标公告。招标公告应包括的主要内容有开发企业和招标工程的名称和地址，招标工作联系人姓名、电话，招标工程的主要内容及承包方式、建设工期、质量要求等，投标承包企业的资格，领取招标文件的地点、时间和应缴费用以及其他注意事项。

采取邀请招标时，由开发企业向预先选定的承包企业发出邀请投标函。邀请投标函的主要内容与招标公告基本相同，招标文件一般随函附寄。

(4) 对申请投标的单位进行资格审查

在公开招标时，通常在分发招标文件之前进行对投标单位的资格审查，审查合格者才可以购领招标文件。在邀请投标的情况下，则可在评标的同时进行资格审查。进行资格审查时，申请工程承包的企业提交的材料包括：企业简况，各种证明文件，承包企业资金情况，承包企业近年完成的主要工程及其质量情况，在建的和尚未开工工程一览表。

资格审查的具体内容有：投标企业承建过的相同或相似工程项目的管理经验，达到的工程质量等级，特殊工程项目的施工经验等，除研究承包企业提供的文件外，还应实地考察投标企业的在建工程；投标企业以往的合同履行情况，包括实际工期、是否遵守有关规程和设计图要求进行施工、安全记录等；投标企业拟派往所投标工程项目的主要负责人及工程技术人员的基本情况；投标企业可用于招标工程项目上的主要施工设备的种类、型号和数量；投标企业的资金运作和财务状况。

招标小组审查工作完成后，应将审查结果书面通知各个申请投标的投标企业。

(5) 发售招标文件

对审查合格的投标企业分发招标文件、全套施工图和技术资料，并收取投标保证金。

(6) 组织投标单位踏勘现场

现场踏勘是到现场进行实地考察。投标人通过对招标的工程项目踏勘，可以了解项目施工场地和周围的情况，获得其认为有用的信息，还可以核对招标文件中的有关资料和数据，以便对投标项目做出准确的判断，对投标策略、投标报价做出科学的决策。

招标人在投标须知规定的时间组织投标人进行现场踏勘，踏勘人员一般可由投标决策人员、拟派现场实施项目的负责人及投标报价人员组成。现场考察的主要内容包括交通运输条件及当地的生产行情、社会环境条件等。招标人通过组织投标人进行现场踏勘可以有效避免合同履行过程中投标人以不了解现场，或招标文件提供的现场条件与现场实际不符为由推卸本应承担的合同责任。

(7) 召开标前会议

标前会议也称投标预备会或招标文件交底会，是招标人按投标须知规定时间和地点召开的会议。标前会议上招标单位需对工程概况进行介绍，同时可以对招标文件中的部分内容加以修改或予以补充说明，以及对投标人提出的问题给予解答。会议结束后，招标人应将会议记录以书面通知的形式发给每一位投标人。

(8) 投标

投标人在获得招标文件后要组织力量认真研究招标文件的内容，并对招标项目的实施条件进行调查。在此基础上结合投标人的实际，按照房地产开发项目施工招标文件的要求编制投标文件。投标文件应当对招标文件提出的实质性要求和条件做出回应。

(9) 开标、评标和定标

在招标文件中确定的提交投标文件截止时间的同一时间，公开进行开标，开标地点应当为招标文件中确定的地点。开标由房地产开发项目招标人主持，邀请所有投标人参加。开标时，由投标人或者其推选的代表检查投标文件的密封情况，也可以由招标人委托的公证机构检查并公证；经确认无误后，由招标工作人员当众拆封，宣读投标人名称、投标价格和投标文件的其他主要内容。开发企业设有标底的，启封和公开标底。开标过程应当有记录，并存档备查。

开标后，由评标小组的专家从工程技术和财务两个角度来审查评议有效标书，此过程称为评标。评标工作需要在招标投标管理机构的参与下进行，以便实施监督。评标工作可在开标的当场进行，也可在开标之后进行，评标的标准是综合性的，一般包括以下几个方面：承包企业的经验；以往的施工成绩；承包企业完成招标工程的可能性；机械装备、技术水平、施工方案以及各种保证措施和管理制度；所报的施工工期；承包企业的投标标价。标书经评审后，评标小组应写出评标报告，并根据综合评分值来确定候选的中标单位。

开发企业对投标者进行全面审查和评比分析，最后选定中标者的过程叫作定标。一般地，不太复杂的工程可在开标时当场由评标小组成员通过投票的方式来决定中标者。对于规模较大、较为复杂的工程，则应由招标决策人分别对候选的中标企业进行全面调查和磋商综合衡量，最后择优选定中标企业。

(10) 签发中标通知

定标后招标人应及时签发中标通知书。招标人收到中标通知书后要出具书面回执，证实已经收到中标通知书。中标通知书对招标人和中标人同时具有法律效力。中标通知书发出之后，招标人随意改变中标结果的，或者中标人主动放弃中标项目的，应依法承担相应的法律责任。

（11）提交履约担保，订立书面合同

招标人和中标人应当自中标通知书发出之日起 30 日内，按照招标文件和中标人的投标文件订立书面合同。招标人和中标人不得再行订立背离实质性内容的其他协议。招标文件要求中标人提交履约保证的，中标人应当于双方在合同上签字前或合同生效前提交，中标人提交了履约担保之后，招标人应将投标保证金或投标保函退还给中标人。

3. 施工招标文件的主要内容

1）投标须知。在投标须知中应写明：房地产开发招标项目的资金来源；对投标的资格要求；招标文件和投标文件澄清的程序；对投标文件的内容、使用语言的要求；投标报价的具体范围及使用币种；投标保证金的规定；投标的程序、截止日期、有效期；开标的时间、地点；投标书的修改与撤回的规定；评标的标准及程序等。

2）合同通用条款。一般采用标准《建设工程施工合同（示范文本）》中的“合同条件”。

3）合同专用条款。合同专用条款包括合同文件、双方一般责任、施工组织设计和工期、质量与验收、合同价款与支付、材料和设备供应、设计变更、竣工结算、争议、违约和索赔。

4）合同格式。合同格式包括合同协议书格式、银行履约保函格式、履约担保书格式、预付款银行保函格式。

5）技术规范。技术规范包括工程建设地点的现场条件、现场自然条件、现场施工条件、本工程采用的技术规范。

6）施工图。

7）投标文件参考格式。投标文件参考格式包括投标书及投标书附录、工程量清单与报价表、辅助资料表、资格审查表。

4. 施工投标

（1）施工投标的主要工作

1）研究招标文件。研究招标文件，重点应放在投标者须知、合同条款、设计图、工程范围及工程量表上，当然对技术规范要求也要看清楚有无特殊要求。

2）调查投标环境。投标环境是指招标工程项目施工的政治、自然、经济和社会条件。这些条件都是工程项目施工的重要制约因素，必然会影响到工程成本，在投标报价时是必须要考虑的。如工程项目的性质与其他工程项目之间的关系；拟投标的那部分工程项目与其他承包商之间的关系；工程项目的地貌地质、水文气候、交通、电力等情况，有无障碍物等；工程项目附近的住宿条件、料场开采条件、其他加工条件、设备维修条件等；工地所在地的社会治安情况等。

3）制定施工方案。施工方案是投标单位在投标报价时的一个重要前提条件，也是招标单位在评标时要考虑的主要因素之一，施工方案应由投标单位的技术负责人主持编制，制定时主要应考虑施工方法、主要施工设备的配置、劳动力的安排及现场施工人员的平衡分配、施工进度以及施工安全保障措施等。

4）投标计算。投标计算是投标单位对承建招标工程项目所需要发生的各种费用的计算。在进行投标计算时，必须要先根据招标文件复核或计算工程量。作为投标计算的先决条件，应预先确定好施工方案和施工进度。此外，投标计算还必须与采用的合同形式匹配。报价是投标的关键性工作，报价是否合理直接关系到投标的成败。

5）确定投标策略。

6）编制正式投标书。

（2）施工投标报价技巧

1）不平衡报价法。不平衡报价法是指在总价基本确定不变的前提下，通过调整项目的各个子项的报价，以达到既不会影响项目总报价，又能在中标后获得较好的经济效益目的的报价方法。

2）零星用工（计工日）。零星用工一般可稍高于工程单价表中的人工单价，原因是零星用工不属于承包总价的范围，实报实销，可多获利。

3）多方案报价法。若业主拟定的合同条件过于苛刻，为使业主修改合同要求，可准备“两个报价”，并阐明按原合同要求规定，投标报价为某一数值，倘若合同要求做某些修改，则投标报价为另一数值，即比前数值的报价降低一定百分比，以此吸引对方修改合同条件。

（3）施工投标报价策略

投标策略是指承包商在投标竞争中的具体的指导思想与系统工作的部署及其参与投标竞争的方式和手段。在是否投标、投标项目的选择、投标报价等各个方面，都包含着投标策略。常见的投标策略有：增加建议方案法；多方案报价法；突然降价法；无利润算标法；低投标价夺标法。

（4）施工投标文件的编制

1）施工投标文件的内容。投标文件应严格按照招标文件的各项要求来编制，一般包括下列内容：投标书；投标书附录；投标保证金；法人代表；授权委托书；具有标价的工程量清单与报价表；施工组织设计；辅助资料表；资格审查表；对投标文件中的合同条款的确认和响应。

2）施工投标文件编制的要点。要研究透彻招标文件，重点是投标须知、合同条件、技术规范、工程量清单及图样；为编制好招标文件和投标报价，应收集现行的定额计价标准及各类标准图集，收集掌握政策性调价文件以及相关材料和设备的价格情况；投标文件编制中，投标单位应依据招标文件和工程技术规范的要求，并根据施工现场情况编制施工方案或施工组织设计；按照招标文件中规定的各种要求和依据计算报价，并仔细核对，确保准确，在此基础上准确运用报价技巧和策略，并用科学方法做出报价决策；填写各种投标表格。招标文件所要求的每一种表格都要认真填写，尤其是需要签章的一定要按要求完成，否则有可能会因此导致废标；投标文件编写完成后要按照招标文件要求的方式分类贴封、签章。

5. 施工评标

（1）施工评标指标的设置

施工评标的指标包括标价、施工方案、质量工期、信誉和业绩。为贯彻信誉好、质量高的企业多得标、得好标的原则，使用评审指标时应适当侧重施工方案质量和信誉。

（2）评标方法

评标法可以采用评议法、综合评分法和最低评标价法等。

评议法不需要对评价指标进行量化，只是通过对投标单位的实力、过往业绩、财务状况、社会信誉、投标价格、工期质量、施工方案（或施工组织设计）等内容进行定性分析和比较，进行评议后选择各项指标都较为优良的投标单位为中标单位，也可以用表决的方式确定中标单位。这种方法是定性评价法，由于没有对各投标书进行量化比较，评标科学性较差。一般适用于小型工程项目或者规模较小的改扩建项目的招标。

综合评分法是将在招标文件内规定的各种指标和评标标准进行评审，开标后按评标程序，依据评分标准，由评标委员会的专家成员对各投标单位的标书进行评分，最后以综合得分最高的投标单位为中标单位。

最低评标价法也称合理低标价法。评标委员会首先通过对各投标书进行审查，把技术方案不能满足基本要求的投标书淘汰，然后对剩余的基本合格的投标书按预定的方法，将某些评审要素按一定规则折算为评审价格，并加到该标书的报价上，最后形成评标价。选择评标价最低的标书为最佳（不是投标报价最低）。

本章小结

本章介绍了房地产开发资金筹措、房地产开发项目的规划设计、房地产开发项目报建管理以及房地产开发项目招标投标等有关房地产开发项目准备的问题。

房地产开发资金筹措中介绍了开发项目资金的构成、特点、目的和筹资原则，资金筹集方式和资金筹措决策等问题。其中应重点掌握资金筹集方式、资金成本计算。房地产开发项目资金筹集的方式有：自有资金、银行贷款、证券化资金、联建和参建筹资、外资、预售筹资、承包商垫资和房地产信托投资基金等。房地产开发资金成本按计算对象和计算方式不同，可分为个别资金成本、综合资金成本。

房地产开发项目规划设计方案评价中介绍了评价的特点、评价指标体系以及评价方法。开发项目规划设计方案评价具有评价主体的多元性、评价目标的多样性和评价结论的不确定性等特点。规划设计方案评价中常用评价方法有综合评分法、层次分析法等。

房地产开发项目报建管理介绍了开发项目报建流程，建设工程规划许可证的审批流程。其中应重点掌握房地产开发项目报建的流程和报建送审应提交的资料。

房地产开发项目招标与投标主要介绍了房地产开发招投标的概念与作用、活动原则和招标方式，建设监理招投标、勘察设计招投标、施工招投标。其中应重点掌握施工招投标中有关申请施工招标的条件、房地产开发项目施工招投标的程序、施工招标文件的主要内容、施工投标和施工评标的方法。

思考与练习题

1. 简述房地产开发资金的筹集方式。
2. 简述房地产开发资金成本的计算方法。
3. 简述房地产开发项目规划设计方案评价的特点。
4. 简述建设工程规划许可证的作用。
5. 简述工程施工招标应具备的条件。
6. 为什么要对参加施工投标的承包企业进行资格预审？
7. 简述开发工程施工竞争性招标的基本程序。

第 5 章

房地产开发项目融资

本章要点及学习目标

(1) 掌握房地产项目融资的概念和主要融资方式
(2) 熟悉房地产开发类贷款的分类
(3) 理解金融机构对房地产项目贷款的风险管理和综合评价方法
(4) 掌握房地产企业证券化融资的方式
(5) 了解房地产投资信托资金的分类与特征
(6) 理解房地产项目融资方案

现代房地产业的融资体现了房地产业与银行机构、非银行金融机构以及资本市场的紧密关系。那么，房地产开发项目融资方式有哪些？金融机构在衡量是否提供房地产开发项目融资时，通常需要考虑哪些问题？房地产开发贷款有哪些具体类型？房地产证券化融资有哪些融资渠道？房地产信托融资有哪些类型？制定房地产项目融资方案时，都包括哪些工作？本章将结合这些问题对房地产开发项目融资进行阐述。

5.1 房地产开发项目融资概述

5.1.1 房地产开发项目融资及其意义

1. 房地产开发项目融资的概念

房地产开发项目融资是指房地产投资者为了确保房地产开发项目或投资经营项目活动能够顺利开展而进行的融通资金的活动。

拥有闲置资金并融出资金的机构或个人，其融出资金的目的是获取利息或分享收益，以便提高资金的使用效益；而融入资金的房地产投资者，其融入资金的目的则是弥补投资能力的不足，摆脱自有资金的限制，以相对较少的资金来启动相对较大的投资项目，从而获得更大的经济效益。房地产项目融资的实质是充分发挥房地产的财产功能，为房地产投资融通资金，以达到尽快开发、提高投资效益的目的。通过为房地产投资项目融资，投资者通常可将固着在土地上的资产变成可流动的资金，使其进入社会生产流通领域，达到扩充社会资金来源、缓解企业资金压力的目的。

2. 房地产开发项目融资的意义

房地产业与金融业息息相关，房地产业要获得生存和发展，需要金融业的贷款支持，需要面向社会广泛筹集资金，需要在企业和社会之间开拓通畅的资金渠道。融资是指以信用方式调剂资金余缺的一种经济活动，其基本特征是偿还性。拥有多余资金的机构或个人在融出资金后便处于债权人的地位，有权按期收回融出的资金，并要求获得融出资金的报酬或分享收益，以便提高资金的使用效益。而融入资金的房地产投资者，在融入资金后便处于债务人的地位，其在支配融入资金的同时，必须按借贷合同规定定期偿还贷款本息。债务人借入资金要以支付利息作为使用资金的代价，其融入资金的目的是弥补自有资金的不足，借用外部资金进行房地产项目投资，以尽量少的资金获取较大的经济效益。

5.1.2 房地产项目融资的方式

融资方式是指资金筹措的实施方法。房地产项目融资的方式有如下分类：

1. 按照资金权益划分

按照融入资金的权益划分，房地产开发项目融资可分为债务融资、权益融资和金融租赁三种方式。房地产项目融资方式结构如图 5-1 所示。

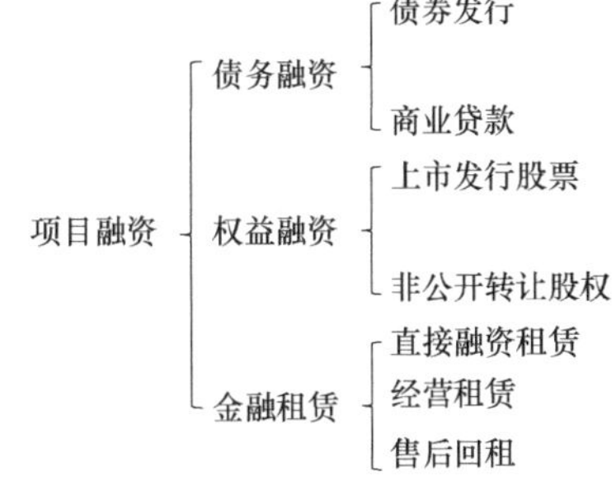

图 5-1 房地产项目融资方式结构

（1）债务融资

债务融资就是通过举债的方式融资，可分为债券发行和商业贷款两类。

债券是指由债务人为筹集资金而发行，定期向债券持有人支付利息，并在债券到期后归还本金的债务凭证。债券发行后，就在发行者和购买者（持有者）之间形成了债务、债权关系。债券可以由债务人直接发行，也可以通过证券发行的中介机构（证券公司、投资银行、依托投资公司等）向社会发行。

商业贷款是指债务人向商业银行或其他金融机构贷款的筹资形式。商业贷款目前是我国大多数项目的融资主渠道。此外，我国还存在大量的民间借贷。

债务融资的资金融出方不承担项目投资的风险，其获得的报酬是融资合同中规定的贷款利息和有关费用。

（2）权益融资

当房地产投资者的自有资金数量达不到启动项目所必需的股本金数量要求时，投资者需要通过公司上市或发行新股（包含配股）、吸引其他机构投资者资金、合作开发等方式进行权益融资。

除上述权益融资方式以外，现代的权益融资还包括非公开转让股权，也就是筹资人不通过公开市场发行股票，而是直接向投资人出售股权，包括与目标投资人协议出售股权和通过股权交易中心挂牌、拍卖出售股权。比如某房地产开发企业在开发某项目过程中，遇到资金短缺问题，而上市发行股票手续复杂、周期过长、条件苛刻，在资金链紧绷的情况下，最快的办法就是通过非公开转让股权。非公开转让股权有两种途径：一是向目标投资人直接出售部分股权以换取资金；二是引进战略投资者，由战略投资人出资稀释原公司出资人的股权，从而增加股东，扩大资本的总盘子。权益融资的资金供给方与投资发起人共担风险，资金供给方所获得的报酬是项目投资所形成的可分配利润。

（3）金融租赁

金融租赁是指由出租人根据承租人的请求，按照双方事先的合同约定，向承租人指定的出卖人购买承租人指定的固定资产，在出租人拥有该固定资产所有权的前提下，以承租人支付租金为条件，将一定时期内该固定资产的占有、使用和收益权让渡给承租人。

金融租赁具有融物与融资的双重功能，通过金融租赁，承租人既解决了固定资产购置所需资金的问题，也解决了固定资产需求的问题。

金融租赁可以分为直接融资租赁、经营租赁和出售回租三种类型。直接融资租赁是由承租人选择设备，出租人（租赁公司）出资购买，然后出租给承租人，租赁期内该资产所有权归出租人，使用权归承租人，租赁期满后承租人可选择留购该资产，租赁期内承租人按期支付租金，折旧由承租人计提。经营租赁是由出租人或承租人选择设备，出租人购买设备出租给承租人使用，设备反映在出租人固定资产账上，由出租人计提折旧。出售回租则是指承租人将自有设备资产出卖给出租人，同时与出租人签订租赁合同，再将该资产从出租人处租回的租赁形式。

2. 按照资金渠道划分

按照资金渠道划分，房地产开发项目融资可分为直接融资和间接融资。

（1）直接融资

直接融资是指房地产开发企业与拥有暂时闲置资金的单位（包括企业、机构和个人）相互之间直接进行协议融资，或在金融市场上后者购买前者发行的有价证券，将货币资金提供给房地产开发企业使用，从而完成资金融通的过程。房地产直接融资的特点是，资金供求双方直接进行资金融通，不通过任何中介环节。

（2）间接融资

房地产间接融资是指拥有闲置资金的企业或个人，通过存款，购买银行、信托、保险等金融机构发行的有价证券，将其暂时闲置的资金提供给这些金融中介机构，然后再由这些金融中介机构以贷款方式或通过购买金融机构为房地产企业发行的有价证券，把资金提供给房地产开发企业使用，从而实现资金融通的过程，如房地产抵押贷款、开发建设贷款、流动资金贷款、租赁融资等都属于房地产间接融资。房地产间接融资的特点是资金供求双方不见面，资金融通通过金融中介机构来进行，由金融机构筹集资金和运用资金两个环节构成。

5.1.3 房地产项目融资的特点

房地产开发由于其自身的特点，如价值大、开发周期长、一次性、风险因素多等，使其在项目融资上有着以下几个特点：

1. 融资规模大

房地产开发项目由于具有价值高、资本密集的特点而产生大量的资金要求。同时由于房地产企业的开发建设资金存在使用支出上的集中性和来源积累上的长期性和分散性的矛盾，因而自有资金总是不足的。如果房地产开发企业不借助资本市场和金融机构进行融资，而仅凭借其自身资金则很难发挥资金杠杆融资特点，很可能无法顺利完成房地产项目的开发。

2018 年，全国房地产开发企业本年实际到位资金 165963 亿元，比上年增长 6.4%，增速比上年回落 1.8%。其中，开发企业自筹资金 55831 亿元，占比 33.64%；定金及预收款 55418 亿元，占比 33.39%；国内贷款 24005 亿元，占比 14.46%；个人按揭贷款 23706 亿元，占比 15.32%；利用外资 108 亿元，占比 7%；其他到位资金 6895 亿元，占比 4.15%。2017 年房地产开发企业资产负债率为 79.1%。据统计，发达国家房地产投资资金杠杆率高达 75% ~95%，而一般制造业仅为 50% ~60%。

2. 偿还期长

房地产项目开发周期长，资金周转慢，资金回收期长。从房地产项目的前期可行性分析、项目报政府部门批准、项目规划设计、资金筹措、施工，到出售或出租，至少需要 2 年以上。而且所开发的房地产商品只有销售到一定数量后才能收回成本乃至利润。因此，要偿还通过各种融资渠道获得的资金，往往需要经历较长时间。

3. 资金缺乏流动性

房地产作为不动产，特点是价值大，但缺乏流动性，不易在短时间内变现。相对于股票、基金、债券等流动性好的资产，房地产项目很难在短时间内处置，找到投资方继续投资或实施拍卖等过程，均需要较长时间。正是由于房地产投资具有融资规模大、投资回收期长等特点，房地产资金在投入项目建设后，相应也具备了缺乏流动性的特点。

4. 房地产证券化

房地产市场积聚了大量资金，流动性较差，带来较大风险。实行房地产证券化，可利用证券的流通性，将房地产这一长期资产同市场的短期资金联系，以增强资产的流动性。

房地产证券化，就是将房地产投资直接转变为有价证券形式。房地产证券化把投资者对房地产的直接物权转变为持有证券性质的权益凭证，即将直接房地产投资转化为证券投资。从理论上讲，房地产证券化是对传统房地产投资的变革。它的实现与发展是因为房地产和有价证券可以有机结合。房地产证券化其实质是不同投资者获得房地产投资收益的一种权利分配，是以房地产这种有形资产做担保，将房地产股本投资权益予以证券化，其具体形式可以是股票、可转换债券、信托基金和收益凭证等。

5.1.4 房地产项目融资的原则

房地产项目融资无论是通过债务融资、权益融资还是金融租赁，均要坚持适度性与效益性两项基本原则。

1. 适度性原则

适度性原则是指资金的筹集一定要适应房地产经济活动的实际需要，无论是融资规模还是融资时机、期限、方式均要适度。

融资规模的适度是指筹集资金的额度既要保证合理供应，又要不超过合理要求，既要满足经济活动的需要，又要在安全合理的负债限度内；融资时机的适度是指应把握好合适的融资时机，既要审时度势，选择资金市场上筹集资金的最佳时机，又要密切配合经济活动的进行，把握好资金的投放时机，关注资金的筹集、运用、转化、回收的最佳时机；融资期限的适度是指各种资金的举债时限应很好地搭配，短期借款要与长期借款协调，还款时间既要与生产经营活动配合，又要尽可能地分散、均匀，避免过度集中，以尽可能地降低还贷压力；融资方式的适度是指要把融资活动当作经济活动的一个有机构成进行系统的研究，要根据需求和可能选择最好的融资方式组合。

2. 效益性原则

效益性原则是指在制定融资方案、进行融资决策时，应当从经济上判断融资方案的可行性。这种分析和判断一般包括融资成本、经济效益和风险三项内容。

（1）融资成本

资金筹措的本质是获取一定资金在一段时间内的使用权，而这种使用权的获取是要付出代价的。这种代价在经济上的表现便是融资成本。如何降低融资成本，使用成本最低的融资工具，即花费最小的代价实现融资目标，是融资效益性原则的主要内容。

（2）经济效益

融资的原始动机是经济效益，因此融资方案所带来的经济利益的大小应当是衡量其经济效益的重要内容。在实际资金筹集过程中，人们一般利用融资杠杆来评价融资方案的经济效果。通常经济杠杆的常用指标有融资利润率、融资成本率、融资成本效益指数等。

（3）风险

债务融资与金融租赁融资一般会造成公司负债的增加，而权益融资会造成公司股权稀释，削弱投资发起人对公司的控制权。这些都会带来风险，风险的大小与融资方案有极大的关系。因此，一个好的融资方案应当将融资可能带来的风险降低到最低限度。

5.2 房地产开发银行信贷融资

5.2.1 房地产开发类贷款

1. 房地产开发类贷款的概念

房地产开发企业通过银行信贷获得的贷款主要用于房地产开发项目，此类贷款称为房地产开发类贷款。房地产开发类贷款是指与房地产的开发、经营、消费活动有关的贷款，主要包括房地产开发贷款、土地储备贷款等。

2. 房地产开发类贷款的用途分类

房地产开发企业在获得房地产开发类贷款后，贷款资金主要用于房地产开发和土地储备。因此，下面主要介绍房地产开发贷款和土地储备贷款。其中土地储备贷款比较特殊，因为借款人一般是土地储备中心或受政府委托依法从事土地储备开发的企业法人。

5.2.2 房地产开发贷款

1. 房地产开发贷款的概念

房地产开发贷款是指向借款人发放的用于开发、建造向市场销售或出租等用途的房地产项目的贷款。房地产开发贷款主要用于支付房地产开发项目建设阶段的人工、材料、设备、管理费和其他相关成本支出。

房地产开发贷款在房地产开发融资中处于关键地位。房地产开发贷款主要由商业银行作为资金提供人，一般以开发建设中的房地产项目作为房地产开发贷款的主要抵押物。在特殊情况下，比如项目尚未开工建设或者建设投资额度极低，贷款人还要求借款人提供别的担保，如用其他房地产做抵押或由第三方提供担保等。房地产开发贷款随工程建设的进度分阶段拨付，同时要确保房地产开发贷款被用于既定目的，从而确保房地产项目价值随着开发贷款拨付额的增加而同步增长，以保障贷款人的利益。

2. 房地产开发贷款的申请条件

向银行申请房地产开发贷款，房地产开发企业及其开发项目必须满足以下九项条件：

1）必须是经国家房地产业主管部门批准设立，在工商行政管理机关注册登记，取得企业法人营业执照并通过年检，取得行业主管部门核发的房地产开发企业资质等级证书的房地产开发企业。

2）已获得当地人民银行颁发的有效的贷款卡（证），在申请银行开立基本账户或一般账户，部分银行要求申请企业必须在该行办理一定数量的存款和结算业务。

3）开发项目与其企业资质等级相符。

4）项目开发手续文件齐全、完整、真实、有效，应取得土地使用权证、建设用地规划许可证、建设工程规划许可证、开（施）工许可证，按规定缴纳土地出让金及动工，土地使用权终止时间不能早于贷款截止时间。

5）项目的实际功能与规划用途相符合，能有效满足当地市场的需求，有良好的市场租售前景。

6）项目的工程预算、施工计划应符合国家和当地政府的有关规定，工程预算总投资能满足项目完工前由于通货膨胀及不可预见等因素追加预算的需要。

7）贷款用途符合国家产业政策和有关法规。

8）项目资金本金比例不低于 35%，并须在银行贷款到位前投入项目建设。

9）能提供足额有效的抵押、质押或资信程度高的保证担保。

3. 房地产开发贷款的风险管理

房地产开发贷款的风险包括政策风险、市场风险、经营风险、财务风险、完工风险、抵押物估价风险、贷款保证风险等。从降低房地产开发贷款风险的角度出发，中国人民银行和中国银行业监督管理委员会要求商业银行对房地产开发贷款进行风险管理，主要措施如下：

1）对未取得《国有地使用证》《建设用地规划许可证》《建设工程规划许可证》和《建筑工程施工许可证》的项目，不得发放任何形式的贷款。

2）对申请贷款的房地产开发企业，应要求其权益投资不低于开发项目总投资的 35%。严格落实房地产开发企业贷款的担保、抵押，确保其真实、合法、有效。

3）房地产开发项目应符合国家房地产发展总体方向，有效满足当地城市规划和房地产市场的需求，保证项目的合法性和可行性。

4）对申请贷款的房地产开发企业进行深入调查审核，对成立不满 3 年且开发项目较少的专业性、集团性的房地产开发企业的贷款应审慎发放，对经营管理存在问题、不具备相应资金实力或有不良经营记录的房地产开发企业的贷款发放应严格限制。

5）在房地产开发企业的自筹资金得到保证后，可根据项目的进度和进展状况，分期发放贷款，并对其资金使用情况进行监控，以防止其挪用贷款转作其他项目或其他用途。

6）对房地产开发企业的销售款进行监控，防止其挪用该销售款开发其他项目或作其他用途。

7）密切关注房地产开发企业的开发情况，以确保商业银行对购买主体结构已封顶住房的个人发放个人住房贷款后，该房屋能够在合理期限内正式交付使用。

8）严格执行“商业银行不得向房地产开发企业发放用于缴纳土地出让金的贷款”的监管规定，阻止房地产开发企业通过关联企业统一贷款后再周转用于房产项目。

9）对房地产开发贷款实施封闭管理。

5.2.3 土地储备贷款

1. 土地储备贷款的概念

土地储备贷款是指银行等金融机构向借款人发放的用于土地收购、储备和一级开发的贷款。

2. 土地储备贷款的申请条件

金融机构在提供土地储备贷款时，要求借款人必须满足以下条件：

1）主体合法。借款主体必须是经省、市、县人民政府批准成立的土地储备中心，或受政府委托依法从事土地储备开发的企业法人。

2）担保贷款。根据《土地储备管理办法》的规定，土地储备贷款属于担保贷款，抵押贷款中用以抵押的土地必须具有合法的土地使用权证。在发放土地储备贷款中，主要是以土地储备机构的土地使用权作为质押，以土地使用权出让收益作为未来还款保障。

3）行政许可。土地储备机构举借的贷款规模，应当与年度土地储备计划、土地储备资金项目预算衔接，并报经同级财政部门批准，不得超计划、超规模贷款。土地储备机构申请贷款时，应持财政部门的贷款规模批准文件及同级人民政府批准的项目实施方案等书面材料向当地商业银行及其他金融机构申请担保贷款。

4）资本金要求。具备一定的资本金，有一定的抗风险能力，能够从土地转让收益中提取一定比例的留存收益或采用其他方式补充资本金。

5）贷款限额。土地储备贷款必须与具体地块相对应，要落实抵押担保及其他必要的担保方式，贷款金额不得超过所购土地评估价值的70%，贷款期限最长不能超过2年。

以储备土地作为抵押融资的，需要委托土地评估机构对抵押的储备土地进行市场价格评估，并且抵押价值应当按照市场评估价值扣除应当上缴政府的土地出让收益确定。土地储备贷款实行专款专用、封闭管理、不得挪用。

3. 土地储备贷款的风险管理

土地储备贷款的风险主要包括土地储备机构自有运作资金严重不足、土地出让计划不明确、还贷资金来源的时间不能与贷款期限匹配以及土地储备机构贷款抵押中的法律问题带来的风险等。由于土地储备贷款的发放对象主要是政府土地储备机构，其本身并不具备独立的法人资格，而且土地收购储备过程中的土地权属并不十分清晰，因此商业银行也很重视该类贷款的风险管理。土地储备贷款风险管理的具体措施如下：

1）对资本金没有到位或资本金严重不足、经营管理不规范的借款人，审慎发放土地储备贷款。

2）以抵押借款方式向土地储备机构发放，借款额度不得超过其所收购土地评估价值的70%，借款期限最长不得超过2年。

3）对包括该土地的性质、权属关系、测绘情况、土地契约限制、在城市整体综合规划中的用途与预计开发计划是否相符等土地整体情况，进行认真的调研分析。

4）实时掌握土地价值状况，避免由于土地价值虚增或其他情况而导致的贷款风险。

5.2.4 金融机构对房地产开发项目贷款的审查

1. 企业资信等级评价

金融机构在向申请贷款的项目发放贷款前，首先要审查企业的资信等级，即客户评价。一般情况下，将其划分为 AAA、AA、A、BBB、BB 和 B 级。通常情况下，BBB 级及以上资信等级的企业才能获得银行贷款。

2. 贷款项目评估

对开发商所开发的项目进行详细审查，目的是确保开发商能够凭借项目本身的正常运行，具备充分的还款能力。

金融机构对项目的审查主要包括三个方面：①项目基本情况，包括“四证”落实情况、权益资金占总投资比率、资金落实情况、地理与交通位置、基础设施落实情况、项目品质等；②市场分析结果，包括市场定位、供需形势分析、竞争形势分析、市场营销能力、认购或预售/预租能力等；③财务评价指标，包括内部收益率、销售利润率、贷款偿还期、敏感性评价等。

3. 房地产贷款担保方式评价

贷款担保是指为提高贷款偿还能力，降低银行资金损失的风险，由借款人或第三人对贷款本息的偿还提供的一种保证。贷款担保不能取代借款人的信用状况，仅仅是为已经发生的贷款提供了一个额外的安全保障。

房地产贷款担保通常有以下三种形式：

（1）保证

保证是由贷款银行、借款人与第三方签订保证协议，当借款人违约或无力归还贷款时，由第三方保证人按照约定履行债务或承担相应的责任。保证通常是由第三方保证人以自身的财产提供的一种可选择的还款来源。而且只有当保证人有能力和意愿代替借款人偿还贷款时，这项保证才是可靠的。一般来说，银行金融机构提供的担保风险最低，然后依次是省级非银行金融机构、AAA 级企业、AA 级企业、AA 级以下企业。

（2）抵押

抵押是指借款人或第三人在不转移财产占有权的情况下，将财产抵押给债权人作为贷款的担保。银行持有抵押财产的担保权益，当借款人不履行合同时，银行有权以该财产折价或以拍卖、变卖该财产的价款优先受偿。从抵押担保的质量来看，商品房优于其他房屋，建成后的房地产优于纯粹的土地，商品住宅优于商用房地产。

（3）质押

质押是指借款人或第三人以其动产或权利（包括商标权、专利权等）移交银行占有，将该动产或权利作为债权的担保。当借款人不履行到期债务或者发生当事人约定的实现质权的情形时，银行有权将该动产或权利折价出售收回贷款，或者以拍卖、变卖该动产或权利的价款优先受偿。

4. 房地产贷款综合评价

房地产借款综合评价的主要工作是计算借款综合风险度。

$$某笔贷款的综合风险度=\frac{某笔贷款风险额}{某笔贷款额}\times 100\%$$
$$=信用等级系数\times 贷款方式系数\times 期限系数\times 项目风险等级系数 \quad (5\text{-}1)$$

$$某笔贷款风险额=某笔贷款额\times 信用等级系数\times 贷款方式系数\times 期限系数\times 项目风险等级系数 \quad (5\text{-}2)$$

其中：

1）信用等级系数的取值规则是：AAA 级企业为 30%，AA 级企业为 50%，A 级企业为 70%，BBB 级企业为 90%。

2）贷款方式系数的取值规则是：信用贷款为 100%；由银行金融机构提供担保的为 10%～20%，由省级非银行金融机构担保的为 50%，AA 级以下企业担保的为 100%；用商品房抵押的为 50%，由其他房屋及建筑物抵押的为 100%（如参加保险，保险期长于贷款到期日的，系数取值为 50%）。

3）贷款期限系数的取值规则是：中短期贷款期限在半年以内的为 100%，期限在半年以上不满 1 年的为 120%；中长期贷款期限在 1 年以上不满 3 年的为 120%；期限在 3 年以上不满 5 年的为 130%，期限在 5 年以上的为 140%。

4）项目风险等级系数的确定：先按照项目建设条件、市场和产品分析以及财务评价的结果，将项目划分成 AAA、AA、A 和 BBB 四个风险等级，其对应的风险系数分别为 80%、70%、60% 和 50%。

按照上述公式计算，凡综合风险度超过 60% 的，即为高风险贷款，对高风险贷款，银行一般不予发放贷款。

例如，某开发企业申请贷款 6000 万元，该企业的信用等级为 AA 级，以商品房作抵押，期限 2 年，项目风险等级为 BBB 级，代入式（5-2）得：贷款综合风险度 $=50\%\times 50\%\times 120\%\times 50\%=15\%$，银行可以发放贷款。

5.3 房地产证券化融资

5.3.1 房地产证券化融资概述

1. 房地产证券化融资的概念

房地产证券化融资是指通过房地产债券、股票等证券的发行和流通来融通房地产开发资金的有关金融活动，主要有房地产股票融资和房地产债券融资两种形式。随着现代市场经济的发展，在发达国家证券融资已经成为房地产融资的主要方式。

2. 房地产证券化融资的优越性

房地产证券融资与其他融资方式相比，其优越性主要体现在以下几个方面：一是有利于吸收大众资金。金融机构或房地产开发企业发行房地产债券或股票，将大额投资分解为小额的债权或股权，全球小额投资者参与，吸引居民大众加入。二是有利于分散投资风险。房地产证券的发行，使得广大居民参与小额投资，本身已经分散和减少了投资风险；加上证券二级市场的建立和运行，投资者在需要现金或遇到经营风险时，又可以转让房地产证券，进一步减少和分散了投资风险。三是有利于金融市场的繁荣和房地产企业经营的改善。房地产债券、股票进入金融发行市场和流通市场，大大增加了房地产金融市场交易对象，增加了金融机构的业务范围和业务数量。房地产企业发行股票后，企业置于社会公众监督之下，企业经营情况好，其股票价格上升，企业信誉提高，有利于扩大销售和提高经济效益；反之则相反。因此，房地产证券化融资是改善房地产企业经营管理、提高企业竞争能力的有效办法。

3. 房地产证券化融资的方式

房地产公司在公开资本市场的融资方式可以分为股票市场融资和债券市场融资两大类。

5.3.2 股票市场融资

股票市场融资是房地产企业首选的重要融资方式，也是房地产开发企业获得持续资金支持的最佳融资方案。股票市场融资所筹措的是股本金，股本金增加可能有效改善企业的资产负债率，优化资本结构，提高投资能力，降低财务风险。股票市场融资包括首次公开发行、配股、增发三种融资方式。

1. 首次公开发行

（1）首次公开发行的概念

首次公开发行又称首次公开募股（IPO），是指股份有限公司（或经批准可采用募集设立方式的责任有限公司）首次向社会公众公开招股的发行方式。通过 IPO 融资，房地产企业可以筹集大量资金，缓解资金压力，并形成一个持续再融资平台；可以提高股权的变现能力；可以改善资本结构，促进公司治理结构调整，提高管理水平，降低经营风险；可以增强品牌影响力，促进业务发展。

（2）首次公开发行的条件

根据《中华人民共和国证券法》《股票发行与交易管理暂行条例》和《首次公开发行股票并上市管理办法》的有关规定，首次公开发行股票并上市必须符合下列要求：

1）主体资格。A 股发行主体应是依法设立且合法存续的股份有限公司，发行人自股份有限公司成立后，持续经营时间应当在 3 年以上，经国务院批准的除外。

2）公司治理。发行人已经依法建立健全股东大会、董事会、监事会、独立董事、董事会秘书制度，相关机构和人员能够依法履行职责。发行人的董事、监事和高级管理人员已经了解与股票发行上市有关的法律法规，知悉上市公司及其董事、监事和高级管理人员的法定义务和责任。发行人的董事、监事和高级管理人员符合法律、行政法规和规章规定的任职资格。内部控制制度健全且被有效执行，能够合理保证财务报告的可靠性、生产经营的合法性、运营的效率与效果。

3）独立性。应具有完整的业务体系和直接面向市场独立经营的能力；资产应当完整；人员、财务、机构以及业务必须独立。

4）同业竞争。与控股股东、实际控制人及其控制的其他企业间不得有同业竞争；募集资金投资项目实施后，也不会产生同业竞争。

5）关联交易。与控股股东、实际控制人及其控制的其他企业间不得有显失公平的关联交易；应完整披露关联方关系并按重要性原则恰当披露关联交易，关联交易价格公允，不存在通过关联交易操纵利润的情形。

6）财务要求。最近 3 个会计年度净利润均为正数且累计超过人民币 3000 万元；最近 3

个会计年度经营活动产生的现金流量净额累计超过人民币5000万元或营业收入累计超过人民币3亿元；最近一期期末无形资产（扣除土地使用权、水面养殖权和采矿权等后）占净资产的比例不高于20%；最近一期期末不存在未弥补亏损；过去3年的财务会计报告中无虚假记载。

7）股本及公众持股。公司股本总额不少于人民币3000万元；公开发行的股份达到公司股份总数的25%以上；公司股本总额超过人民币4亿元的，公开发行股份的比例为10%以上；发行人的股权清晰，控股股东和受控股股东、实际控制人支配的股东持有的发行人股份不存在重大权属纠纷。

8）其他要求。发行人的注册资本已足额缴纳，发起人或者股东用作出资的资产的财产权转移手续已办理完毕，发行人的主要资产不存在重大权属纠纷（第10条）。发行人的生产经营符合法律、行政法规和公司章程的规定，符合国家产业政策（第11条）。发行人最近3年内主营业务和董事、高级管理人员没有发生重大变化，实际控制人没有发生变更（第12条）。发行人最近3年内没有重大违法行为。

2. 配股和增发

配股和增发是上市公司在证券市场上进行再融资的重要手段。再融资对上市公司的发展起到了较大的推动作用，证券市场的再融资功能越来越受到有关方面的重视。

（1）配股

配股是上市公司根据公司发展的需要，依据有关规定和相应程序，向原股东配售股票、筹集资金的行为。配股融资具有实施时间短、操作较简单、成本较低、不需要还本付息、有利于改善资本结构等优点。

（2）增发

增发是指上市公司为了再融资而向不特定对象公开募集股份、发行股票的行为。非公开发行股票俗称定向增发，是指上市公司采用非公开方式，向特定对象发行股票的行为。增发与配股在本质上没有大的区别，但增发融资与配股相比具有限制条件少、融资规模大的优点，而且定向增发在一定程度上还可以有效解决控制权和业绩指标被稀释的问题，因而越来越多地被房地产公司使用。

5.3.3 债券市场融资

房地产债券是政府或金融机构或房地产企业为了筹措房地产开发资金而向社会发行的贷款信用凭证。债券发行是指发行人以借贷资金为目的，依照法律规定的程序，向投资人要约发行代表一定债权和兑付条件的债券的法律行为。债券发行是证券发行的重要形式之一，是以债券形式筹措资金的行为过程。通过这一过程，发行者以最终债务人的身份将债券转移到它的最初投资者手中。

1. 债券市场融资方式

债券市场融资主要包括发行公司债券、可转换债券和分离交易的可转换债券。

（1）公司债券

公司债券是指公司依照法定程序发行、约定在一年以上期限内还本付息的有价证券。公司债券不是仅仅针对上市公司，满足发行公司债券要求的企业均可以申请，通过中国证券监督管理委员会发行审核委员会的审核批准后发行。相对于股权融资和其他类型债券融资，公司债券融资具有面向对象广泛、融资成本较低、不改变原股东对公司的控制权、可优化企业债务结构、降低流动性风险等优点。

（2）可转换债券

可转换债券是可转换公司债券的简称，是指上市公司依法发行、在一定期间内依据约定的条件可以转换成股份的公司债券。

可转换债券兼具债券和股票的特征。转换前，它是债券，具有确定的期限和利率，投资者为债权人，凭券获得本金和利息；转换后，它成了股票，持有人也变为股东，参与企业管理，分享股息。对于上市公司而言，可转换债券主要具有低成本融资、稳定上市公司的股票价格、降低代理成本、完善公司治理结构、优化资本结构等优点，但也存在增加管理层经营压力、存在回购风险、减少筹资数量等缺陷。

（3）分离交易的可转换债券

分离交易的可转换公司债券简称分离交易可转债，是认股权和债券分离交易的可转换公司债券的简称。与传统的可转换公司债券相比，对上市公司发行分离交易可转债的最大优点是“二次融资”。

2. 债券发行的方式

按照发行对象进行分类，债券可分为私募发行和公募发行两种方式。

（1）私募发行

私募发行是指面向少数特定的投资者发行债券，一般以少数关系密切的单位和个人为发行对象，而不对所有的投资者公开出售。私募发行对象有两类：一是机构投资者，如大的金融机构或是与发行者有密切业务往来的企业等；二是个人投资者，如发行单位自己的职工或者是使用发行单位产品的用户等。私募发行一般多采取直接销售的方式，不经过证券发行中介机构，不必向证券管理机关办理发行注册手续，可以节省承销费用和注册费用，手续较简便，风险小。但是，私募债券不能公开上市，流动性差，利率比公募债券高，筹资量一般不大。

（2）公募发行

公募发行是指公开向广泛而不特定的投资者发行债券。公募发行者必须向证券管理机构办理发行注册手续。由于发行数额一般较大，通常要委托证券公司等中介机构承销，发行费用高，发行所耗时间长。公募债券信用度高，可以上市转让，因而发行利率一般比私募债券利率低。公募债券一般采取间接销售，具体方式又可分为以下三种：

1）代销。发行者和承销者签订协议，委托承销者代为向社会公开销售债券。承销者按协议的发行条件尽力推销，如果在约定期限内未能按照原定发行数额全部销售出去，债券剩余部分可退还给发行者，承销者不承担任何发行风险。采用代销方式发行债券，手续费一般较低。

2）余额包销。承销者按照规定的发行数额和发行条件，代为向社会推销债券，在约定期限内推销债券如果有剩余，须由承销者负责认购付款。采用这种方式销售债券，承销者承担部分发行风险，能够保证发行者筹资计划的实现，但承销费用高于代销费用。

3）全额包销。首先由承销者按照约定条件将发行者拟发行的债券全部认购下来，并且立即向发行者支付全部款项，然后再由承销者向投资者分次推销。采用全额包销方式销售债券，承销者由于承担了全部的发行风险，可以保证发行者及时筹集到所需要的资金，因而包销费用也较余额费用高。

3. 公司债券公募发行的条件

1）公司的生产经营符合法律、行政法规和公司章程的规定，符合国家产业政策。

2）公司内部控制制度健全，内部控制制度的完整性、合理性、有效性不存在重大缺陷。

3）经资信评级机构评级，债券信用级别良好。

4）公司最近一期期末经审计的净资产额应符合法律、行政法规和中国证监会的有关规定。

5）最近3个会计年度实现的年均可分配利润不少于公司债券1年的利息。

6）本次发行后累计公司债券余额不超过最近一期期末净资产额的40%。

7）公司债券公募发行的禁止事项。存在下列情形之一的，不得发行公司债券：

① 最近36个月内公司财务会计文件存在虚假记载，或公司存在其他重大违法行为。

② 本次发行申请文件存在虚假记载、误导性陈述或者重大遗漏。

③ 对已发行的公司债券或者其他债务有违约或者迟延支付本息的事实，仍处于继续状态。

④ 严重损害投资者合法权益和社会公共利益的其他情形。

5.4 房地产信托融资

我国房地产开发投资过于依赖商业银行体系的房地产融资模式，需要通过金融创新拓宽房地产融资渠道，发展房地产投资信托是其中的重要内容。

5.4.1 房地产信托概述

1. 房地产信托的概念

信托是指委托人基于对受托人（信托公司）的信任，将其合法拥有的财产委托给受托人，由受托人按委托人的意愿以受托人自己的名义，为受益人的利益或者特定的目的，进行管理或者处分的行为。比如，甲将一笔5000万元的资金委托给乙信托公司用于投资某房地产开发公司的债权，在信托协议中约定，投资该债权所获得的收益全额支付给乙，则在此信托行为中，甲为委托人，某信托公司为受托人，甲指定乙为受益人。如果该案例中，甲约定收益全部归自己，则甲同时是委托人和受益人。

在国际上，房地产信托包括财产信托和资金信托。房地产财产信托是指房地产物业的所有人作为委托者将该房地产委托给信托公司，由信托公司按照委托者的要求进行管理、处分和收益，信托公司再对该信托房地产进行租售或委托专业物业公司进行物业经营，使投资者获取溢价或管理收益。房地产资金信托是指委托人基于对信托公司的信任，将自己合法拥有的资金委托给信托公司，由信托公司按委托人的意愿以自己的名义，为了受益人的利益或特定目的，将资金投向房地产业并进行管理和处分以获取收益，并将收益支付给受益人的行为。

我国的房地产信托随着信托行业的五次整顿，业务模式不停地发生着变化，目前主要业务是房地产资金信托，它是一种房地产项目的融资方式。根据我国的房地产信托状况，房地产信托的定义可以归纳为：信托公司利用自身的专业优势和信用，通过发行信托计划筹集资金与资产，以债权、股权及产权等方式为房地产项目提供资金支持，并通过房地产项目获利为委托人获取收益。

2. 房地产信托的分类

房地产资金信托根据委托人的数量不同分为集合资金信托和单一资金信托。集合资金信托是指信托公司按照委托人意愿，为了受益人的利益，将两个以上（含两个）委托人交付的资金进行集中管理、运用或处分的资金信托。同理，单一资金信托是指信托公司接受单个委托人的资金委托，依据委托人确定的管理方式（指定用途），或由信托公司代为确定的管理方式（非指定用途），单独管理和运用货币资金的信托。

3. 房地产信托融资条件

一般通过房地产信托融资的项目及公司需要符合下列条件：

1）在中国境内具有合法存续的房地产开发公司，并具有相应的房地产开发资质。

2）大股东及实际控制人具备良好的房地产开发经验。

3）项目公司、大股东及实际控制人信誉良好，不存在不良征信记录。

4）项目公司及大股东具备完善、真实的连续 3 年或自成立以来的财务报表。

5）融资项目盈利能力强，未来流动性良好，融资后财务安全系数较高。

除上述条件外，根据房地产信托资金进入房地产项目的方式不同，对融资项目及公司还具有如下不同的要求：

1）以股权方式进入房地产项目除考虑上述要求外，还需要考虑项目再融资方案的可行性，并对项目未来流动性异常看重。

2）以贷款方式进入房地产项目的除上述条件外，还需要项目公司或其大股东（法人股）具有二级以上房地产开发资质，项目公司自有投入资金占项目总投资预算的 35% 以上（保障房除外），融资项目已经具备国有土地使用证、建设用地规划许可证、建设工程规划许可证和建设工程施（开）工许可证（或建设工程开工报告），项目形象进度已经达到 ±0 以上。

3）以产权收购方式进入房地产项目的一般要求项目产权清晰、手续合法。

4）对于一次信托融资同时采用两种或两种以上的则需要同时考虑各种方式的要求，常见的是股权加债权的方式，一般称为夹层融资。

5.4.2 房地产投资信托基金（REITs）

1. 房地产投资信托基金的概念

房地产投资信托基金（Real Estate Investment Trusts，REITs）是指通过制订信托投资计划，信托公司与投资者（委托人）签订信托投资合同，通过发行信托受益凭证或股票等方式受托投资者的资金，用于房地产投资或房地产抵押贷款投资，并委托或聘请专业机构和专业人员实施经营管理的一种资金信托投资方式。

REITs 是购买、开发、管理和出售房地产资产的金融工具，投资者把资金投入到由专业房地产投资管理者经营管理的房地产投资组合中，REITs 将其相应的主要的投资收入现金流分配给投资者。REITs 在此项投资活动中，本身仅起到投资代理作用。

2. 房地产投资信托基金的分类

REITs 按其投资业务和信托性质的不同可以分为以下不同的类别：

(1) 按投资业务划分

按照 REITs 投资业务的不同，可以划分为权益型 REITs、抵押型 REITs 和混合型 REITs 三种。权益型 REITs 是以收益型物业的出租、经营管理和开发为主营业务，主要收入是房地产出租收入；抵押型 REITs 主要为房地产开发商和置业投资者提供抵押贷款服务，或经营抵押贷款支持证券（MBS）业务，主要收入来源是抵押贷款的利息收入；混合型 REITs 则同时经营上述两种形式的业务。其中，权益型 REITs 占主流地位。

(2) 按信托性质划分

按照 REITs 的信托性质不同，可以分为伞形合伙 REITs（UP-REITs）和多重合伙 REITs（DOWN-REITs）两种。伞形合伙 REITs 就是非上市房地产企业（一家或者多家）用它们所持有的若干收益性物业出资成立有限责任合伙公司，并将所拥有的资产换取合伙股权凭证（OP 单位）。投资者可以用现金购买其中的股份，而这家有限公司也可以购买股份并管理未来所投资的房地产资产。其中，发起单位可以把所持有的合伙股权凭证对外出售，以此获得大量的流动性资产。多重合伙 REITs 是在 UP – REITs 基础上发展而来的，其既能直接拥有和经营大部分房地产，又能以经营性合伙公司的普通合伙人身份拥有和管理其余房地产（一般是新收购或有限责任合伙人出资形成的房地产），这种形式更具灵活性。

3. 房地产投资信托基金的特征

房地产投资信托基金的特征主要包括以下五个方面：

(1) 流动性好

房地产作为不动产，销售过程复杂，属于非货币性资产，流动性差，房地产拥有者很难在短时间内将其兑换成现金。因此，直接投资房地产存在很大的变现风险。然而，公开上市的 REITs 可以在证券交易所自由交易，未上市的 REITs 的信托凭证一般情况下也可以在柜台市场进行交易流通，马上变现，流动性仅次于现金。因此，相对于传统的房地产实体投资而言，REITs 的流动性相对较强。

(2) 波动性低

REITs 的波动性小于股票，这是由于 REITs 的市场影响因素较少，大多数房地产投资信托每季度、每年的经营业绩都具有可预测性和稳定性，几乎不用担心其会受到重大负面效应的冲击。

(3) 现金回报高

REITs 的高收益主要是基于以下三点：

1) 股利支付比例高，按照有关法律规定，REITs 净收益的 95% 都必须以分红的形式返还投资者。

2) REITs 的收益波动小。

3) 税收优惠，REITs 具有避免双重征税的特征，在支付股利时具有递延纳税功能。

(4) 投资风险相对较低

REITs 风险相对较低，这主要是因为 REITs 管理的专业性、投资风险的分散性和监督的独立性。REITs 对房地产进行专业化管理，这是散户投资者所难以进行的，从某种意义上讲，REITs 具有基金产品的特征。REITs 一般拥有一系列房地产构成的投资组合，比单个的房地产商或个人投资者拥有更多样的房地产产品。这样，REITs 就保证了投资者资产组合的效益。股票市场上的 REITs 拥有的物业遍布各地，购买多个 REITs 股票，能使投资涵盖多种物业，分布在不同地区，从而保证投资更加安全。大部分的 REITs 是属于公募性质的投资机构，因此其受到第三方监督的力度更大。随着机构投资者越来越多地参与到 REITs 市场，公众获得的信息也将越来越多，REITs 运作的透明度也会越来越高。

（5）抵御通货膨胀

作为以房地产为价值基础的 REITs 产品，具有很强的保值功能，可以很好地抵御通货膨胀。通货膨胀来临时，物价上涨，房地产的价值也随之迅速攀升，以房地产作为价值基础的 RETs 的收益水平和股票价格也会随之上升，能够在一定程度上抵消通货膨胀的影响。

4. 房地产投资信托基金发行流程

REITs 首次公开发行（IPO）的工作内容包括：确定 IPO 方式与地点，组织包括发起人、受托人、管理公司等在内的 IPO 内部团队和上市代理人、会计师、房地产估价师、财务顾问及律师在内的 IPO 外部团队，确定进入 REITs 的房地产资产范围，房地产估价师对物业进行估价，会计师准备财务报告，起草送审材料，向证监会、证交所、相关政府部门提交送审材料，证监会、证交所、相关政府部门审核批准，路演和定价发行。

5.5 房地产项目融资方案

5.5.1 融资组织形式选择

研究融资方案，首先应该明确融资主体。房地产项目融资主体的组织形式包括：既有项目法人融资和新设项目法人融资。

1. 既有项目法人融资

既有项目法人融资是依托现有法人进行的融资活动，其特点是：

1）不组建新的项目法人，由既有项目法人统一组织融资活动并承担融资责任和风险。

2）拟建项目一般在既有项目法人资产和信用基础上进行，并形成其增量资产。

3）从既有项目法人的财务整体状况考察融资后的偿债能力。

2. 新设项目法人融资

新设项目法人融资形式是指新建项目法人进行的融资活动，其特点是：

1）项目投资由新设项目法人筹集的资本金和债务资金构成。

2）新设项目法人承担相应的融资责任和风险。

3）从项目投产后的经济效益来考察融资后的偿债能力。

5.5.2 资金来源选择

常用的融资渠道包括：自有资金、信贷资金、预售或预租收入、证券市场资金、非银行金融机构（信托投资公司、投资基金公司、风险投资公司、保险公司、租赁公司等）的资金、承包商带资承包和合作开发、其他机构和个人的资金等。

在估算出房地产投资项目所需要的资金数量后，根据资金来源的可行性、供应的充足性、融资成本的高低性，在上述房地产项目融资的可能资金来源中，最终选定项目融资的资金来源。

5.5.3 资本金筹措

资本金作为房地产项目投资中由投资者提供的资金，是获得债务资金的基础。

资本金出资形式可以是现金，也可以是实物、土地使用权等，实物出资必须经过有资格的资产评估机构作价，并在资本金中不能超过一定比例。国家对房地产开发项目资本金比例的要求是35%。

1. 新设项目法人资本金

新设项目法人项目资本金筹措渠道包括政府政策性资金、国家授权投资机构入股的资金、国内外企业入股的资金、社会团体和个人入股的资金。

2. 既有项目法人资本金

既有项目法人资本金筹措渠道包括项目法人可用于项目的现金、资产变现资金、发行股票筹集的资金、政府政策性资金和国内外企业法人入股的资金。当既有项目法人是上市公司时，可以通过公开或定向增发新股，为特定的房地产开发投资项目筹措资本金。房地产股票是房地产上市公司发给股东的所有权凭证，股票持有者作为股东承担公司的有限责任，同时享受相应的权利，承担相应的义务。房地产上市公司可根据企业融资需要，选择发行不同种类的房地产股票，包括发行普通股和优先股。

5.5.4 债务资金筹措

债务资金是指项目投资中除资本金外，需要从金融市场中借入的资金。债务资金筹措的主要渠道有信贷融资和债券融资。

1. 信贷融资

使用信贷资金经营，可充分利用财务杠杆的作用。

信贷融资方案需明确拟提供贷款的机构及其贷款条件，包括支付方式、贷款期限、贷款利率、还本付息方式和附加条件等。

2. 债券融资

债券融资是指项目法人以自身的财务状况和信用条件为基础，通过发行企业债券筹集资金，用于项目建设的融资方式。

企业债券作为有价证券，其还本付息的期限应根据融资目的、金融市场规律、相关法律法规和项目开发经营周期来确定，一般为3～5年。债券融资偿付方式有三种：第一种是偿还，到期一次性偿还本息；第二种是转期，即用一种到期较晚的债券来替换到期较早的在发债券；第三种是转换，即债券在有效期内，只需支付利息，债券持有人按照协议约定可以将债券转换成公司的普通股。可转换债券的发行，不需要以项目资产和公司其他资产作为担保。

5.5.5 预售或预租

由于房地产开发项目可以通过预售和预租在开发过程中获得收入，而且预售和预租收入又可以用作后续开发过程的投资，所以能大大减轻房地产开发商进行权益融资和债务融资的压力。

当然楼盘预售需符合相关要求：开发商投入的建设资金（不含土地费用）需达到或超

过工程建设总投资的25%以上，方可获得政府房地产主管部门颁发的预售许可证。

5.5.6 融资方案分析

在初步确定房地产开发项目的资金筹措方式和资金来源后，接下来需要进行融资方案分析，比较和挑选资金来源可靠、资金结构合理、融资成本低、融资风险小的融资方案。

1. 资金来源可靠性分析

资金来源可靠性分析主要是分析房地产开发项目所需总投资和分期投资是否得到足够的、持续的资金供应，即资本金和债务资金是否落实可靠。

2. 融资结构分析

融资结构分析主要是分析融资方案中的资本金与债务资金比例、股本结构比例和债务结构比例，并分析其实现条件。一般情况下，项目资本金比例过低，将给项目带来潜在的财务风险，股本结构反映项目股东各方出资额和相应的权益，应根据项目特点和主要股东的参股意愿，合理确定参股各方的出资比例。债务结构反映项目债务各方为项目提供的债务资金的比例，应根据债权人提供债务资金的方式、附加条件以及利率、汇率、还款方式的不同，合理确定内债与外债的比例、政策性银行与商业性银行的贷款比例、信贷资金与债券资金的比例等。

3. 融资成本分析

融资成本是指房地产开发项目为筹集和使用资金而支付的费用。融资成本包括债务融资成本和资本金融资成本。债务融资成本包括资金筹集费（承诺费、手续费、担保费、代理费等）和资金占用费（利息）。资本金融资成本中的资金筹集费同样包括承诺费、手续费、担保费、代理费等费用，其资金占用费则需要按机会成本原则计算，当机会成本难以计算时，可参照银行存款利率计算。不同融资方式的融资成本大致情况如下：自有资金的融资成本较低；银行贷款融资只需支付贷款利息，所以融资成本也较低；分期销售的融资成本高于全额付款；信托资金的融资成本较高；股权融资的成本较多地受到利益分配的影响，需在房地产利润中剥离出一部分给予股权融资者，一般股权融资成本也较高。

4. 融资风险分析

由于受资金的时间价值、流动性和市场自身的调节等因素的影响，融资方案的实施存在着各种风险，因此需要分析融资方案中可能遇到的各种风险因素，及其对资金来源可靠性和融资成本的影响。通常需要分析的风险因素包括资金供应风险、利率风险、汇率风险、市场和经营风险。资金供应风险是指融资方案在实施过程中，可能出现资金不落实，导致开发期拖长、成本增加、原收益目标难以实现的风险。利率风险是指融资方案采用浮动利率计息时，贷款利率的可能变动给项目带来的风险和损失。汇率风险是指国际金融市场外汇交易结算产生的风险。

本章小结

房地产产品开发是一种资金密集型生产活动，这必然决定了房地产业与金融业有着密切的联系。本章根据目前国内主流的房地产融资形式，从房地产融资的概念入手，从房地产融资的融资结构、融资方式、融资风险控制等方面，对房地产融资的一系列问题进行了深入探讨。本章理论性较强，特别是与REITs相关的房地产投资信托知识，需要课后多加研读。

思考与练习题

1. 什么是房地产权益融资、房地产债务融资？其区别是什么？
2. 什么是房地产直接融资、房地产间接融资？它们各自有什么特点？
3. 房地产股票市场融资和房地产债券市场融资的方式有哪些？
4. 房地产开发贷款和土地储备贷款应如何进行风险管理？
5. 金融机构对房地产项目贷款的审查包括哪些内容？
6. 房地产投资信托基金可以分为哪些类型？其区别是什么？
7. 房地产项目融资方案应包括哪些内容？

第6章

房地产开发项目管理

本章要点及学习目标

(1) 掌握项目成本控制与措施
(2) 熟悉项目质量控制与措施
(3) 熟悉项目进度控制与措施
(4) 了解竣工验收的方式方法
(5) 掌握合同管理的内容以及工程索赔
(6) 熟悉安全管理的内容

对于房地产开发企业来说，开发项目的实施和管理是整个开发过程中最主要的活动，它不仅决定企业能否为社会提供优质的服务产品，而且从经济角度分析，施工建设阶段的投入和开支非常大。因此，有效的项目建设管理是节约成本、提高房地产开发项目投资效益的关键环节。那么什么是项目管理？开发项目需要管理哪些方面？如何对开发项目的成本、进度、质量以及合同进行控制管理？如何进行工程索赔？如何进行项目竣工验收？本章将结合这些问题进行介绍。

6.1 房地产开发项目建设管理

房地产开发项目建设实施阶段是指房地产项目从开工到竣工验收所经过的全过程。开发商在建设阶段的主要工作目标就是要在开发项目投资预算范围内，按照项目开发进度计划的要求，高质量地完成建筑安装工程，使项目按时投入使用。房地产开发企业在建设阶段所涉及的管理工作就是从业主的角度，对项目建设实施过程包括质量、进度、成本、合同、安全等在内的工程项目管理。房地产开发过程中的工程项目管理，可由开发商自己组织的管理队伍来进行管理，也可委托监理机构负责管理。

1. 平行承发包管理

平行承发包是指房地产开发企业将工程项目的施工和设备、材料采购的任务分解后分别发包给若干个施工单位和材料、设备供应商并分别和每个承包商签订工程合同。各个承包商之间的关系是平行的，他们在工程实施过程中接受开发企业或开发企业委托的监理公司的协调和监督。

对于一个大型的房地产开发项目，开发企业既可以把所有的项目建设管理任务委托给一家监理商，也可以委托给几家监理商。平行承发包模式如图 6-1 所示。

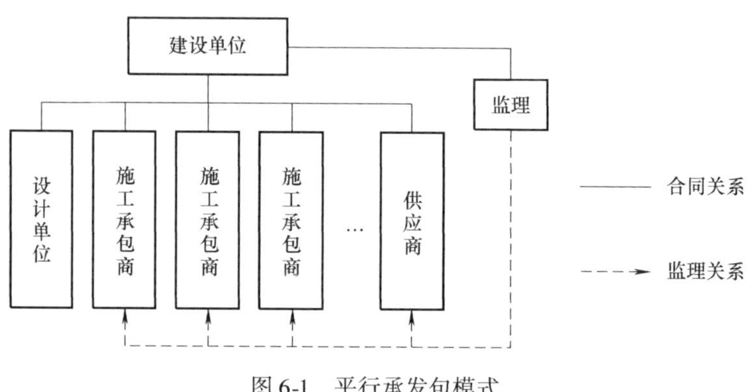

图 6-1　平行承发包模式

2. 总承包委托建设管理

工程项目总承包模式是指开发企业在项目立项后，将工程项目的施工、材料和设备采购任务一次性地发包给一个工程项目承包公司，由其负责工程的施工和采购的全部工作，最后向开发企业交出一个满足使用条件的工程项目。房地产开发商可以将一个房地产开发项目委托给一家总包单位，并委托一家监理商实施项目管理。总承包模式如图 6-2 所示。

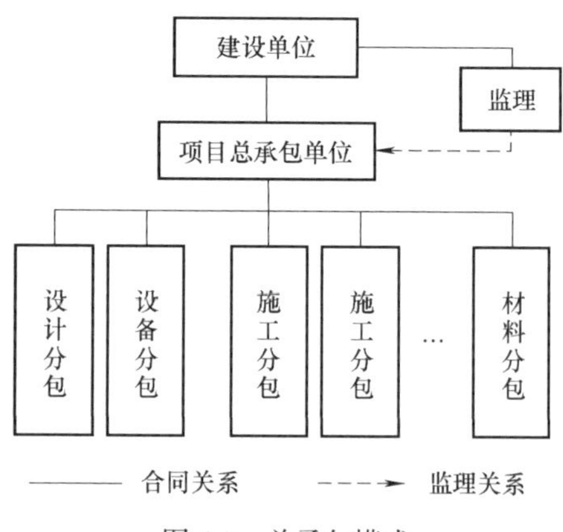

图 6-2　总承包模式

对于实施平行承发包管理模式来说，有利于开发商指挥各个承包单位，通过项目之间进度、投资等建设目标完成状况的比对实施奖惩策略，但由于参与单位过多，所以开发商组织协调工作量很大；对于实施总承包模式来说，开发商只需面对一家总承包单位，而各分包商之间的作业面协调、任务协调等工作由总承包商来做，开发商组织管理工作量较小，缺点是一旦总承包单位和开发商发生不可调和的矛盾，对开发项目的建设将会带来很大的影响。

无论委托多家承包单位还是一家总包单位，开发商与施工承包企业、监理企业均应分别签订合同，施工合同要明确承包企业的权利和义务，监理合同要明确工程监理的范围和内容。开发企业通过监理商与设计和施工单位协调，其所承担的组织、控制、协调等项目管理工作，也大都交予监理单位。开发企业需要组成一套精简的项目管理班子，结合项目的驻工地代表，主要在工程决策、工程支付控制等重大问题上行使管理职能。监理制对于业主来说有节约人力物力资源、发挥专业公司优势、注重项目总体控制的优势。

6.2 质量控制

质量控制是指项目管理机构按照合同中规定的质量目标或者依据国家标准规范为目标所对开发项目进行的监督与管理活动，包括决策阶段、设计阶段和施工阶段的质量控制。质量控制在项目施工阶段的任务主要是在项目施工过程中及时检查施工工艺规程能否满足设计要求和合同规定，对所选用的材料和设备进行质量评价、对整个施工过程中的工程质量进行评估，将获取的质量数据与国家有关规范、技术标准、相关规定进行对比，并做出评判。

工程施工阶段的工程质量控制工作主要包括下列方面：

1. 对原材料的检验

材料质量的好坏直接影响工程的质量。因此，为了保证材料的质量，开发企业应当在订货阶段就向材料供货商提供检验的技术标准，并将这些标准写入购货合同中。一些重要的材料应当在签订购货合同之前就取得材料的样品或样本，材料到货后要与样品进行对照检查，或进行专门的化验或试验。未经检验或不合格的材料不可以与合格的材料混装入库。

2. 对工程采用的配套设备进行检验

在各种配套设备安装之前均应进行检验和测试，不合格的设备不能采用。工程施工中应确立设备检查和试验的标准、手段、程序、记录、检验报告等制度；对于主要设备的试验与检查，条件许可下，可到制造厂家进行监督和检查。

3. 确立施工中控制质量的具体措施

1）对各个施工设备、仪器进行检查，特别是校准各种仪器仪表，保证在测量计量时不会出现严重误差。

2）控制混凝土质量。混凝土工程质量对建筑工程的安全有着极其重要的影响，必须确保混凝土浇筑质量。应采用严格的计量手段来控制混凝土中水泥、砂、石和水灰比，制定混凝土试块制作、养护和试压等相关管理制度，并安排专人进行监督执行；试块应妥善保存，以便将来进行强度检验，在浇筑混凝土之前，应当有专职的专业人员来检查挖土方、定位、支模和钢筋绑扎等工序的正确性。

3）对砌筑、装饰、水电安装等工程项目需要制定具体有效的质量检查与评定的办法，以保证质量符合合同中规定的技术要求。

4. 确立有关质量文件的档案制度

收集所有的质量检查和检验证明文件、试验报告，包括分包商在工程质量方面提交的相应的文件。

6.3 进度控制

进度控制是指以项目进度计划为依据，综合利用组织、技术、经济和合同等手段，对建设工程项目实施的时间管理。建设项目工程进度控制工作的主要内容包括：对项目建设总周期进行论证与分析；编制项目进度计划；编制其他配套进度计划；对项目进度计划执行进行监督；施工现场的调研与分析。

项目建设总周期的论证与分析就是对整个项目进行全盘考虑，全面科学规划，用来指导人力、物力的运用以及时间、空间的安排，最终确定经济、合理、科学的建设方案。

1. 工程进度计划的编制

1）将全部工程内容分解为单项工程或工序，单项工程或工序分解的细致程度可以根据工程规模的大小和复杂程度确定。

2）统计计算每项工程内容的工作量。一般情况下用工程量表中的计量单位来表示工作量，通常用 m^3 表示。

3）确定每个单项工程的施工期限。各个单项工程的施工期限应根据合同工期确定，同时要考虑建筑类型结构特征、施工方式、施工管理水平、施工机械化程度及施工现场条件等因素。

4）按正常施工的各个单项工程内容的逻辑顺序和制约关系，排列施工的先后次序，从每项施工工序的可能最早开工时间推算下去，可以得出全部工程竣工所需的工期；再反过来，从上述竣工日期向前推算，可以求出每一个施工工序的最迟开始日期。如果最早可能开工日期早于最晚开工日期，则说明某项工序有可供调节的机动时间。那么该项工序只要在最早开工和最迟开工时间之间的任何时候开工，均不会影响项目的竣工日期。

2. 进度管理及计划调整

制订进度计划的方法有两种，一种是应用传统的水平进度计划（横道图法），另一种是网络计划（网络图法）。

（1）横道图法

横道图法是用直线线条在时间坐标上表示出单项工程进度的方法。由于横道图制作简便，明了易懂，因而在我国的项目建设进度管理中普遍采用。对于一些并不十分复杂的建筑工程，采用这种图表是比较合适的（见图 6-3）。

用横道图编制进度计划时，在工程项目实际建设中，可以把项目的实际进度用虚线表示在图中，并与计划进度进行对比，从而方便调整工程进度。

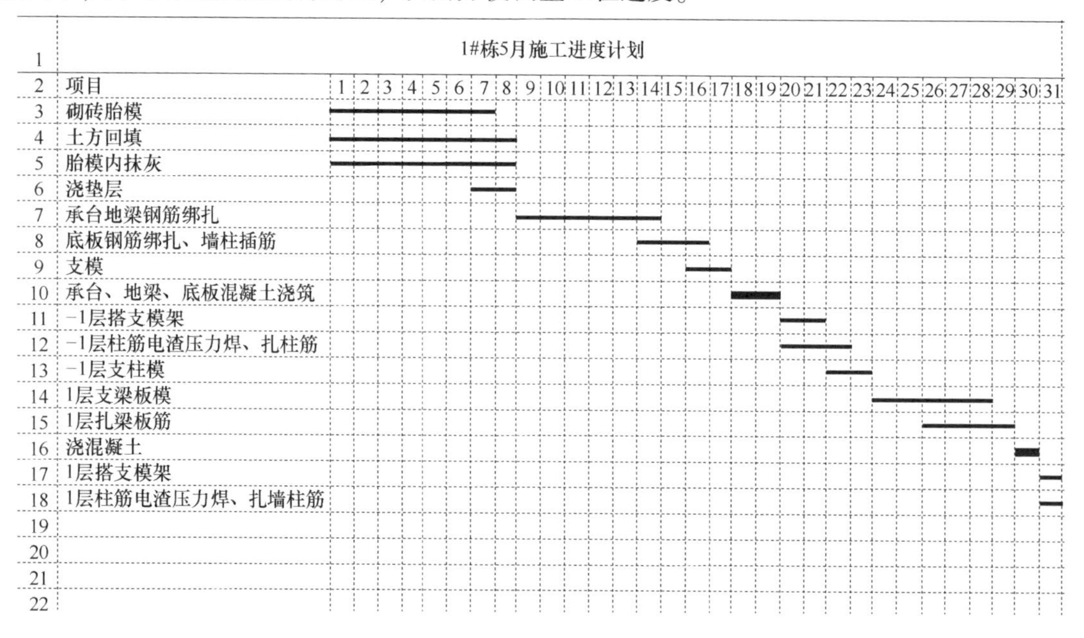

图 6-3　某项目施工进度计划横道图

横道图的缺点是从图中看不出各个单项工程之间的相互依赖和相互制约的关系，不能清楚地看出一项工作的提前或落后对整个工期的影响程度，也看不出哪些工序是关键工作，哪些是次要工作。

（2）网络图法

网络图法是以网络图的形式来表示工程进度计划的方法。网络图法的优点为在网络图中可确切地表明各个单项工作之间的相互联系和制约关系；此外，网络图法可以计算出工程项目中各个单项工作的最早和最晚开始时间，从而可以确定关键工作和关键线路，通过不断地改善网络计划，就可以求得各种优化方案，例如工期最短的网络计划、工程成本最低的网络计划等。

此外，在工程项目实施的过程中，根据工程项目的实际情况和客观条件的变化，可随时调整网络计划，使得项目进度计划永远处于最切合实际的最佳状态，保证该项工程能以最小的消耗取得最大的经济效益。网络图有单代号网络、双代号网络和时标网络三种表现形式，图 6-4 是某小型项目施工进度计划网络图。

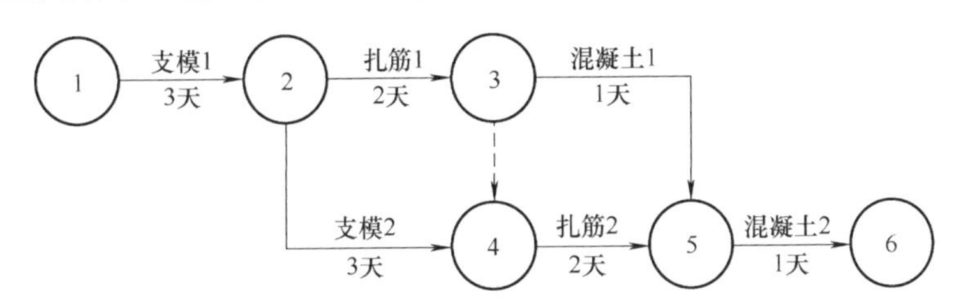

图 6-4　某小型项目施工进度计划网络图

3. 其他配套进度计划

除了工程进度计划外，还有其他与之相关的进度计划，例如材料供应计划、设备周转计划、临时工程计划等。这些进度计划的实施情况影响着整个工程的进度。

1）材料供应计划。根据工程进度计划，确定材料、设备的数量和供货时间，以及各类物资的供货程序，制订供应计划。

2）设备周转计划。根据工程进度的需要制订设备周转计划，包括模板周转，起重机械、土方工程机械的使用等。

3）临时工程计划。临时工程包括：工地临时居住房屋、现场供电、给水排水等。在制订了工程进度计划后也应制订相应的临时工程计划。

4. 进度控制中应关注的因素

影响工程进度的因素很多，需要特别重视的有以下几方面：

1）材料、设备的供应情况，包括各项设备是否完成，计划运到日期，各种材料的供货厂商是否已经确定，交货时间，材料检验及验收办法等。

2）设计变更。设计的变更修改通常会大量增加工作量，推迟工程项目进度。

3）劳动力的安排情况。劳动力过少则无法完成进度计划中规定的任务，而劳动力过多则会由于现场工作面不够而导致窝工现象的产生，因而也无法完成工程任务。所以要适当安排工人。

4）气象条件。应时刻关注天气气象情况，天气如果不好（如下雨、下雪），应尽量安排装修等室内施工任务；若天气晴朗时，则需加快室外施工进度。

6.4 成本控制

工程成本控制是降低成本费用、降低工程造价的重要手段。开发商的利润主要来自于租售收入扣除总开发成本后的余值，而工程造价又是开发总成本的主要构成部分，所以降低工程成本就能大幅增加开发利润。

1. 成本控制的主要工作内容

除了项目投资决策、项目勘察设计和工程项目发包阶段的成本控制外，项目施工阶段的工程成本控制主要包括下列方面的工作：

（1）编制各类成本计划

工程成本费用是随着工程项目进度的推进而逐期发生的，所以可以依据工程进度计划来编制各类工程成本计划。为了方便管理，工程成本计划的编制可以分解为五种类型：①编制材料、设备成本计划；②编制施工机械费用计划；③编制人工费成本计划；④编制临时工程成本计划；⑤编制管理费成本计划。根据上述五种工程成本计划的总和，即能得出总工程成本控制计划。在工程施工中，必须要严格按照成本计划来实施施工建设。对于未列入计划内的所有开支，必须严格控制。如果某部分项目出现了超出成本计划预算的预兆，应及时向相关部门提出警示，并及时采取补救措施来合理控制该项成本，以保证工程项目的正常实施。

（2）审查施工组织设计和施工方案

施工组织设计和施工方案会对工程项目总成本支出产生非常大的影响。制定科学合理的施工组织设计和施工方案，能有效减少工程建设成本支出。

（3）控制工程款的动态结算

工程项目工程款的支付方式有多种不同的方式，可以按月结算，也可以竣工以后一次结算或者分段结算以及工程项目建设约定的其他结算方式等。工程项目工程款的结算方式的不同，对开发商工程项目成本的实际支出数额有着较大的影响。对于房地产开发企业来讲，由于资金具有时间价值，工程项目工程款的支付越晚支付，开发商工程项目成本的实际支出就越少，对开发商就越有利。不过这样也会因为承包商自身经济能力有限影响到工程质量和进度。

（4）控制工程变更

在工程项目的具体实施过程中，由于一些突发情况导致工程项目在设计等方面出现变更，这些变更会引起工程量和施工进度的变化，以及开发商与承包商在执行合同时会出现纠纷争执等问题。这些由于工程变更所引起问题，都会使工程项目建设成本支出超出原来的预算成本限额。因此，要尽可能减少工程变更的数量来控制工程项目成本。

2. 控制工程成本的做法和手段

（1）强化意识，全员全过程成本管理

成本控制涉及工程项目建设中各个部门的每一个工作人员，每个人都能在成本控制工作中发挥作用。因此，首先要强化成本意识，统筹协调各个部门的所有成员共同参加成本控制工作。其次计划部门要事先听取工程项目现场管理人员的建议，编制科学合理、切实可行的成本计划。最后在成本计划实施中，应时刻关注项目施工管理人员的反馈信息，以便在有必要的时候对之前的成本计划进行修改或调整。

(2) 确定成本控制的主要对象

工程项目成本由很多不同类型的成本费用构成，其中有些成本费用在总成本费用中所占的比例较大，而有些成本费用所占的比例较小，一些成本费用会随着工程量的变化发生变动，另一些成本费用则在整个项目建设过程中固定不变。由于项目管理人员的精力、能力有限，在成本控制工作中不可能面面俱到，不可能把影响工程项目成本的所有要素全部考虑进去。因此在编制成本控制计划之前，一定要详细分析工程项目成本的构成，准确区分主要费用与次要费用、变动费用与固定费用，抓住主要因素和关键因素，这样才能有效地进行成本控制工作。

(3) 完善成本控制制度

完善的成本控制制度是工程项目成本管理工作的实施保障。首先，专职成本管理人员应当先编制一系列标准的报表，并对报表的填报内容与方法做出详细的规定。例如，每日各项材料的消耗表、用工记录（派工单）、机械使用台班和动力消耗情况记录等。其次，还应明确成本控制的各级管理人员的职责，并对成本控制管理人员与项目现场管理人员之间的合作关系和具体职责做出明确的划分。最后，项目现场管理人员要负责积累原始资料和填报各类报表，并交由成本控制人员进行数据整理、计算分析并定期编写成本控制分析报告。

(4) 制定有效的奖励措施

成本控制的奖励措施是调动各级各类人员降低成本的积极性的非常有效的方法。在制定奖励措施的时候要充分考虑成本管理人员的需要，要物质奖励和精神奖励相结合。

6.5 合同管理

随着经济全球化的发展，我国建筑行业日趋完善，逐步与国际惯例接轨，合同管理在现代建筑工程项目管理中的地位越来越重要，已经成为与质量控制、进度控制、成本控制和安全管理等并列的一大管理职能。

1. 合同管理的作用

1) 确定工程实施和工程管理的工期、质量、价格等主要目标，是合同双方在工程中进行各种经济活动的依据。

2) 规定合同双方在合同实施过程中的经济责任、利益和权利，是调节合同双方责权利关系的主要手段。

3) 履行合同、按合同办事。合同是工程项目建设过程中合同双方的最高行为准则，合法的合同一经签署，则成为法律文件，具有法律约束力。

4) 一个项目的合同体系决定了该项目的管理机制，开发商通过合同分解或委托项目任务，实施对项目的控制。

5) 是合同双方在工程实施过程中解决争执的依据。

2. 房地产开发项目的主要合同关系

(1) 开发商的主要合同关系

开发商为了顺利地组织实施其所承担的开发项目，需要在开发过程中签署一系列的合同。这些合同通常包括：土地使用权出让或转让合同、勘察设计合同、融资合同、咨询合同、工程施工合同、采购合同、销售合同、联合开发或房地产转让合同等。

（2）承包商的主要合同关系

承包商是工程施工的具体实施者，是工程承包（或施工）合同的执行者。由于承包商不可能、也不需要必备履行工程承包合同的所有能力，因此其通常将许多专业工作委托出去，从而形成了以承包商为核心的复杂合同关系。承包商的主要合同关系包括：工程承包合同、分包合同、供应（采购）合同、运输合同、加工合同、租赁合同、劳务供应合同、保险合同、融资合同、联合承包合同等。

3. 合同管理的主要工作内容

建设工程合同管理工作，包括建设工程合同的总体策划、投标招标阶段的合同管理、合同分析及实施过程中的控制。

1）建设工程合同总体策划阶段，开发商和承包商要慎重研究确定影响整个项目工程合同实施的根本性重大问题，确定项目工程的范围、承包方式、合同的种类、合同的形式与条件、合同的重要条款、合同的签订与实施过程中可能遇到的重大争议，以及与之相关的合同在内容、时间、组织、技术等方面的协调问题等。

2）由于工程项目招标投标环节是合同的主要形成阶段，对合同的整个生命期有着根本性的影响，通过对招标文件、投标文件等的分析和对合同风险的评估以及合同审查，明确合同签订时应注意的问题，就成为招标投标阶段项目工程合同管理的主要任务。

3）合同分析是对合同进行执行的关键环节，也是履行合同的基础，要通过合同分析来确定合同执行的具体战略与方法，同时要通过合同分析与解释，使每一个项目管理的参与者都能明确自己在整个合同实施过程中所处位置、扮演的角色及与内外部相关人员之间的关系，客观、准确、全面地念好“合同经”。

4）对合同实施过程中的控制是建立在现场的合同管理工作的基础之上的，其主要工作包括对合同实施情况进行监督、进行合同跟踪、合同诊断和制定合同措施等内容。建立完善合同实施保障制度、提高合同变更管理和合同资料文档管理的水平，是搞好合同实施控制的关键。

4. 工程索赔

（1）索赔的含义

索赔是指在房地产开发项目经济合同的实施过程中，合同当事人一方因对方不履行或不完全履行或未能正确履行合同既定义务，或由于对方的行为而使自己受到损失，则可以向对方提出赔偿的要求。在承包工程中，房地产开发项目工程索赔一般包括施工索赔和反索赔两种。承包商向开发商的索赔称为施工索赔，而开发商向承包商的索赔称为反索赔。通常情况下只要不是承包商自身的责任，而是由于外界环境的变化干扰造成的工期延长或成本费用增加，都能提出施工索赔。承包商索赔包含以下两种情况：

1）发包商违约，不履行或未完全履行合同责任的，如发包商不能按合同规定时间交付设计图造成工程拖延，承包商可提出赔偿要求。

2）发包商未违反合同，而由于其他特殊原因，如恶劣的气候条件、国家新政策法规的颁布等原因，使承包商造成损失的，承包商可提出补偿的要求。

（2）索赔分类

在承包工程中，索赔按照索赔要求来划分，通常有两种形式，具体如下：

1）工期索赔：工期（即合同期）的延长。每个承包合同中都有项目工程的开始时间、持续时间等工期要求和未按工期要求完工的处罚条款，承包商需要对由于自己管理不善或者自身的过失、过错造成的工期延误承担违约责任，接受工程合同的处罚。但是因为外界环境的变化干扰而造成的工期延误，承包商可以通过工期索赔得到开发商对工期补偿的认可，则可免去承包商的合同处罚。

2）费用索赔。承包商因为非自身的责任或者过错过失而造成工程成本费用的增加，使承包商遭受到经济损失的，承包商可以依照合同的规定，向开发商提出费用索赔的请求。如果该索赔请求得到开发商的认可，则开发商应向承包商支付这笔费用，用以补偿承包商的经济损失。这样承包商通过费用索赔实际上是提高了合同价格，不仅可以弥补自身遭受的损失，一定程度上还可以增加工程项目的收益。

（3）反索赔管理

开发商向承包商要求的索赔称为反索赔，反索赔主要包括以下四项内容：

1）延迟工期的反索赔。在工程建设项目实施中，如果承包方不能在合同规定的时间内完成合同约定的工程任务或设计内容，导致工程项目延迟交付，从而影响了开发商对工程项目的运营使用，给开发商带来一定的经济损失，开发商就可以向承包商进行反索赔。承包商应根据合同的约定条款和实际拖延的工期长短等因素对开发商的经济损失进行赔偿。

2）工程施工质量缺陷的反索赔。在工程建设项目实施中，如果承包商所使用的建筑材料或设备不能满足合同规定要求或国家规范的规定，或工程项目的质量不能满足施工技术规范验收规范的规定，或建设工程出现质量缺陷并且不能在质量缺陷责任期满之前完成对质量缺陷的修复工作，开发商可对承包商进行反索赔。

3）合同担保的反索赔。承包方在项目工程建设过程中，没有按照合同的规定履行对合同的相关内容进行担保的义务时，开发商可对承包商进行反索赔，承包商及其担保单位应对开发商的经济损失进行赔偿。

4）发包方其他损失的反索赔。在工程项目实施的过程中，合同当事人双方都在进行合同管理工作，都在主动积极寻求索赔的机会，所以如果合同当事人一方不能进行有效的合同管理，不仅会丧失索赔机会使自己的损失得不到补偿，还有可能被对方进行索赔，从而遭受更大的损失。此外，工程项目管理的其他方面与索赔也有着密切的联系，索赔除了需要合同管理人员及索赔小组成员的努力之外，工程项目管理其他各职能人员的配合也对其产生较大的影响。所以，索赔（反索赔）是对承包商（开发商）的综合管理水平的检验，它要求在合同全周期内，在合同实施的每个环节上，工程项目管理的每一个职能人员都要进行有效的管理工作。

6.6 安全管理[⊖]

房地产项目开发建设的过程是以人为本的绿色房地产开发建设的过程。房地产开发企业是工程项目的安全健康环境的主要负责人，安全问题是影响工程建设进度、质量和成本的一个重要方面。因此，增强安全管理，可以提高房地产开发项目的总体经济效益和社会效益。

⊖ 本节相关内容参看《中华人民共和国建筑法》（2019 年修正）第三十六～三十九、四十一、四十二、四十五～四十七条。

《中华人民共和国建筑法》（以下简称《建筑法》）规定工程建设中安全管理的原则是安全第一、预防为主。在规划设计阶段，要求工程设计符合国家制定的建筑安全规程和技术规范，保证工程的安全性能。在施工阶段，要求承包商在编制施工组织设计时，应根据建筑工程的特点制定相应的安全技术措施；对专业性较强的项目，应当编制专项安全施工组织设计，并采取安全技术措施。

为了达到安全生产的目的，《建筑法》还要求承包商在施工现场采取维护安全、防范危险、预防火灾等措施；有条件的，应当对施工现场实行封闭管理。施工现场对毗邻的建筑物、构筑物和特殊作业环境可能造成损害的，建筑施工企业应当采取安全防护措施。

承包商还应当遵守有关环境保护和安全生产的法律、法规的规定，采取控制和处理施工现场的各种粉尘、废气、废水、固体废物以及噪声、振动对环境的污染和危害。开发商应按照国家有关规定办理申请批准手续的可能情况包括：①需临时占用规划批准范围以外场地；②可能损坏道路、管线、电力、邮电通信等公共设施；③需要临时停水、停电、中断道路交通；④需要进行爆破作业等。

施工现场的安全由建筑施工企业负责。实行施工总承包的，由总承包单位负责。分包单位向总承包单位负责，服从总承包单位对施工现场的安全生产管理。开发商或其委托的监理工程师应监督承包商建立安全教育培训制度，加强对职工安全生产的教育培训；未经安全生产教育培训的人员，不得上岗作业。对危及生命安全和人身健康的行为有权提出批评、检举和控告。开发商与承包商还要认真协调安排工程安全保险事宜，按双方约定承担支付保险费的义务。

6.7 竣工验收

房地产开发项目的竣工验收是项目工程建设过程的最后一个程序，是全面检验设计质量、施工质量、考核工程造价的重要环节。只有通过竣工验收的建筑物才可以投入使用，出售或出租给消费者，使开发商的投资得到回报。因此，开发商对于满足竣工验收条件的工程项目，都会按照有关法律法规的规定和国家建筑工程项目质量标准的要求，及时进行竣工验收。对已经竣工的工程项目或单项工程，也应及时验收，并投入经营和交付使用，尽快发挥经济效益。

1. 竣工验收的要求

根据《房屋建筑和市政基础设施工程竣工验收规定》（建质〔2013〕171号）中第五条规定，工程项目符合以下要求方可进行竣工验收：

1）完成工程设计和合同约定的各项内容。

2）施工单位在工程完工后对工程质量进行了检查，确认工程质量符合有关法律、法规和工程建设强制性标准，符合设计文件及合同要求，并提出工程竣工报告。工程竣工报告应经项目经理和施工单位有关负责人审核签字。

3）对于委托监理的工程项目，监理单位对工程进行了质量评估，具有完整的监理资料，并提出工程质量评估报告。工程质量评估报告应经总监理工程师和监理单位有关负责人审核签字。

4）勘察、设计单位对勘察、设计文件及施工过程中由设计单位签署的设计变更通知书进行了检查，并提出质量检查报告。质量检查报告应经该项目勘察、设计负责人和勘察、设计单位有关负责人审核签字。

5）有完整的技术档案和施工管理资料。

6）有工程使用的主要建筑材料、建筑构配件和设备的进场试验报告，以及工程质量检测和功能性试验资料。

7）建设单位已按合同约定支付工程款。

8）有施工单位签署的工程质量保修书。

9）对于住宅工程，进行分户验收并验收合格，建设单位按户出具《住宅工程质量分户验收表》。

10）建设主管部门及工程质量监督机构责令整改的问题全部整改完毕。

11）法律、法规规定的其他条件。

2. 竣工验收的依据

《建设工程质量管理条例》（2019 年第二次修改）中明确项目或单项工程的竣工验收的依据是：完成建设工程设计和合同约定的各项内容；有完整的技术档案和施工管理资料；有工程使用的主要建筑材料、建筑构配件和设备的进场试验报告；有勘察、设计、施工、工程监理等单位分别签署的质量合格文件；有施工单位签署的工程保修书。

3. 竣工验收的工作程序

根据《房屋建筑和市政基础设施工程竣工验收规定》（建质〔2013〕171 号）中第六条规定，工程竣工验收应按以下程序进行：

1）工程完工后，施工单位向建设单位提交工程竣工报告，申请工程竣工验收。实行监理的工程，工程竣工报告须经总监理工程师签署意见。

2）建设单位收到工程竣工报告后，对符合竣工验收要求的工程，组织勘察、设计、施工、监理等单位组成验收小组，制定验收方案。对于重大工程和技术复杂工程，根据需要可邀请有关专家参加验收小组。

3）建设单位应当在工程竣工验收 7 个工作日前将验收的时间、地点及验收组名单书面通知负责监督该工程的工程质量监督机构。

4）建设单位组织工程项目竣工验收。

① 建设、勘察、设计、施工、监理单位分别汇报工程合同履约情况和在工程建设各个环节执行法律、法规和工程建设强制性标准的情况。

② 审阅建设、勘察、设计、施工、监理单位的工程档案资料。

③ 实地查验工程质量。

④ 对工程勘察、设计、施工、设备安装质量和各管理环节等方面做出全面评价，形成经验收组人员签署的工程竣工验收意见。

开发商在验收后十四天内要给予认可或者提出修改意见。如果工程项目竣工验收一次性通过的，承包商提交的验收报告日期为工程的实际竣工日期。如果是按照开发商要求修改后通过工程竣工验收的，承包商修改后提请验收的日期作为实际竣工日期。

开发商收到承包商提交的竣工验收报告后二十八天内不组织验收的或者验收后十四天内无修改意见的，视为验收通过，承包商不再承担工程保管和意外责任。

5）竣工验收备案。开发商应当自工程竣工验收合格之日起 15 日内，将建设工程竣工验收报告和规划、消防、环保等部门出具的认可文件或者准许使用文件报建设行政主管部门或者其他有关部门备案。办理工程竣工验收备案应提交的文件包括⊖：

① 工程竣工验收备案表。

② 工程竣工验收报告。竣工验收报告应当包括工程报建日期，施工许可证号，施工图设计文件审查意见，勘察、设计、施工、工程监理等单位分别签署的质量合格文件及验收人员签署的竣工验收原始文件，市政基础设施的有关质量检测和功能性试验资料以及备案机关认为需要提供的有关资料。

③ 法律、行政法规规定应当由规划、环保等部门出具的认可文件或者准许使用文件。

④ 法律规定应当由消防部门出具的对大型的人员密集场所和其他特殊建设工程验收合格的证明文件。

⑤ 施工单位签署的工程质量保修书。

⑥ 法规、规章规定必须提供的其他文件。

此外，住宅工程还应当提交住宅质量保证书和住宅使用说明书。

在组织竣工验收时，应对工程质量的好坏进行全面鉴定。工程主要部分或关键部位若因不符合质量要求而直接影响项目的使用和工程寿命的，应进行返修和加固，然后再进行质量评定。工程未经竣工验收或竣工验收未通过的，开发商不得使用，不得办理客户入住手续。

4. 竣工结算

竣工结算是反映建设工程项目实际造价的技术经济文件，是开发商进行经济核算的重要依据。工程竣工验收报告经开发商认可后，承包商应向开发商递交竣工结算报告及完整的结算资料，双方按照工程合同约定的合同价款和专用条款约定的合同价款调整内容来进行工程竣工结算。开发商收到承包商递交的竣工结算报告及结算资料后，通常要在1个月内予以核实，给予认可或者提出修改意见。开发商认可竣工结算报告后，应及时通知银行向承包商支付工程竣工结算价款。承包商收到竣工结算价款后，通常应在半个月内将竣工工程交付给开发商。

5. 编制竣工档案

技术资料和竣工图是项目的重要技术管理成果，是使用单位安排生产经营、住户适应生活的需要。物业管理公司依据竣工图和技术资料进行管理和进一步改建、扩建。因此，项目竣工后，要认真组织技术资料的整理和竣工图的绘制工作，编制完整的竣工档案，并按规定分别移交给房屋产权所有者和城市档案馆。

（1）技术资料的内容

1）前期工作资料。它包括建设工程项目的可研报告，项目建议书及批准文件，勘察资料、规划文件、设计文件及其变更资料，地下管线埋设的坐标标高等相关资料，征地拆迁报告及核准图样、原状录像或照片资料、征地与拆迁安置的各种许可证和协议书，施工合同、各种建设事宜的请示及批复文件等。

2）土建资料。它包括开工申请报告、建筑物构筑物及主要设备基础的轴线定位、水准测量及复查记录、砂浆、混凝土试块等材料的试验报告，原材料检验证明、预制构件、加工件和各种钢筋的出厂合格证和实验室检查合格证，地基基础施工验收记录、隐蔽工程验收记

⊖ 参阅《房屋建筑和市政基础设施工程竣工验收备案管理办法》(2009年修订)。

录，分部分项工程施工验收记录、设计变更通知单、建设工程项目质量事故报告及相应的处理结果记录，施工期间建筑物或构筑物沉降观测资料，竣工报告及竣工验收报告。

3）安装方面的资料。设备安装记录，设备、材料的验收合格证，管道安装记录，试漏、试压的质量检查记录，管道和设备的焊接记录，阀门、安全阀试压记录，电气、仪表检验记录，电机绝缘、干燥等检查记录，照明、动力、电信线路检查记录，建设工程项目质量事故报告及相应的处理结果记录，隐蔽工程验收单，设计变更资料，工程项目竣工验收单等。

（2）绘制竣工图

项目的竣工图是真实记录各种地上、地下的房屋建筑物构筑物等详细情况的技术文件，是后期对工程项目进行竣工验收、维护、改扩建的主要依据。因此开发商应组织、协助和督促承包商和设计单位，认真负责地把竣工图编制工作做好。竣工图必须准确、完整。如果发现绘制不准或有遗漏时，应采取措施进行修改和补漏。

技术资料应齐全，竣工图应准确、完整，符合归档条件，这是工程竣工验收的条件之一。在竣工验收之前不能完成的，应在验收后双方商定期限内补齐。绘制竣工图的做法如下：

1）按施工图施工而无任何变动，则可在施工图上加盖“竣工图”标志后，直接作为竣工图。

2）如果结构形式、建筑平面、项目以其他出现重大的改变，不宜在原施工图上进行修改补充，需要重新绘制竣工图。

3）基础、地下构筑物、管线，结构、人防工程等，以及设备安装等隐藏部位，都要绘制竣工图。

4）竣工图务必要与工程项目实际情况相符合，要保证施工图质量，做到规格统一、图面整洁、字迹清楚，一经施工技术负责人签认，不得任意涂改。

本章小结

房地产开发项目实施阶段的主要任务是在投资预算范围内，按照开发项目进度计划的要求，高质量地完成建设工作。开发项目的顺利实施对于房屋的后期销售、资金的按时回收、项目效益的实现意义重大，必须对开发项目的实施给予高度重视。开发商在建设阶段的三大目标是投资目标、工期目标和质量目标，所面临的主要任务是安全环境健康管理、投资管理、进度管理、质量管理、合同管理以及作为项目总负责人的组织与协调任务。本章正是从这样的一个概念出发，对建设阶段开发商的重点任务做了详细的介绍。

思考与练习题

1. 质量管理的原则有哪些？
2. 简述项目进度管理原理。
3. 横道图法和网络图法各自的优缺点是什么？
4. 合同索赔的计算方法有哪些？
5. 简述竣工验收的程序。
6. 竣工验收的方法有哪些？
7. 工程进度款的主要结算方式有哪些？

第 7 章

房地产开发市场营销

本章要点及学习目标

(1) 理解房地产市场营销的概念、现代市场营销观念及方法
(2) 了解房地产产品组合策略的内容和运用
(3) 理解房地产价格的构成、定价方法和定价策略
(4) 掌握房地产销售渠道的内涵和渠道选择的门类
(5) 理解房地产促销的概念、房地产促销四种策略的异同及组合方法，掌握房地产组合策略的内容

房地产市场营销是使房地产产品进入市场转换为现金、房地产企业实现销售目标的经营活动，是连接房地产生产者和消费者的纽带。那么房地产营销的基本理论有哪些？如何策划产品组合？如何制定产品价格？如何选择销售渠道？如何制定房地产促销组合策略？本章将对这些问题进行细致的讲解和分析。

7.1 房地产开发市场营销概述

7.1.1 房地产市场营销的概念

房地产市场营销是指房地产开发企业以房地产客户对房地产产品及其相关服务的需求为出发点，通过动态适应房地产客户的变化，有效地为房地产客户提供其满意的房地产产品及其相关服务，从而实现自己预期盈利目标的活动。它包括以下三个方面的含义：

1. 房地产市场营销具有特定目标

首先是通过房地产市场营销使客户的需求得到满足；其次是以营利为目的，追逐更多的长期利益；最后是推进房地产业及社会经济的整体发展。

2. 房地产市场营销必须适应客户需求的变化

房地产市场是动态变化的，只有不断适应客户需求的变化，房地产开发企业才能达到营

销的目的。

3. 房地产营销是产品和服务的综合营销

现代房地产市场营销已经成为沟通和连接房地产开发、流通、消费和使用的重要手段。服务在房地产市场营销中的作用越来越大，这一方面是由于客户的需求越来越高，很多需求只能在服务时才能发现并得到满足，另一方面是由于服务的竞争优势更具有持久性。

7.1.2 房地产营销的基本理论

1. 4P 营销理论

4P 是营销学名词，该理论认为市场营销是四个基本要素的有效组合。1960 年，美国营销学学者麦卡锡提出“产品、价格、渠道、促销”四大营销组合策略即 4P。产品（Product）、价格（Price）、渠道（Place）、促销（Promotion）4 个单词的首字母缩写为 4P。

1967 年，菲利普·科特勒在《营销管理：分析、规划与控制》书中进一步确认了以 4P 为核心的营销组合方法。

（1）产品（Product）

产品是对目标市场提供的商品和服务。产品应该注重开发的功能，要求产品有独特的卖点，把产品的功能诉求放在第一位。

（2）价格（Price）

价格是消费者为获得产品而支付的货币数量。价格应该根据不同的市场定位，制定不同的价格策略，产品的定价依据是企业的品牌战略，注重品牌的含金量。对于价值量大的房地产产品而言，价格是消费者决策的主要因素。

（3）渠道（Place）

渠道是产品传递给消费者的途径。房地产产品是一种特殊的商品，地理位置固定，因此不存在物流程序中加价的现象。房地产营销渠道包括直接渠道和间接渠道。企业应注重经销商的培育和销售网络的建立，企业与消费者的联系是通过渠道分销商来进行的。

（4）促销（Promotion）

企业注重以销售行为的改变来刺激消费者，以短期的行为（如让利、买一送一、营销现场气氛等）促成消费的增长，开拓市场，吸引其他品牌的消费者或导致提前消费来促进销售的增长。

2. 6P 营销理论

20 世纪 80 年代以来，市场营销学在理论研究的深度上和学科体系的完善上得到了极大的发展，4P 营销理论有了新的突破。

1986 年菲利普·科特勒提出了“大市场营销”概念，即在原来的 4P 组合的基础上增加“政治力量”（Political Power）和“公共关系”（Public Relations）。他认为公司必须懂得怎样与其他国家打交道，必须了解其他国家的政治状况，才能有效地向其他国家推销产品；另外，营销人员必须懂得公共关系，知道如何在公众中树立产品的良好形象。这一概念的提出，是 20 世纪 80 年代市场营销战略思想的新发展。1984 年，菲利普·科特勒在美国西北大学说：“我想我们学科的导向，已经从分配演变到销售，继而演变到市场营销，现在演变到‘大市场营销’”。

3. 10P 营销理论

随即，菲利普·科特勒又提出为了精通“4P”（战术上的），企业必须先做好另一个“4P”（战略上的）。

（1）第一个“P”是探查（Probing）

战略4P的第一个“P”就是要探查市场，市场由哪些客户组成、市场如何细分、需要些什么产品、竞争对手是谁，以及怎样才能使竞争更有成效。真正的市场营销人员所采取的第一个步骤，就是要市场调查研究，即市场营销调研（Marketing Research）。

（2）第二个“P”是细分（Partitioning）

细分即把市场细分成若干部分，每一个市场上都有各种不同的客户群体。人们有许多不同的生活方式，比如有些客户要买住宅，有的要买商铺，有的希望质量高，有的希望服务好，有的希望价格低。市场细分的含义就是要区分不同类型的客户，识别差异性客户群。

（3）第三个“P”是“优先”（Prioritizing）

由于任何企业都不能满足所有客户的需要，必须选择那些能在最大限度上满足其需要的客户，这就需要第三个P——“优先”。应确定哪些客户最重要，哪些客户应成为推销产品的目标。

（4）第四个“P”是定位（Positioning）

定位就是必须在客户心目中树立某种形象。如果客户认为某一品牌房产极好，那就是说它的市场地位很高；而另一品牌房产的声誉不好，则认为其市场地位较低。因此，公司必须决定，打算在客户心目中为自己的产品树立什么样的形象。产品一旦经过定位，便可以运用上面提到的战术“4P”。如果某公司想要生产出市场上最佳品，那么该公司就应该知道：它的产品质量要最高，价格也要高，渠道应该是最好的经销商，促销要最优秀的推销人员等。如果公司将产品定位为一种经济型产品，那么就应该采用与此不同的营销组合。因此，关键是怎样决定产品的市场地位。

4. 4C 营销理论

4P理论是站在销售方的立场，而不是从客户的角度去考虑。1990年，美国学者罗伯特·劳特朋（Robert Lauteerborn）教授提出了与传统4P营销理论相对应的4C营销理论。4C营销理论又称整合营销理念，该理论认为应以客户（Customer）为中心进行营销，关注并满足客户在成本（Cost）、便利（Convenience）方面的需求，加强与客户的沟通（Communication）。该理论注重以消费者需求为导向，比4P理论有了较大发展。

（1）客户（Customer）

Customer主要是指客户的需求。由于客户的生活经历、受教育程度、家庭结构、工作性质各不相同，每个人对房地产产品需求的侧重点也大不相同。因此，企业必须首先了解和研究客户，根据客户的需求来提供产品。同时，企业提供的不仅仅是产品和服务，更重要的是由此产生的客户价值（Consumer Value）。

（2）成本（Cost）

Cost不单是指企业的生产成本，或者说4P中的价格，它还包括客户的购买成本，同时也意味着产品定价的理想情况，应该是既低于客户的心理价格，又能够让企业盈利。此外，客户购买成本不仅包括其货币支出，还包括其为此耗费的时间、体力和精力，以及购买风险。

（3）便利（Convenience）

Convenience是指为客户提供最大的购物和使用便利。4C营销理论强调企业在制定分销策略时，要更多地考虑客户的方便，而不是企业自己的方便。不断改善购房服务的每一环节，为客户提供就近便捷且价格、信息、质量完全统一的服务，使交易过程变得更透明与便捷。

（4）沟通（Communication）

Communication 则被用以取代 4P 中的 Promotion。4C 营销理论认为，企业应通过同客户进行积极有效的双向沟通，建立基于共同利益的新型企业与客户的关系。这不再是企业单方面的促销和劝导客户，而是在双方的沟通中找到能同时实现各自目标的途径。

5. 4R 营销理论

企业是一个相对独立的开放系统，它与周围环境存在着互动关系，4R 理论最突出的特点是强调用系统观点来开展营销活动。该理论有两位提出者：2001 年艾略特・艾登伯格（Elliott Ettenberg）在《4R 营销》一书中提到 4R 理论，唐・舒尔茨（Don E. Schultz）在 4C 营销理论的基础上提出了 4R 营销理论。

4R 是指市场反应（Reaction）、客户关联（Relevancy）、关系营销（Relation）和利益回报（Retribution）。这种理论以关系营销为核心，注重企业与客户关系的长期互动，关键点是建立客户忠诚。它既从企业利益出发又兼顾客户的需求，是一种更实用、有效的营销策略。4R 理论包括如下内容：

（1）提高市场反应速度

在相互影响的市场中，对经营者来说最现实的问题不是如何控制、制订和实施计划，而是如何站在客户的角度及时倾听，并及时回复和迅速做出反应，以满足客户的需求。

（2）与客户建立关联

在竞争性市场中，客户具有动态性。客户忠诚度是变化的，会转移到其他企业。要提高客户的忠诚度，重要的营销策略是通过某些有效的方式在业务、需求等方面与客户建立关联，形成一种互助、互求、互需的关系，把客户和企业联系在一起，这样能大大减少客户流失的可能性。

（3）关系营销越来越重要

客户关系营销是通过不断改善企业与消费者之间的关系，实现客户固定化的一种重要营销手段。由此产生了五个转变：从一次性交易转变为强调建立长期友好合作关系；从着眼于短期利益转变为重视长期利益；从客户被动适应企业单一销售转变为客户主动参与到生产过程中；从相互的利益冲突转变为共同的和谐发展；从管理营销组合转变为管理企业与客户的互动关系。

（4）回报是营销的源泉

任何交易与合作关系的巩固和发展，都是经济利益问题。因此，一定的合理回报既是正确处理营销活动中各种矛盾的出发点，也是营销的落脚点。

7.2 房地产开发市场营销的产品策略

房地产企业的市场营销活动应以满足客户需要为中心，而客户需要的满足只能通过提供某种房地产产品和服务来实现。房地产企业只有提供满足客户需要的房地产产品和服务并令客户满意，才能实现获取利润的目标。

房地产产品策略是指房地产企业为了实现企业的经营目标和营销目标，根据消费者需求为市场开发、建设房地产产品所采取的所有对策和措施。产品策略是房地产市场营销组合中首要的和最重要的因素，是制定房地产价格策略、销售渠道策略和促销策略的基础，是市场营销组合策略的核心。

7.2.1 房地产产品的概念

运用产品策略首先要明确产品的概念。狭义上，人们通常将产品理解为具有某种物质形状，能提供某种用途的物品。广义上，产品是指能够提供给市场，用于满足人们某种欲望和需要的任何东西，包括实物、服务、场所、设计、软件、意识、观念等各种形式，亦称产品的整体概念。它包含核心产品、形式产品和延伸产品三层含义。

房地产核心产品是指能满足客户的基本利益和使用功能的房地产产品。它是房地产产品最基本的层次，是满足客户需求的核心内容，满足生活居住、办公及生产经营、投资获益等需要。房地产形式产品是核心产品所展示的全部外部特征，包括房地产的区位、质量、外立面与建筑风格、建筑材料、楼盘名称、建筑结构与平面布局、室外环境等。房地产延伸产品即附加产品，是指客户通过房地产产品的购买和使用所得到的附加服务以及附加利益的总和。一般表现为房地产产品销售过程中的信息咨询、房地产产品说明书、按揭保证、装修、租售代理以及物业管理等。

7.2.2 房地产产品的类型

1. 土地

从事土地开发的房地产企业从土地一级市场获得“生地”或“毛地”，经过“三通一平”或“七通一平”，将土地开发成“熟地”，进入土地的二级市场流通。

2. 居住物业

居住物业是指供人们生活居住的建筑，它包括普通住宅、公寓、别墅等。居住物业作为满足人类居住需要的建筑物，在城市建设中所占比重最大。

3. 写字楼

写字楼是一种供机关、企事业单位等办理行政事务和从事业务活动的建筑物，也称办公楼。写字楼一般由办公用房、公共用房、服务用房三部分组成。写字楼从结构看可分为两种类型，一种是商住两用写字楼，另一种是纯商业性的写字楼。

4. 商业物业

商业物业是进行商品交换和流通的建筑物和场所。它包括专卖商店、商场、百货商店、批发商店、商品交易中心、超级市场、地下商业街、购物中心等。

5. 工业物业

工业物业是为工业生产提供活动空间的物业。它包括厂房、仓库、堆场等。

6. 旅馆、酒店

它是为旅客提供住宿、饮食服务以及娱乐活动的公共建筑。类型可分为旅游旅馆、酒店，会议旅馆、酒店，汽车旅馆和招待所等。

7. 高层建筑综合体物业

所谓综合体物业，又称“建筑综合体”，是由多个功能不同的空间组合而成的建筑。

8. 特殊物业

特殊物业主要有娱乐中心、赛马场、高尔夫球场、汽车加油站、停车场、飞机场、车站、码头等物业。

在现代市场经济条件下，每一个房地产企业都应致力于产品结构优化，及时开发新产品，满足市场新需要，提高企业竞争力，取得良好的经济效益。

7.2.3 产品组合策略

1. 产品组合的概念

产品组合是指一个企业生产和销售的全部产品的结构。产品组合一般由若干产品线组成。产品线是指企业经营的产品核心内容相同的一组密切相关的产品。它们有类似的功能，只是在户型、档次、设计等方面有所不同。如住宅包括低档住宅、普通住宅、高档住宅、别墅等。产品项目是产品线中的一个明确的产品单位，它可以依据尺寸、价格、外观等属性来区分，也可以依据品牌来区分，如不同户型、档次、设计风格的单个物业。

产品组合包括产品组合的广度、长度、深度和关联度四个变量要素。

1）产品组合的广度是指一个企业生产经营的产品线的总数。产品线越多，说明产品组合的宽度越宽。扩大产品线的宽度，有利于房地产企业开拓新的市场。

2）产品组合的长度是指一个企业的产品项目总数。通常，每一条产品线中包括多个产品项目，企业各产品线的产品项目总数就是企业产品组合长度。产品组合的长度越长，说明企业的产品品种越多、规格越多。

3）产品组合的深度是指一条产品线中所包含的产品项目的数最，加深产品的深度能够激发房地产企业的潜能，占领更多的房地产细分市场，如独栋别墅中各个建筑风格的数目，联排、多层中各个户型的数目。

4）产品组合的关联度是指企业生产的各条产品线在最终用途、生产条件、销售渠道等方面存在的相互关联程度，如房地产开发企业组建物业管理公司，就是由于住宅产品与物业服务具有较高的关联度。较高的产品的关联性能带来企业的规模效益和范围效益，提高企业在某一地区、行业的声誉。

房地产产品组合是房地产企业向市场提供的全部物业的结构或构成。房地产产品组合策略是房地产企业根据开发与经济能力和市场环境做出的关于企业产品品种、规格及其生产比例等方面的决策，一般从产品组合的广度、长度、深度和关联度等方面做出决定。房地产产品组合如图 7-1 所示。

2. 产品组合策略

根据房地产产品的特点，不同的房地产企业或同一房地产企业不同时期可以采用的产品组合策略如下：

1）扩大产品组合，包括开拓产品组合的广度和加强产品组合的深度。

① 加大广度。在项目中建设多种物业形态，分散企业风险，如城市综合体，其业态包括大型商业中心、商业步行街、商务酒店、写字楼和精装豪宅等。

② 加强深度。在同类产品中细分更多的市场，满足更广泛的市场需求，如别墅项目中，每栋别墅都有不同的建筑风格。

2）缩减产品组合。在市场不景气或原料能源供应紧张时期，剔除那些获利小甚至亏损

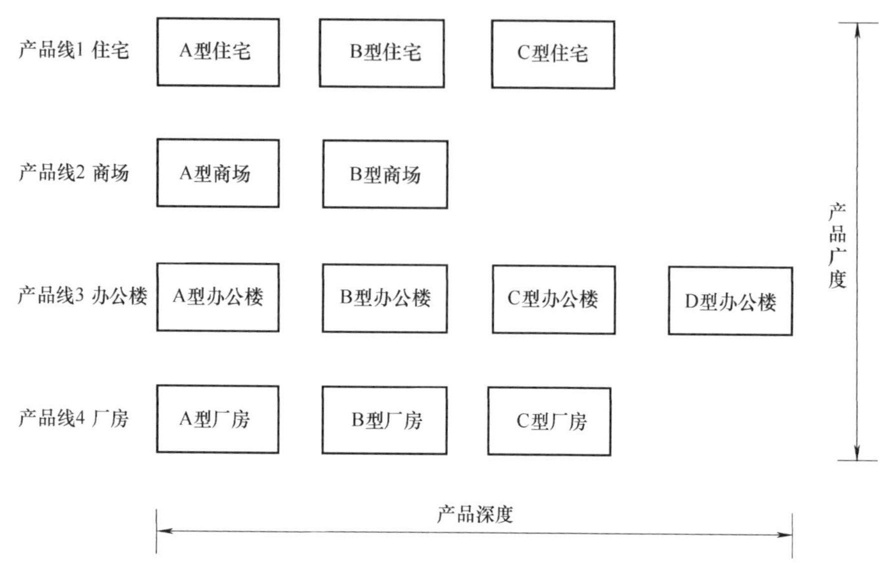

图 7-1　房地产产品组合

的产品项目，集中力量发展获利多的产品项目。

3）产品线延伸。产品线延伸是指全部或部分地改变原有产品的市场定位。

① 向下延伸。在高档项目中增加低档大众的物业形态。例如，一期开发别墅等高档产品，二期推出多层等大众低端的产品。

② 向上延伸。在原有产品中增加高端产品项目。例如，一期推出多层、高层，二期推出别墅，或景观好位置佳的高端物业。

3. 住宅房地产产品的产品设计

住宅房地产产品的面积，类型配比是住宅房地产开发项目产品组合主要策略。一个楼盘只有具备适当的有针对性的面积、类型配比的产品组合，才能形成丰富的产品品种系列。住宅房地产产品的面积、类型配比的拟定是在对市场深入研究的基础上结合项目的定位而做出的。

1）面积配比是指各种面积范围内分布的单元数，在整个项目或某个销售单位的单元总数中各自所占的比例。面积配比所对应的是总价市场。因为在单价一定的基础上，略去层次差价、朝向差价等价格微调因素，面积小的势必总价低，面积大的势必总价高；而房屋总价则是消费者购买力水平的集中体现，是区分目标市场最基本的标准参数。因此，理想中的面积配比是应该与目标客源的总价市场吻合的。

2）类型配比是指独栋别墅、联排别墅、叠加别墅、二室二厅、三室二厅等各种形式格局的单元数，在整个项目或某个销售单元的单元总数中各自所占的比例。

7.3 房地产开发市场营销的价格策略

7.3.1 房地产价格

在房地产销售管理过程中，房地产价格是十分敏感而关键的因素。价格的制定和调整关系到房地产产品的接受程度、企业销售目标和经营战略的完成情况。因此，房地产企业应从房地产价格的实际构成出发，在综合考虑各种影响因素的基础上，遵循科学的定价程序和方法，尽可能合理定价，并适时做出调整和修订。

1. 房地产价格的概念

房地产价格是指在房屋建造、建设用地开发及经营过程中，凝结在房地产商品中的物化劳动和活劳动价值量的货币表现形式。它是由土地取得成本、开发成本、管理费用、贷款利息、税费和利润组成的。

2. 房地产价格的构成

（1）土地取得成本

土地取得成本是指取得房地产开发用地所必需的费用、税金等。土地取得途径不同，其取得成本也不同。通过征收农地取得开发用地的，其成本包括农地征收过程中发生的费用（如征地补偿费、安置补助费、征地管理费、耕地占用税等）和土地使用权出让金等；通过拆迁城市房屋取得用地的，其成本包括拆迁中发生的费用（如房屋拆迁补偿安置费、房屋拆迁估价服务、管理费等）和土地使用权出让金等；通过市场购买的，其成本包括购买土地的价款和税费等。

（2）开发成本

开发成本是指在开发用地上进行基础设施和房屋建设所需的直接费用、税金等，包括勘察设计和前期工程费、基础设施建设费、房屋建筑安装工程费、公共配套设施建设费和开发建设过程中的税费。

（3）管理费用

管理费用是指为组织和管理房地产开发经营活动所必需的费用，包括房地产企业人员的工资及福利费、办公费、差旅费等，一般按土地取得成本与开发成本之和的一定比例来测算。

（4）贷款利息

贷款利息包括土地取得成本、开发成本和管理费用的利息。

（5）税费

税费是指进行房地产销售所必需的费用，包括营业税、城市维护建设税和教育费附加，以及其他应由卖方负担的税费等。

（6）利润

利润是指房地产企业完成销售后的销售收入扣除全部生产、销售的成本，并缴纳税金后的净利润。

7.3.2 房地产项目定价方法

房地产销售价格制定的方法较多，归纳起来可分为三大类：成本导向定价法、需求导向定价法和竞争导向定价法。

1. 成本导向定价法

成本导向定价法是以产品单位成本为基本依据，再加入预期利润和税金来确定价格的定价方法，是房地产企业最常用、最基本的定价方法。

由于房地产成本的形态不同，以及在成本基础上核算利润的方法不同，因此成本导向定价法又衍生出了成本加成定价法、目标利润定价法、变动成本定价法、盈亏临界点定价法等几种具体的定价方法。

1）成本加成定价法又称完全成本定价法，是以成本为中心的传统定价方法，即在单位成本的基础上，再加上一定比率的加成来制定房地产价格。用公式表示如下：

$$价格=成本+利润+税金 \tag{7-1}$$

$$单价=单位成本\times(1+成本利润率)/(1-利率) \tag{7-2}$$

其中，利润即加成，是售价与成本之间的差额，一般以成本为基数的成本利润率（成本加成率）来计算，税金是按销售收入为基数进行计算。

2）目标利润定价法又称投资收益定价法，是根据房地产企业的总成本和计划的总销售量，再加上按投资收益率确定的目标利润额来进行定价的方法。用公式表示如下：

$$价格=(总成本+目标利润+税金)/预计销售面积 \tag{7-3}$$

$$目标利润=投资总额\times(1+投资收益率) \tag{7-4}$$

其中，投资收益率的确定是关键，其下限是同期银行存款利率，具体取值由企业根据具体情况而定。

3）变动成本定价法又称边际贡献定价法，是企业以房地产开发的变动成本为基础来确定产品销售价格的方法。用公式表示如下：

$$预计单价=单位变动成本+单位边际贡献 \tag{7-5}$$

一般而言，企业的销售收入，首先补偿变动成本，然后是固定成本。当边际贡献等于固定成本时，企业可实现保本；当边际贡献大于固定成本时，企业可实现盈利；当边际贡献小于固定成本时，企业就要亏损。因此，在正常情况下，企业据此确定的售价不得低于变动成本与目标利润、税金之和，即售价≥变动成本+目标利润+税金；在竞争十分激烈、形势比较严峻的情况下，企业确定的售价只需要高于变动成本即可，实际上这是一种减少损失的策略。

2. 需求导向定价法

需求导向定价是指以客户需求为中心，依据购买方对产品价值的理解和需求强度来定价，而非依据销售方的成本定价。其主要方法有理解价值定价法、需求差别定价法和最优价格定价法。

1）理解价值定价法。理解价值也称“感受价值”或“认知价值”，是消费者对于商品的一种价值观念，这种价值观念实际上是消费者对商品的质量、用途、款式以及服务质量的评估。理解价值定价法的基本指导思想是认为决定商品价格的关键因素是消费者对商品价值的认识水平，而非销售方的成本。

2）需求差别定价法又称区分需求定价法，是指某一产品可根据不同需求强度、不同购买力、不同购买地点和不同购买时间等因素，制定不同的售价。

3）最优价格定价法。最优价格定价法是企业根据消费者对某种产品的接受程度来确定销售价格的方法。这里的接受程度是指产品价格的高低直接关系到消费者对该种产品的购买量。考虑到销售量、销售价格与企业利润之间的密切关系，在追求最大利润的情况下，企业可以测算出相应的最优销售价格。

3. 竞争导向定价法

竞争导向定价是指企业为了应付市场竞争的需要而采取的特殊的定价方法。它是以竞争者的价格为基础，根据竞争双方的力量等情况，制定较竞争者价格低、高或相同的价格，以达到增加利润，扩大销售量或提高市场占有率等目标的定价方法。竞争导向定价有随行就市定价法、主动竞争定价法两种方法。

1）随行就市定价法。它是以同行业竞争商品现行的平均价格水平为基础，适当考虑本企业产品的质量、成本等方面的因素来确定产品售价的方法。这种方法的原则是使本企业产品的价格与竞争产品的价格保持相当水平，当本企业产品比同类产品的质量好或功能多时，其价格可在竞争产品平均价格的水平上适当提高，反之则可以适当调低。采用这种定价方法，本企业和竞争对手的产品可以在市场上和平共处，消费者易于接受，定价风险小。

2）主动竞争定价法。它是企业立足于竞争，以本企业与竞争对手在产品上的差异来制定销售价格的方法。其一般为实力雄厚或产品独具特色的企业所采用。房地产企业通常采用低价以抢占市场，提高本企业产品的市场占有率，排斥或兼并其他企业。采用这种定价方法的风险较大，企业需慎重考虑，充分调研市场和竞争对手。

7.3.3 房地产定价策略

房地产销售价格的制定，不仅需要以科学的理论和方法为依据，还要有高超的定价策略和技巧。定价策略是对定价进行指导的思想和原则，目的是通过灵活运用价格手段，在不同时间、不同地点可以采用不同的定价策略，使企业适应市场的不同情况，实现企业的定价目标和销售目标。房地产企业常用的定价策略有总体价格策略、营销过程定价策略、折扣定价策略、心理定价策略和差别定价策略。

1. 总体价格策略

总体价格策略可分为高价策略、低价策略和中价策略。

（1）高价策略

高价策略又称撇脂定价策略，是指将房地产产品价格确定在同市场比较高的价格水平上，以求在产品生命周期的开始阶段获取高额利润，尽快收回投资。这种策略的优点是：便于获利、便于调价，高价也容易给客户留下品质优异的印象。缺点是：销售会增加难度。

（2）低价策略

低价策略又称渗透定价策略，是指将房地产产品价格确定在同市场比较低的价格水平上，以吸引消费者，迅速打开市场，提高市场占有率。这种策略的优点是：便于销售、增强竞争力。缺点是：投资回收期长、低价容易给客户留下品质不佳的不良印象。

（3）中价策略

中价策略又称满意定价策略，是指将房地产产品价格确定在同市场适中的价格水平上，既能保证企业获取一定的利润，又能被消费者接受。运用该策略制定价格时，一般采用反向定价法，即企业首先通过市场调研，了解消费者易于接受的价格，然后结合本企业产品的成本、利润等因素研究销售价格，这能让企业和消费者都感到满意，故称为满意定价。这种策略的优点是：能被消费者普遍接受，且竞争性不强，风险较小，适合企业长期采用。缺点是：定价较保守，不适于复杂多变或竞争激烈的市场环境。

2. 营销过程定价策略

营销过程定价策略又分为低开高走定价策略、高开低走定价策略、稳定价格策略。

(1) 低开高走定价策略

低开高走定价策略是指先将房地产商品房价格确定在同一市场比较低的价格水平上，然后随着销售情况逐步提高售价的策略。这种策略的优点是给首批客户以经济实惠的感觉，促使后续客户抢购，增加人气。此种策略关键是要掌握好起步价、调价频率和调价幅度。

(2) 高开低走定价策略

高开低走定价策略是指先将房地产商品房价格确定在同一市场比较高的价格水平上，然后随着销售情况逐步降低售价的策略。这种策略的优点是给首批客户以优质优价的感觉，给后续客户以实惠。但这种策略容易造成商品房品质下降的不良印象，故要慎用。

(3) 稳定价格策略

稳定价格策略是指房地产开发企业在整个房地产营销期间，售价始终保持相对稳定，既不大幅度提价，也不大幅度降价。

3. 折扣定价策略

折扣定价策略是指在原有价格基础上减让一定比例价款的定价策略，如现金折扣、数量折扣、季节折扣和功能折扣。

(1) 现金折扣

现金折扣是指客户及时付现或提早付现而给予一定比例折扣的策略。采用这种定价方法，可以鼓励客户及时付清房款，防止出现呆账，加速企业的资金周转。

(2) 数量折扣

数量折扣是指客户购买多套商品房时给予价格优惠的策略。一般来说，购买的面积越大或金额越高，给予的折扣也越大，以扩大企业产品的销售量。

(3) 季节折扣

季节折扣是企业根据销售季节的不同，给予客户和中间商折扣的策略。一般来说，企业在销售旺季给予较小或没有折扣，而在淡季则给予较大的折扣，目的是鼓励客户反季节购买。

(4) 功能折扣

功能折扣是企业根据中间商在营销中所担负功能的不同，分别给予不同的折扣，其目的在于充分调动不同中间商的积极性，大力开展促销活动，加快本企业产品的销售。

4. 心理定价策略

心理定价策略是指为适应和满足不同客户购买心理而实施的定价策略，如尾数定价策略、整数定价策略、声望定价策略和习惯定价策略等。

(1) 尾数定价策略

尾数定价策略是指房地产企业利用客户感知数字的心理特征，有意制定尾数价格，其方法是尽可能在价格数字上不进位，让客户产生产品价格较廉的感觉。另外将尾数精确到十位数，如5980元/m^2，使客户认为产品价格计算准确，从而在心理上产生真实感、便宜感和信任感，增加对该产品的消费。

(2) 整数定价策略

整数定价策略是指房地产企业将产品价格定为一个整数、不留尾数的一种策略。房地产产品在设计、质量、结构、建材等方面差异较大，客户往往借助产品的价格来判断产品的档次或价值，整数定价就可以给客户“一分钱一分货”的感觉，尤其适用于高档商品房价格的制定，通过定价以显示产品的优质和名牌，客户通过产品的售价显示自己的身份和地位。

（3）声望定价策略

声望定价策略是指房地产企业凭借其名牌产品或自身的声誉来制定销售价格的策略。这种策略利用了客户“追求名牌”“价高质优”的心理，充分发挥企业自身信誉和产品的名牌效应，制定高于同类产品的价格，获得较高的收益。但需注意不能将价格定得过高，若让该目标市场上的客户都不能接受，效果就适得其反。

（4）习惯定价策略

习惯定价策略是指房地产企业根据客户对同类产品已习惯的心理和价格来制定销售价格的策略。客户在长期的商品交易和使用的过程中，会对某类商品形成习惯性的标准，即习惯价格。符合习惯价格的销售价格就会被顺利接受，反之偏离习惯价格的销售价格则容易引起怀疑。房地产企业应尊重客户的心理需求，轻易不要变动习惯价格，在根据某些因素对房地产价格进行调整时，也要遵照习惯的调整常规。

5. 差别定价策略

差别定价策略主要是指根据同一楼盘中不同单元的差异制定不同价格、对不同的消费群体制定不同的价格、对不同用途的商品房制定不同的价格。常用的差别定价策略有：

1）质量差价。房地产的质量包括设计质量、用材质量和施工质量，任意一种质量较高，则房地产价格会相对向上调整。

2）朝向差价。房屋朝向的好坏与其所处的地域有关，如当地的气候、主风向、光照和当地人们生活习惯。一般来说，住宅的朝向以主居室的朝向为准，朝南的价格最高，向北的价格最低。

3）楼层差价。不同楼层的房屋的价格不同。房地产企业根据房屋的高度、提升工具、光照时间和消费习惯等具体情况，确定标准价格楼层和其余各层的差价率。

4）面积差价。面积差价是指房屋的面积不同，其价格也不一样。面积过大或过小，房屋的价格都不会太高。

5）视野差价。视野差价是指视野较好的房屋，如面临公园、大海等景观较好，其价格会较高；反之则价格较低。

6）边间差价。边间差价是指建筑物的临空或采光面的多少会影响房屋的价格。临空或采光面越多，房屋的价格越高。以别墅为例，四面临空的独栋别墅最贵，三面临空的双拼别墅次之，两面临空的连体别墅最便宜。

7.4 房地产开发市场营销的渠道策略

7.4.1 房地产销售渠道

房地产销售渠道是指房地产产品或服务在其所有权转移过程中从生产者达到消费者的途径或通道。一般有以下三种销售渠道分类：

1. 直接渠道和间接渠道

直接渠道是指开发商直接把商品销售给购房者，而不通过任何中间环节的销售渠道，简称直销或自销。间接渠道是指开发商通过中间商销售商品的渠道。

2. 长渠道和短渠道

长渠道是指开发商利用两个或两个以上的流通环节来销售商品的渠道。短渠道是指房地产在从开发商向消费者转移的过程中，不经过中间商环节或只经过一个中间环节的渠道。

3. 宽渠道和窄渠道

开发商在销售渠道的同一层次或环节使用的中间商越多，销售渠道就越宽；反之，渠道就越窄。根据销售渠道宽窄的不同，房地产企业可以做出三种选择：通过较多中间商销售的密集分销、选择一些条件较好的中间商销售的选择分销、仅选择一家经验丰富信誉卓越的中间商销售的独家分销。

7.4.2 房地产直接销售与间接销售

1. 房地产直接销售

房地产直接销售的方式是指房地产开发企业不通过任何中间环节，直接把产品销售给客户。直接销售过程中企业与客户直接接触，因此有利于收集客户对产品的意见，有利于改进企业工作，提高竞争能力和建立良好的企业形象。但是这种方式要求房地产公司具有很强的销售力量，包括有效的营销机构和既懂房地产营销知识、又懂相关法规的高素质的营销人员团队。

在房地产直接销售中，开发企业的销售人员代表公司与客户洽谈、签订销售合同，因此销售人员不仅应具有较高的素质，而且必须掌握房地产专业的相关知识，并对所推介的楼盘非常熟悉，对市场上同类竞争项目也相当了解，这样才能更好地向客户推介楼盘。

2. 房地产间接销售

房地产间接销售主要是指房地产委托代理销售。通常来说，房地产营销代理机构熟悉市场情况，具有信息优势、经验优势、销售渠道多优势、专职销售人员多优势等，尤其是对市场脉络的把握、对客户心理的把握较好，可以通过营销策划，引导客户购买，也可以给房地产企业一些有益建议，往往促销效果很好。

专业的房地产营销代理商并不是简单地接手开发商的楼盘，将它推销出去，而是在项目前期就已介入。开发商拟开发的楼盘应该进行怎样的市场定位、户型如何安排、如何拟订合适的价格，代理商都可根据其专业知识及收集的市场信息来出谋划策。在楼盘的推销过程中，由于代理商具有丰富的推销经验，往往能很好地完成推销工作。

房地产销售代理的形式一般有以下几种：联合代理与独家代理，买方代理、卖方代理与双重代理，首席代理与分代理。开发商可根据项目的具体情况采用不同的代理形式。

7.4.3 房地产销售渠道选择与管理

1. 房地产销售渠道的选择

房地产企业在选择销售渠道时，主要从以下四个方面进行全面的分析：

（1）房地产市场方面

房地产市场方面的因素包括市场的范围、客户的购买习惯、供求状况因素等。如果目标市场的范围较小，涉及的客户分布比较集中或者市场供不应求，则房地产企业可以选择短渠道销售方式。

(2) 房地产产品方面

房地产产品的价值、质量和技术特征不同，对销售渠道的要求也不一样。一般来说，若产品的单位价值量高、技术复杂或质量优良，则其销售渠道不宜过长。

(3) 房地产企业方面

在选择销售渠道时，房地产企业还应考虑自身的规模和实力、销售力量和销售经验、对销售渠道的把控能力等因素。如果房地产企业的规模和实力较强，选择销售渠道的灵活性就比较大，如果再具备较强的销售力量和经验，或试图对销售渠道进行严格把控，那就可以选择短渠道销售。

(4) 中间商方面

中间商的实力、管理、声誉和经验不同，在执行分销任务时各有优势。房地产企业应科学选择和评价中间商，优先选择与企业有相同经营目标和营销理念、市场信誉好、业绩突出、销售资源丰富、销售人员素质高的中间商。

2. 房地产营销渠道的管理

(1) 渠道管理的定义

渠道管理是指企业为实现分销的目标而对现有渠道进行管理，以确保渠道成员间、企业与渠道成员间相互协调和通力合作的一切活动。

(2) 房地产营销渠道管理的内容

房地产营销渠道管理的内容包括：①对经销商的房源管理，保证房源及时，帮助经销商建立并理顺销售网络；②对经销商广告、促销的支持；③对经销商提供产品服务支持；④对经销商房款的结算管理；⑤对经销商进行培训，增加经销商对产品知识的了解，强化经销商对公司理念、价值观的认同；⑥协调一些突发事件，如价格涨跌、产品竞争、产品滞销以及周边市场冲击等问题。

7.5 房地产开发市场营销的促销策略

7.5.1 房地产促销的概念和方式

房地产促销是指房地产营销人员通过各种方式将有关企业以及产品的信息传播给客户，影响并说服其购买该企业的产品或服务，或至少是促使潜在客户对该企业及其产品产生信任和好感的活动。房地产促销的实质是信息沟通活动，一般来说房地产促销方式有以下四种：

1. 广告

广告是房地产企业用来直接向客户传递产品信息的最主要的促销方式，它是企业通过付款的方式利用各种传播媒体进行信息传递，以刺激消费者产生需求，扩大房地产租售量的促销活动。广告主要有报纸、电视、广播、户外、网络等形式。除了要借助于正常的传播媒介之外，还要使用户外广告，如接待中心、样板房、现场参观、交通广告等。

2. 人员推销

人员推销是使用最早的一种促销方式，它是指销售人员通过与客户进行接触和洽谈，向客户宣传介绍房地产商品，达到促进房地产租售的活动，如现场销售、上门推销等。

3. 营业推广

营业推广又称销售促进，是指房地产企业通过各种营销方式来刺激客户购买或租赁房地产产品的促销活动，如各类打折、“买就赠送”等活动，即除了广告、人员推销和公共关系以外的，能迅速刺激需求、鼓励购买的各种促销方式。

4. 公共关系

这种促销是指房地产企业为了获得客户的信赖，树立企业及其产品的形象，用非直接付款的方式通过各种公关工具所进行的宣传活动，如各类冠名、赞助、公益活动等。

7.5.2 房地产促销策略

房地产企业常用的促销策略有四种，即广告策略、人员推销策略、销售促进策略和公共关系策略。四种促销策略的主要特点见表 7-1。

表 7-1 四种促销策略的主要特点

促销策略	优点	缺点
广告	传播面广，传播及时，形象生动，节省人力	单向信息沟通，难以形成即时购买，成本费用高
人员推销	双向信息直接沟通，针对性强，灵活多变，成交率高，建立友谊，反馈信息	成本费用高，接触面窄，对销售人员要求较高
销售促进	刺激性强，短期效果明显	有局限性不能长期使用，有时会降低商品身份
公共关系	影响面广，影响力大，可信度高，提高企业知名度，树立企业形象	设计组织难度大，不能直接追求销售效果

1. 房地产广告策略

房地产广告是指由房地产企业出资，通过媒体将企业的形象以及产品和服务的相关信息进行公开宣传，达到影响消费者行为、提高企业知名度、促进产品销售的目的。由于媒体能够巧妙地利用文字、图像、声音和色彩等手段，大量地复制信息，以非人格性的形式在广泛的范围里进行传播，因此广告是房地产营销策略中最有效的促销手段之一，房地产企业可以通过广告迅速扩大企业和产品在市场中的影响。随着互联网的发展和普及，关注互联网传媒广告及相关信息的人会越来越多。

为了充分发挥广告的功效，房地产企业在广告策略的运用中应遵循如下的决策程序：

（1）制定广告目标

广告目标是指房地产企业通过广告活动所要求达到的目的，或者目标市场接触广告信息后做出的反应。广告有多种类型，具有各不相同的作用、性质和诉求对象、区域、内容和目的。对企业而言，广告的最终目标是促进产品销售、扩大经济效益，直接目标则有告知、劝导和提醒三种。制定广告目标，就是要在企业经营目标和营销目标的指导下，明确广告的直接目标、诉求内容、诉求对象和区域。

（2）确定广告预算

广告预算是房地产企业为了实现广告目标在一定时期内投入广告的经费及其使用计划，是企业控制广告活动、规划经费使用、提高广告效率以及评价广告效果的依据，其目的是以最小的投入获得最大的销售额。确定广告预算的方法主要有四种：销售百分比法，即以一定时期内销售额的一定比例来决定广告的开支；销售单位法，即以每一个销售单位投入的广告费用来决定广告的开支；目标任务法，即根据广告目标来确定广告的开支；竞争对抗法，即根据竞争对手的广告费用来决定本企业广告的开支。

（3）进行广告设计

广告传播的信息都有赖于广告的创意、表现手法来表达出来，它们直接决定了广告的效果。房地产企业在进行广告设计时，应遵循真实性、独特性、针对性和艺术性的一般原则，力求打动客户。韦伯·扬提出的“广告创意五阶段”为如何进行广告设计提供了指导：一是调查阶段，了解客户的需求和购买欲望；二是分析阶段，总结产品特色，凝练广告的诉求点；三是酝酿阶段，为广告创意做准备；四是开发阶段，列出多个可供选择的广告创意；五是评价决定阶段，从供选方案中选择最理想的信息，并以一定的广告手法和风格表达出来。

（4）选择广告媒介

广告媒介是房地产企业与目标消费群联系的中介，是信息传播的载体。不同媒体具有各自的优缺点，房地产行业常用的广告媒体有报纸、电视、广播、杂志、互联网传媒广告、户外广告等大众媒介和宣传画册、售楼书、直邮广告、传单海报广告、销售现场广告等特殊媒介。在广告媒体的选择上，房地产企业应考虑的因素主要有：各种媒介的特点和对象，客户接受媒介的习惯，产品和服务的特点及其优先满足的客户的偏好层次、特征，销售的区域和媒体的费用等。

（5）选择广告发布时间

广告的发布时间也同样重要，它直接关系到产品是否能给媒体受众留下深刻印象。通过媒体安排广告的发布时间，首先需要确定广告发布的节奏，即在集中发布、连续发布、间歇发布或混合型发布等方式中进行选择；其次需要确定广告发布的周期，即从广告的筹备期、公开期、强推期到持续期的时间长短；最后要确定发布时机，优选同类房地产产品的销售旺季，优选收视率（收听率）最高的黄金时间段，或者优选同类广告推出较少的时间段。

（6）评价广告效果

及时对广告的心理效果、经济效果和社会效果进行评价，有利于改进广告活动的策略、调整企业促销的手段。做好评价工作的关键在于采用适当的评价标准、方法。比较常用的方法有广告费用占销率法、广告费用增销率法、单位费用促销法等。在实际工作中，也有房地产企业尝试使用广告投放后的来电或来访数量指标来进行衡量。

2. 房地产人员推销策略

房地产人员推销是房地产企业派出的销售人员直接与消费者接触、洽谈、宣传介绍项目产品以实现销售目的的活动过程，它是最原始但也是最有效的产品促销策略。推销人员可以采取在售楼部与客户面对面直接交谈的现场推销方式，也可以采取电话询问、上门访谈的访问推销形式。

房地产产品的特性和交易的复杂性决定了人员推销在房地产销售中具有不可替代的作用。在访问推销或现场推销中，推销人员在企业和消费者之间起着纽带作用。一方面，销售人员是企业的象征，向消费者传递信息，并针对具体客户展开推销；另一方面，销售人员可以归纳消费者的反馈信息，为企业制定营销策略提供依据。在这种长期的接触和沟通中，买卖双方建立感情，增进了解，企业与消费者的关系密切，让消费者产生信任感，推动消费者采取购买行动。人员促销推广的主要特点有：信息沟通的双向性；推销过程灵活；有利于发展和维持客户关系；成本高，对人员要求高。

推销人员在与消费者直接对话的过程中达到了传递信息、促销产品的目的，这就要求推销人员不但素质要高，其行为举止也应规范。房地产企业不但应重视对推销人员的选拔、培训和管理工作，对推销人员的工作程序也要有严格的规定。一般来说，推销人员的工作程序如下：

（1）寻找客户

寻找客户是房地产销售人员工作的起点，销售人员只有不断寻找客户，然后通过资格审查，筛选出有诚意的准客户，才能接近客户并传达信息，直至达成交易。在巩固老客户的同时，必须积极寻找新客户。寻找客户是销售人员的经常性工作之一。

（2）接近前的准备

在正式与客户接触之前，为了提高成交率和推销工作的效率，销售人员应做好充分的准备，如客户的购买特征、可能出现的问题、销售资料等，此外应就约见的时间、地点等事项与客户达成一致。

（3）接近客户

接近客户是为了尽快地转入推销洽谈，因此销售人员应引起客户的注意，激发客户对产品的兴趣，并给客户留下良好的第一印象。常见的接近技巧有产品接近法、利益接近法、问题接近法、馈赠接近法等。

（4）推销洽谈

这是销售人员与客户面谈的过程，是整个推销的核心环节。销售人员应将产品的特色与客户的实际需求结合起来，在向客户传递产品信息的同时，根据客户的情绪随机应变，消除客户的顾虑，强化客户的购买欲望，直至达成交易。当然，在交流的过程中，难免会出现来自客户的各种疑义，如价格疑义、质量疑义、服务疑义等，销售人员应视其为客户的必然反应，冷静应对，弄清疑义产生的原因，对症下药。

（5）成交、跟进和维护

当客户就产品和服务表示认可时，销售人员应抓住机会来达成最终交易，并做好签订协议后的服务工作，如按揭贷款、房屋权属证书的办理等。良好的售后服务是建立与客户之间信任的必要条件，有助于稳定老客户、争取新客户。

3. 房地产销售促进策略

房地产销售促进又称营业推广（Sales Promotion，SP），是房地产企业运用各种短期诱因，以刺激和鼓励消费者购买房地产产品和服务的促销活动，是一种适宜于短期推销的促销方法。销售促进策略既可针对消费者，也可针对中间商或销售人员，都最终能对消费者发挥最直接的作用，效果显著，已经成为房地产企业重要的竞争手段。

例如，房产展销会有固定的场所、时间和大规模宣传活动，往往会聚集众多参展的房地产开发公司和经销公司，相互对比、评价，竞争气氛浓厚；更重要的是会吸引大量消费者，他们轻轻松松就可以观察、了解到数十个楼盘的信息，通过沟通、交流和反复比较，可初步筛选出自己心仪的房地产产品，然后有针对性地进行现场踏勘。因此，展销会是一种非常有效的推广形式，房地产企业都很重视参展机会，不惜代价地抢占有利的展示摊位，将展台布置得富有特色，并且综合运用音像资料、售楼书、模型等手段加强参展楼盘的宣传效果，其目的就是引起消费者的注意和兴趣。

销售促进能够在短时间内对产品销售发挥较强的刺激作用，但这种效果持续的时间比较短，而且在建立长期品牌上基本没有什么帮助；相反，如果销售促进使用得过于频繁或者运用不当，还会让消费者对产品质量和价格产生怀疑。因此，房地产企业一定要慎重使用销售促进。

一般来讲，销售促进的实施过程包括以下五个步骤：

(1) 确定销售促进的目标

房地产企业运用销售促进策略，对消费者而言是鼓励购买，对中间商而言是加强对本企业的销售力度，对销售人员所言则是努力推销或是开拓新的市场。对象不同，目标应有差别，但最终目的都是为了促进销售。

(2) 选择销售促进的工具

选择销售促进工具，要充分考虑销售促进的目标、市场环境以及各种工具的特点、成本和效益等因素。适用于消费者的工具主要有样板房现场展示、赠送促销、价格折扣、抽奖促销、会议促销、先租后售或若干年后还本销售、包租售房等。适用于中间商的工具主要有价格折扣、推广津贴、合作广告、推销竞赛等。适用于销售人员的工具主要是销售竞赛和奖品等。

(3) 制定销售促进方案

一个完整方案的内容包括：确定该方案的成本费用，明确受众范围的大小，选择销售促进的媒体，确定合理的期限，确定总预算等。初步制定的方案应在小范围内进行测试，以确保效果。

(4) 实施和控制销售促进方案

销售促进方案的实施过程包括两个阶段：前置时间，即实施前的准备；销售的延续时间，即从开始实施促销方案到大部分商品已经被消费者购买为止的时间。在实施的过程中，房地产企业应做好控制工作，即考虑选择的推广方式是否合适、推广期限是否合理，同时要注意中后期宣传，不能弄虚作假等。

(5) 评价销售促进的效果

可以采用多种方法对销售促进策略实施的效果进行评价，最简便的方法是比较策略实施前后的销售结果。

4. 房地产公共关系策略

房地产公共关系是指房地产企业为改善与社会公众的关系，促进社会公众对企业及房地产项目的认识、理解与支持，达到树立良好社会形象、用非直接付款的方式通过各种公关工具促进房地产商品销售目标的一系列促销活动，如开展新闻宣传、发表主题演讲、主办专题活动、借助公关广告、开展公益服务活动等。

公共关系策略是一种内求团结、外求发展的经营管理艺术。房地产企业有计划地与社会公众之间进行持久的双向沟通，协调企业上下、内外的关系，提高企业知名度和美誉度，树立企业及房地产项目的形象，间接达到促进销售的目的。与其他促销方式不同，房地产公共关系策略不是企业实施的直接宣传活动，也就没有采用直接付款的方式，而是借助公共传播媒体，由有关新闻单位或社会团体进行的宣传活动，因此容易赢得公众的信赖和注意，达到潜移默化的良好效果。因此，房地产企业日益重视公共关系策略的运用。房地产公共关系策略实施的步骤可归纳为以下五点：

（1）调查公共关系

通过调研，企业可以了解自身形象现状，并分析产生问题的原因，为确立公共关系目标提供依据。

（2）确定公共关系目标

虽然从大目标来说，公共关系就是为了促使公众了解企业，改善企业与公众之间的关系。但从具体目标来说，企业在公共关系上存在的问题就是在开展某项公共关系项目时的目标。公共关系的目标应具有可行性和可控性。

（3）制订公共关系计划

公共关系是一项长期的工作，必须有一个连续性的长期计划。计划中应载明在一定时期内的工作目标、方案、具体的公关项目和策略等。

（4）执行与实施公共关系计划

企业可以根据计划的要求和不同的发展阶段，实施某一个具体的公共关系项目，包括项目主题的设计、沟通方式的选择和具体活动的开展等。

（5）评价公共关系效果

一般从三个方面评价公共关系效果，即曝光的频率、反响、促销前后销售额与利润的比较。

7.5.3 房地产促销组合策略

房地产企业通过将具有不同特点的促销方式进行整合，就形成了房地产促销组合策略。归纳起来，房地产促销组合的基本策略有三种形式，即推式策略、拉式策略和混合策略。

1. 推式策略

该策略是指房地产企业采取以人员推销和销售促进为主、结合其他方式的促销策略，这是一种主动的直接方式，将产品推向市场，如推向中间商或消费者，其目的是说服中间商和消费者购买本企业的房地产产品。

2. 拉式策略

该策略是指房地产企业采取广告和销售促进为主、结合其他方式的促销策略，这是一种间接的方式，将客户吸引到销售现场，使客户在强大的信息攻势下产生强烈的购买欲望，形成急切的市场需求，其目的是刺激需求来消除中间商的顾虑。

3. 混合策略

该策略是上述两种策略的综合运用，既向消费者大力推销，又通过广告刺激房地产市场需求。

本章小结

本章在阐述市场营销基本理论的基础上，对房地产市场营销进行定义，并指出房地产企业应充分重视房地产市场营销的实施。本章重点介绍了房地产市场营销的产品策略、定价策略、销售渠道策略和促销策略。值得指出的是，房地产市场营销每一种策略都有相应的决策和执行程序，尽管销售任务可以委托中间商承担，但仍应对本企业产品的销售过程掌握适度的控制权，即制定房地产产品的价格、保留调整销售渠道的权利、把控促销的效果并及时给予协助。

思考与练习题

1. 什么是房地产营销？
2. 什么是房地产营销价格策略？通常情况下，营销定价有哪些方式？
3. 房地产产品组合策略有哪些？
4. 房地产营销渠道有哪些？如何选择房地产营销渠道？
5. 如何制定房地产促销组合策略？

第8章

房地产资产运营管理

本章要点及学习目标

（1）理解房地产资产运营的内涵、房地产经营的战略等内容

（2）熟悉房地产资产的分类、物业管理的概念和服务内容、设施管理的内涵、房地产经营的概念等内容

（3）掌握房地产资产运营的基本模式、物业服务的内容、房地产资产估价方法

（4）了解物业管理法规、设施管理的主要职能、房地产选址决策和资产翻新改造的基本知识

房地产资产运营一般是指房地产开发完成后的经营和管理阶段，该阶段虽然对资产价值的影响没有前几个阶段那么大，但优秀的运营管理能降低运营成本，保证资产的盈利水平，是实现甚至超出项目可行性研究制定的盈利目标的关键。那么可运营的房地产资产有哪些？房地产资产运营有哪些模式？物业管理的概念是什么？物业管理的服务内容有哪些？如何理解设施管理？房地产资产经营有哪些工作内容？本章将结合这些问题进行介绍。

8.1 房地产资产运营基本概念

8.1.1 房地产资产分类

房地产资产是指企业在房地产开发或运营过程中获得的物业。按资产用途的不同，房地产资产可以分为居住物业、商业物业、工业物业和其他物业。

1. 居住物业

居住物业是指成片住宅区、单元住宅楼、公寓、别墅和类别墅住宅、度假村等用于居住目的的物业。除一般纯居住用途的房地产以外，也有一些使用性质为商住两用的，如酒店式公寓、商住楼、SOHO（Small Office Home Office）。

2. 商业物业

商业物业即作为商业用途的房地产，通常是指用于各种企业办公、零售、租赁式仓储、餐饮、娱乐、培训、休闲等经营用途的房地产形式。商业地产业态多样，主要包括购物中心、百货商店、超市、专卖店、便利店、写字楼、酒店、商场等。根据我国第三产业的部门划分方式和商业物业的三个属性（经营性、公众性和服务性），商业物业一般可分为：

（1）商务写字楼

办公物业是指个人、企业用于从事经营的场所，又称为商务楼。按建筑面积的大小，商务写字楼可以分为小型、中型和大型商务楼；按功能不同，可分为单纯型、商住型和综合型商务楼；按建造等级、所在区位、收益能力等综合因素，可分为甲级写字楼、乙级写字楼、丙级写字楼。

（2）酒店物业

酒店物业是指提供饮食、特色产品销售、客房、各项设施与服务的综合型物业。《中华人民共和国星级酒店评定标准》将酒店按等级标准分为一星级到五星级五个标准。五星级又分成五星级和白金五星级。星级越高，表示旅游饭店的档次越高，最高为白金五星级。除星级标准分类外，根据酒店的经营特征，还可分为商务性酒店、度假酒店、长住性酒店、汽车酒店、会议酒店等。

（3）商贸物业

商贸物业是指专为商品流通、销售等经济活动开展的场所，可以分为批发市场（交易中心）、零售中心（购物中心）和街区商铺等类型。

（4）娱乐休闲物业

娱乐休闲物业主要是指为人们提供休闲娱乐活动的场所。娱乐休闲物业有助于都市人群调节心理、恢复精力、开展社会交往。近年来，该类物业在国内快速发展，成为商业物业的一个重要类型。按照配套设施与功能的不同，娱乐休闲物业可分为综合性的娱乐休闲物业（社区会所、会员制俱乐部、主题公园）和专项性的娱乐休闲物业（舞厅、卡拉 OK 厅、保龄球馆等）。

3. 工业物业

工业物业主要为工业生产提供场所，如厂房、仓库等，但也有与之相配套的办公用房、生活用房和各种服务设施。工业物业需要统一规划，达到一定规模，基础设施配套齐全，以利于生产企业单位集中开展生产经营活动。工业物业可根据环境污染程度分为无污染工业、轻污染工业、一般工业、特殊工业。也可根据生产企业所经营工业项目的类别，分为高科技工业、化学工业、汽车工业等。

4. 其他物业

其他物业是指除以上三种用途以外的各种物业，如行政或事业单位用房、慈善事业用房、公共体育事业用房、教育或公园用房等。该类物业一般用于公共服务的提供，不以营利为目的。

8.1.2 房地产资产运营的内涵和基本模式

1. 房地产资产运营的内涵

房地产资产运营是指为了满足各类房地产投资者的需求，综合利用物业管理（Property Management，PM）、设施管理（Facility Management，FM）、资产管理（Assets Management，

AM）、房地产组合投资管理（Real Estate Portfolio Management，REPM）的技术、手段和模式，以物业的正常使用、资产使用者的满意度和资产最大盈利为目标，为房地产投资提供的贯穿于物业整个生命周期的综合性管理服务。

广义的房地产资产运营还包括从房地产资产的开发到后期运营的所有环节，包括房地产的前期决策过程、开发过程、销售或招商、后期运营和处置等，也就是房地产投资的全过程；狭义的房地产资产运营是指形成资产后的资产持有期经营管理过程。本节只专注于房地产后期运营阶段的管理，属于狭义的房地产资产运营概念。

房地产资产运营首先要以房地产为基础，开展多种管理服务，满足客户（内部客户和外部客户）的多样化服务需求，实现资产的使用价值。房地产资产运营的另一个功能就是以房地产资产为核心，通过运营管理来实现资本的增值目标，为资产的投资者创造合理的价值回报，本质上是实现资产的价值。

从管理内容上看，房地产资产运营的主要内容包括：资产评估、物业管理、设施管理、资产经营、投资组合管理等。房地产资产运营以资产评估为主线，以物业管理和设施管理为基础，资产经营和投资组合管理是重点。其中，资产评估是衡量运营绩效的必要工作，评估结果可作为评价运营方案有效性的依据；物业和设施管理为客户提供多种经营管理服务，满足客户的多样化服务需求，能保证房地产资产可用性和运行效率；资产经营和投资组合管理则是实现房地产资产运营效益的主要手段，是房地产资产运营的重中之重。

2. 不同房地产资产运营的区别

房地产按投资目的不同可分为经营性和非经营性两种。非经营性房地产以自住和公共事业用房为主，如自用住宅、工业物业、行政或事业单位用房等其他物业都属于这一类；经营性房地产是指用于经营活动，能够产生现金流、给投资者带来收益的房地产，如居住物业的酒店式公寓、商业物业的写字楼、商铺、酒店、购物中心等。两种类型的房地产资产之间存在的差异是多方面的，可从如下五个方面进行总结：

（1）地理位置

经营性房地产的价值受地理位置的影响显著，一般选址在商圈核心地段或者人口密度比较大、交通方便的地区；而非经营性房地产在位置选择上要自由很多，只要环境不是太不适宜于居住等目的即可。

（2）目标客户

经营性房地产的目标客户在项目前期定位过程中就要准确划定，包括客户的产品结果、经营面积、配套设施需求等，甚至部分客户还会直接参与到目的融资和开发过程中，成为资产的部分持有人；非经营性房地产的客户或使用者则相对宽泛，其范围可能是全市或全省，也可能是全国或全球，甚至公共设施的使用者是无法确定的。

（3）运营的目的和内容

经营性房地产运营管理以资产经营为主，目标是实现资产价值的最大化，为经营者带来更大的收益，管理内容包括商业策划和定位、选址、设计管理、运营日常管理和翻新改造等；非经营性房地产运营管理以物业管理为主，目标主要是实现房地产的保值增值和充分发挥资产的功能，通过专业化的服务使所有者和使用者满意，管理内容包括项目前期介入、前期准备阶段管理、前期物管和正常运作阶段的管理，具体内容包括运行维护、安全、环境、卫生等公共服务和专项服务的提供。

(4) 生产和消费方式

经营性房地产的生产方式和消费方式是紧密相关的两个过程，经营者的投资和经营行为属于生产过程，消费者购买行为属于消费过程；非经营性房地产的使用过程只有消费过程，且其前期开发不在狭义房地产资产运营范畴内。

(5) 风险水平和对开发商运营能力要求

经营性房地产的开发期和运营期连成一体，时间长，前期投资巨大，后期资金回笼时间长，风险大，对开发商的资金和运营能力要求较高；非经营性房地产在开发后一般可通过销售快速收回投资，公共设施投资有政府投资，所以项目风险小，对开发商能力的要求相对要小得多。

3. 房地产资产的运营模式

房地产资产可分为经营性房地产和非经营性房地产，两者本质上的差别使其在运营模式上有显著差异。比较来看，非经营性房地产包括居住物业（商住类物业除外）、工业物业和其他物业，资产的运营以物业管理为主，辅以经营性的服务提供；经营性房地产包括商业物业和商住类物业，以资产经营为主，物业管理也作为管理的基本内容之一。

(1) 非经营性房地产物业管理模式

非经营性房地产资产的管理模式除《物业管理条例》所调整的由物业所有者聘请专业物业管理企业提供管理和服务的模式外，还有多种模式可供选择。

1）政府管理。政府提供物业管理服务的模式是计划经济时代的产物，自 20 世纪 90 年代后在市场上逐渐消失。目前政府提供物业服务只在部分政府部门还存在，但严格来说，这应该属于单位自管范畴。

2）自行管理。自行管理符合我国《民法典物权编》提出的业主自治精神，业主有权通过合法的程序来决定是否采用自行物业管理的模式。自管方式能节约成本，但自管本身具有的责权不对等的缺陷使该方式的可行性一直受到怀疑。

3）委托管理。委托管理模式是业主大会和业主委员会通过招标等方法确定物业管理企业，并与其签订服务合同，合同可采用酬金制或包干制的结算形式。该模式受《物业管理条例》等法规制约，是我国应用最为广泛的物业管理模式。

4）其他管理人管理。其他管理人管理主要是指单位管理和社区管理。对于企业或事业单位所属的房地产资产，可采用自管或委托专业企业来管；对于一些物业管理问题比较严重的老旧小区，在突发情况下，也可暂时由社区代管。

5）房地产开发企业纵向一体化管理。房地产资产的投资决策、规划设计、建筑施工、营销、物业管理等环节都在开发企业边界内被联系起来，作为完整的产业链进行一体化运作并进行有效的管理，从而形成节约交易成本，获取更大利润的经营模式。该模式有利于房地产公司的可持续发展，但物业管理市场机制无法建立。

6）其他创新模式。除以上五种模式以外，近年来还衍生出一些其他的创新物业管理模式，如股权配送式物业管理模式。股权配送式物业管理模式是指在房屋销售前由开发商出资成立物业服务企业，在销售住房时，将物业公司股权按照业主所购房产所占项目可售面积的比例无偿赠送给业主，不能赠送和转让。由业主股东大会选举产生物业公司董事会来领导物业公司，物业公司聘请专业管理人员为总经理，公司实行董事会领导下的总经理负责制。

(2) 经营性房地产资产的运营模式

经营性房地产资产运营的模式受产权性质的影响，衍生出多种模式。从经营方式的角度，房地产资产运营的基本模式大致可以分为统一经营和分散经营。分散经营的房地产资产的产权被分割转让给多个业主所有，经营管理权是分散的，资产收益能力总体偏低，本书不进行详细论述。统一经营模式是指由运营商对房地产资产的定位、市场策略、管理模式、日常管理等进行基于战略考虑的统一运作。统一经营的管理模式有利于打造项目的品牌价值，便于提升项目的竞争力，是目前房地产资产运营的主要形式。根据产权的不同，统一经营模式可分为自有自营模式、租赁经营模式和租售并举模式。

1）自有自营模式。自有自营模式是指房地产资产的所有权和经营权归于一个主体，这个主体可能是个人、合伙人、企业或联营体，该模式属于重资产经营模式。经营管理的主要内容包括招商管理、商业运营管理和物业管理。该模式经营权、所有权一致，收益水平高，有利于激发管理者的积极性。但自有自营模式的经营周期长，对管理者的要求较高，所有权人需承担全部的经营风险。

2）租赁经营模式。租赁经营模式是指房地产资产的产权整体属于开发企业或经营企业所有，所有者（业主）对资产进行内部分隔，形成若干单元后再将物业租赁给其他投资者或者使用者，经营企业向租赁人分期或者一次性收取租金的经营管理模式。该模式也称为只租不售模式或重资产经营模式，采用该资产经营模式的优势有：

① 便于统一经营和管理，较好地控制商业业态和档次，降低经营整体风险。

② 物业经营收入逐年递增，利润来源稳定。

③ 可将物业抵押融资，为经营提供资金保障，物业还可保持增值。

但该模式也给资产的经营带来一定的挑战：

① 专业商业运营公司谈判实力强，需要开发商也具备较高的谈判和经营水平。

② 回报期长，风险加大。

③ 初期投入资金压力大。

整体来看，租赁经营模式能给租赁者带来经营管理上的便利性，为资产所有权人获取丰厚收益，但该模式也要求经营者有长期房地产资产经营经验和拥有优秀经营管理人才，并具有较为雄厚的资金实力。

3）租售并举模式。租售并举模式是指商家与地产开发商结成战略联盟，参与房地产资产的开发和运营，或开发商采取部分出租部分出售的运营战略。该模式的优势有：

① 业态可控，大租户、小业主的结构使项目能维持较高的灵活性和经常性收益。

② 部分物业出售收入使项目回报期缩短。

③ 主力店使物业增值快。

该模式的劣势是对主力店招商能力要求极高，后期运营管理上有很多障碍需要克服，回报期介于自有自营模式和租赁经营模式之间。

8.2 物业管理

我国物业管理产生于20世纪80年代，起步晚，但发展很快，特别是自2003年《物业管理条例》推出以来，物业管理在我国得到迅速普及。截至2018年年底，全国物业服务企业数量接近12万家，管理的建筑面积近250亿m^2。

8.2.1 基本概念

1. 物业和物业管理的概念

物业是房产和地产的统一。完整的物业有三个含义：①已建成并具有使用功能的各类供居住和非居住的建筑物；②与这些建筑物配套的设备和市政公用设施；③场地、庭院、停车场、小区内非主干交通道路。

物业管理（Property Management）的一般性定义是指受物业所有人的委托，受托人依据物业管理委托合同，对已竣工验收、投入使用的房屋建筑及其附属配套设施及场地，应用现代化的管理方式和先进的维修养护技术，以经济手段进行管理。同时，对房屋区域周围的环境卫生、安全、绿化、道路养护等统一实行专业化管理，并向业主提供综合性的服务。

在 2003 年国务院颁布的首个全国性物业管理行政法规《物业管理条例》中，将《物业管理条例》约束的物业管理模式明确为：“本条例所称物业管理，是指业主通过选聘物业管理企业，由业主和物业管理企业按照物业服务合同约定，对房屋及配套的设施设备和相关场地进行维修、养护、管理，维护相关区域内的环境卫生和秩序的活动”。

《物业管理条例》中的受托人只有物业管理企业一种选择，且物业管理的内容只包含对房屋及配套的设施设备和相关场地进行维修、养护、管理，维护相关区域内的环境卫生和秩序的活动，而向业主提供综合性的服务不做硬性要求。

2. 物业管理的参与主体

物业管理的参与主体众多，一般按性质的不同大致归纳为三大类：业主方、物业服务企业方和政府方。

（1）业主方

业主方是指物业的所有权人或实际使用人，包括业主、物业使用人、业主大会和业主委员会。业主是物业的所有权人，是物业管理的委托方或物业服务合同的甲方，也是物业服务的最终消费者。通常成片规划建设的房地产的所有权由众多业主所有，其中套内面积由使用权人专有，共有设施和场地又由众多业主区分所有。这种复杂的所有权关系给物业管理带来挑战。为了更好地组织起所有业主，实现对共有部分物业的管理，为业主提供专业化的服务，业主大会就应运而生。业主大会由物业管理区域的全体业主组成，是业主自治的最高决策机构。而业主委员会是业主大会的执行机构，由业主大会选举产生。总之，业主方是业主为了实现物业管理范围内的物业管理自治而成立的组织体系。

（2）物业服务企业方

典型的物业服务企业是指具有独立的法人资格、明确的经营宗旨和管理章程，实行自主经营、独立核算、自负盈亏、自我运转，从事物业管理活动，并能够独立承担民事和经济法律责任的组织。物业服务企业方不仅包括物业服务企业、专业分包企业，还包括物业协会等行业的自治组织。物业服务企业必须依法成立，依照物业服务合同和管理制度对物业实行管理，依照物业服务合同收取物业服务费用。我国物业管理法规中对物业管理专业分包是允许的，但我国物业管理专业分包市场目前还很不成熟，除电梯等安全要求高，技术复杂的设备维修等工作外，服务企业一般都组织资源自主完成。物业管理协会在服务质量标准、行业自律和进步、树立行业社会形象上可做出积极贡献。

(3) 政府方

政府方是指在物业管理方面代表政府行使行政权力的国家机关和派出机构，包括中央政府、地方政府、街道办、社区中心等。政府方是法规政策的制定者和监管方，同时由于物业管理的准公共产品属性，又与社会管理有部分重叠，政府方在一定程度上还负有物业管理兜底的责任。

3. 物业管理的对象和目标

物业管理的管理对象是公共物业、公共设施和场地，服务的对象是全体业主和物业使用人。一方面，对物业范围内公共设施设备的维护是物业管理最早发展的管理内容，而对环境的绿化、卫生和秩序维护等管理也是必不可少的内容；另一方面，为业主和使用人提供其需要的服务也应该是物业管理的必要一环。相对于对物的管理，服务的对象则千差万别，对服务的管理难度高于对物的管理。

从业主角度看，物业管理的最终目标是为业主创造舒适的生活或工作环境，实现物业的保值增值。从物业管理企业的角度看，物业管理企业运营的基本目标是实现目标利润，基本目标的实现还需要实际管理的目标来支持，而实际管理的目标包括服务质量目标、安全目标和成本目标。质量目标一般要以物业服务合同确定的服务标准为依据，包括管理硬件质量目标和软件服务质量目标；安全目标包括业主人身财产安全、消防和交通安全；成本目标主要是指日常运营成本、物业维护成本和工程成本。

4. 物业管理的特点

从20世纪80年代物业管理引入我国到现在，物业管理逐步发展，行业规模年均增长超过两位数，物业管理呈现出市场化、专业化、社会化和利润水平低等特点。

(1) 市场化

随着我国经济和社会发展的步伐加快，物业管理从原来的后勤管理到现在的社会化管理，已经成为我国国民经济发展中特别是服务业的重要支柱。

(2) 专业化

由于物业管理涉及对建筑物、公共设备设施、场地场所、业主关系的管理，所以要求物业从业者具有经济学、植物学、建筑学、工商管理、互联网管理、心理学等方面的专业知识，这样才能服务好业主，满足业主需求。

(3) 社会化

物业公司虽然是服务行业，但是关系到千家万户的幸福和安康，物业在履行自己企业使命的同时，也是在履行一部分政府相关机构的职能和职责。例如，人口调查、经济普查、代表选举、民意调查、计划生育、犯罪跟踪等多方面的工作，都由物业参与、协助政府相关部门完成。

(4) 利润水平低

虽然目前诞生了全国性的物业公司，如万科物业、金地物业、彩生活物业、长城物业等，还有一批上市的物业公司，它们在向资本市场迈进的同时，也获取了一定的经济利益，得到了社会和市场的广泛认可。但是大部分的物业公司，还徘徊在低利润水平，其主要原因是业主的消费意识有待提高，物业管理的市场机制还不完善等。

8.2.2 物业服务

1. 物业服务内容

物业服务的范围比较广泛，几乎囊括了人们衣、食、住、行、文化教育、医疗卫生等各个方面。概括起来，物业服务大致有以下几个方面的内容：

1）基本服务类，包括房屋建筑、机电设备、供电供水、公共设施等的运行、保养和维护，房屋的维护与修缮管理。

2）专项服务类，包括安全卫士、公共安全、环境卫生、园林绿化、消防管理、车辆交通、停车场安全管理等。

3）特色服务类，包括特约服务和便民服务。

4）经营服务类，包括房屋中介服务、装修服务、违章建筑的管理、养老、家庭保洁和维修服务、理财服务等。

需要注意的是，我国2003 年颁布的《物业管理条例》和中国物业管理协会2004 年发布的《普通住宅小区物业管理服务等级标准》中都只对其中的前两项进行了要求和规范，对后两项不做要求，这说明前两项物业服务是物业管理的基本内容，统称为常规性公共服务，服务面向全体业主或使用人，服务的质量标准和价格在合同中要明确约定。后两项服务只面向不特定的部分业主或使用人，服务合同中一般不做约定，业主有服务的个人选择权。

2. 服务标准

物业服务标准有全国标准、地方标准和企业标准之分，除企业标准外，物业服务标准一般由行业协会组织编制，业主大会和业主委员会视自身的实际情况可自由选择适用的标准和价格。以南京市为例，目前主要的物业服务标准有如下四个：

1）2000 年建设部发布的《建设部关于修订全国物业管理示范住宅小区（大厦、工业区）标准及有关考评验收工作的通知》，对物业服务质量的完善与提高有着重要的指导和参照作用。

2）2003 年《江苏省住宅物业管理服务标准》正式发布实施。该标准共 6 类 48 项 165 条分级条款，涵盖住宅物业管理活动中的公共服务、专项服务、特约服务。重点对涉及公共服务中的接待，房屋、设施设备管理与维护，清洁管理，绿化养护，安全防范，档案管理等服务行为进行了标准化规范。

3）2004 年，中国物业管理协会在总结我国物业管理实践经验的基础上，制定了《普通住宅小区物业管理服务等级标准（试行）》，将物业管理服务设定为一级、二级、三级三个服务等级。每一服务等级都从基本要求、房屋管理、共用设施设备维修养护、协助维护公共秩序、保洁服务、绿化养护管理六个方面对物业管理服务提出了具体要求。

4）2017 年，《南京市普通住宅物业服务等级和收费标准》发布，将普通住宅物业服务项目根据服务内容、服务要求和设施设备配置等情况分为五项，包括：综合管理服务，公共区域秩序维护服务，公共区域清洁卫生服务，公共区域绿化日常养护服务，共用部位、共用设施设备的日常运行、保养、维修服务。其中，前四项分别划分为五个服务等级，服务标准从一级至五级由低到高，每个等级都有一个收费标准与之对应；第五项共用部位、共用设施设备的日常运行、保养、维修服务分为九个子项，各子项根据具体情况分为三类或不分类，从一类至三类，服务标准从低到高，每一个类别对应一个收费标准。普通住宅物业管理区域的物业服务收费的实际标准可按照质价相符的原则，逐项选择并组合确定基准价，并可在合理区间内调整。该标准还对五大服务项目分等组合（菜单选择）的原则进行了说明。

物业管理的企业标准基本上用于企业内部的管理，居住物业目前还没有被社会普遍接受的企业标准出现。

3. 服务质量和满意度评价

物业服务的质量是服务合同中最为主要的内容之一，也是物业服务纠纷的关键，对服务质量的评价可用于物业企业的内部管理和物业合同管理中。对物业服务质量的评价有两个角度，一是对服务产品质量的所有属性的综合评价，二是对业主满意度的评价，两者各有其特点和适用性。对服务产品质量的评价相对客观，符合人们一贯对质量评价的定义，常用于企业的内部管理。业主满意度评价则能体现出物业企业的经营目的和效果，常用于制定企业的市场经营决策。

物业服务质量的评价包括两个方面：技术质量和功能质量。技术质量是业主在服务结束后得到的服务结果；功能质量是业主在服务交付过程中感受到的服务水平。物业服务质量评价因素见表 8-1。

表 8-1　物业服务质量评价因素

物业服务质量	技术质量	共用设施设备完好程度
		建筑的完好等级
		消防管理成效
		保洁、绿化成效
		物业维修质量
		环境管理成效
		专项维修资金管理成效
	功能质量	服务人员气质和行为方式
		服务人员仪容、仪表
		服务的态度和用语
		服务人员的知识和技能
		服务时间和效率
		服务人员的职业道德
		服务人员的团队精神

业主的满意度反映的是业主对服务的一种心理状态，它源于业主对物业服务带来的感受与自己的期望所进行的对比，是业主对物业企业、服务人员和服务产品的认可程度。满意度数据一般需要通过满意度调研得到，有满意度和满意指数两种计算方法。满意度的计算方法较为简单，是指调研结果中对调研对象持满意态度的业主人数占参与调研的业主总数的比值，其计算公式如下：

$$\text{满意度}=\text{持满意态度的业主人数}/\text{参与调研的业主总数} \tag{8-1}$$

满意度只考虑了持满意态度的业主意见，没有将持比较满意或基本满意态度的业主意见考虑在内，更没有反映不满意业主对服务的不满意程度，所以指标在反映业主真实满意度上存在缺陷。满意度指数则能克服这方面的问题，其计算公式如下：

$$\begin{aligned}\text{满意度指数}&=\text{所有业主满意指数的算数平均数}\\&=\text{所有选项得分乘以选项的选择次数的积求和}/\text{参与调研业主总人数}\end{aligned} \tag{8-2}$$

从计算满意度指数公式中可以看出，满意度指数既反映了被调查者的满意度评价值，也考虑了给出该评价值的被调查者人数，最终的评价结果具有连续性，比满意度评价结果要客观，有更高的可信度。

8.2.3　物业管理法规

物业管理在我国产生和发展已近 40 年，行业发展日趋成熟，相关的法规也不断完善，其中最有影响力的就属2003年国务院推出的《物业管理条例》和2007年第十届全国人民代表大会第五次会议上审议通过的《物权法》了。

1.《物业管理条例》

2003年6月8日中华人民共和国国务院令第379号公布的《物业管理条例》是我国第一部综合性的物业管理全国性行政法规。2007年8月26日，发布《国务院关于修改〈物业管理条例〉的决定》。此后，《物业管理条例》又分别于2016年和2018年进行了一次修订，逐步取消了物业管理企业的资质限制。

《物业管理条例》共67条，包括引言、正文和处罚条款三个方面，共确立了七个制度。分别是：管理规约制度、业主大会制度、招标投标制度、承接查验制度、物业管理企业资质管理制度、物业管理专业人员职业资格制度、专项维修资金制度。其中的物业管理企业资质管理制度、物业管理专业人员职业资格制度已在后来的修订中废止，其他制度依然有效。

2.《物权法》

《物权法》是民法的重要组成部分，是规范财产关系的民事基本法律，调整物的归属和利用而产生的民事关系。《物权法》中的第六章主要阐述了物业管理活动的建筑物区分所有权确定原则，建筑区划内道路、绿地及其他相关场所、设施的共有权确定原则，并涵盖了物业管理立法、物业管理各责任主体的法律地位、物业管理法律关系、业主的权利义务、物业管理公司的选聘等。《物权法》其他章节与物业管理有间接关系。

3. 其他配套法规政策

其他配套法规一般作为《物业管理条例》和《物权法》的补充或细化，主要包括四个大的方面：一是业主自治方面，如《业主临时公约》《业主大会和业主委员会指导规则》等；二是物业服务价格监管方面，如《物业服务收费管理办法》《物业服务定价成本监审办法（试行）》《物业服务收费明码标价规定》等；三是房屋质量管理方面，如《物业承接查验办法》《城市危险房屋管理规定》《住宅室内装饰装修管理办法》等；四是专项维修资金管理，如《住宅专项维修资金管理办法》等。此外，《最高人民法院关于审理物业服务纠纷案件具体应用法律若干问题的解释》等也是对物业管理有重大影响的法律文件。

8.3 设施管理

8.3.1 设施管理的内涵

1. 设施管理的定义

设施管理是对组织的建筑和基础设施所进行的运营、维护、提升和适应等工作的集成，目的是创造一个环境来强力支持组织的主要目标。国际设施管理协会（IFMA）将设施管理定义为：通过人员、技术、空间和过程的集成来确保建成的建筑环境功能的实现。通过对两个定义的对比，可以发现三个共同的关键词：建筑、集成和环境，再加上“组织的目标”这个关键词，可得出设施管理的如下五个含义：

1）设施管理的目的在于保持业务空间高品质的生活、工作环境，以提高核心业务的效率。其中的组织是指设施的使用者，一般是指企业或团体，如商业设施的运营团队、教育机构的管理者、教师和学生等，是设施管理团队的服务对象。设施管理的目的是通过高品质的生活工作空间来提高组织的工作效率和经营效率。

2）设施管理是一项综合性的工作，是一个机构的人员、工作及地点的融合，并是一项长期、策略性的策划工作。这个含义定义了设施管理的工作方法和主要职能。

3）设施管理提供的是多元化的专业服务，是要从客户的需求出发，为客户的生产活动、工作活动提供一种全方位的过程支持服务，或是管理非核心业务。这个含义将设施运行的所有工作分为核心业务和非核心业务，其中的非核心业务就是指设施管理的所有可能服务内容。

4）设施管理不是简单地对建筑物和设施设备进行维护管理，而是对设施生命周期的使用、能耗以及环境的监控，以最大限度满足使用者的要求，保证业务空间高品质的生活和工作，提高组织的运行效益。

5）设施管理的角色包括支持公司管理和运行。该含义表明，设施管理除了保证设施的顺利运行外，还能承担很多企业管理的职能，目的是更好地促进组织核心业务的效率。

2. 设施管理与物业管理的区别

根据物业管理和设施管理的定义，两者有一定程度的相似性，但细究来看，两者的差异性还是远远大于相似性。

两者的相同点在于都包含对建筑物和设备的维修和管理、对环境的管理和为顾客提供所需的服务，且两者一般都需要成立专业化的服务企业，接受顾客的委托，提供有偿服务。

但两者又有巨大的差异。设施管理的对象是从事业务的环境，而物业管理的对象是拥有的物质性资产，管理对象的不同势必带来管理理念和管理方法的差异，这也导致了设施管理与物业管理成为两个问题。其实按照 IFMA（国际设施管理协会）的观点，设施管理包含了物业管理，设施管理的范畴比物业管理更大，为客户提供的价值也远远超出物业管理，因为设施管理关注的不仅仅是物业服务，也不仅仅是资产的保值升值，而是更高层次的支持客户的核心业务，所以设施管理与物业管理有极大的不同，两者的区别见表 8-2。

表 8-2　设施管理与物业管理的区别

编号	差　异	设 施 管 理	物 业 管 理
1	英文名称	Facility Management	Property Management
2	起源国	美国	英国
3	管理对象	设施空间	物业实体和环境
4	管理阶段	组织和建筑的全生命期	物业使用阶段
5	管理目标	支持组织的核心业务（提升价值）	物业保值、增值和安全卫生的环境
6	工作重心	现场	市场
7	建筑用途	经营性或生产性建筑	一般多指居住建筑
8	建筑产权	相对单一或集中	产权形式多样或分散
9	管理范围	整个设施（门内及门外）	共有物业部分（门外）
10	环境管理	室内环境为核心	室外环境为核心
11	配套法规	没有针对性法规	配套法规比较完善
12	管理方式	主动	被动
13	服务标准	标准化	个性化
14	绩效考核	过程导向	结果导向

3. 设施管理的目标

设施管理的目标是支持组织的核心业务，以价值创造为核心，具体的价值体现在三个方面：空间利用效率、员工工作效率和核心业务的效率，这三个效率构成了设施管理的目标体系。细化的设施管理目标有如下八个方面，其中，第 1 ~ 3 项与工作效率有关，第 4 项和第 5 项与空间利用效率有关；所有八个目标，特别是第 6 ~ 8 项与核心业务的效率有关。可见，设施管理的价值创造是通过提高空间利用效率和员工工作效率来提高组织核心业务的效率的。

1）支持人的工作和其他活动。

2）保障个人的福利。

3）使组织完成的服务更高效和反应更快。

4）资产充分利用，成本高效。

5）应对未来生产和空间使用中的变化。

6）为核心业务提供有竞争力的优势。

7）强化组织文化和形象。

8）风险应对。

4. 设施管理的发展历程

设施管理起源于物业管理，早在 20 世纪 70 年代，设施管理的相关理念和方法就已经在有些大企业、学校或政府部门内部开始应用。随着全球化竞争的加剧，能源和环境危机严峻，创新性技术的发展和办公空间环境需求的不断提高，1979 年，在美国的密歇根州成立了首个设施管理专业组织——安·阿波设施管理协会，后于 1981 年更名为国家设施管理协会，1989 年国际设施管理协会（IFMA）成立。从 1984 年起，英国设施管理协会（BIFM）成立之后，欧洲先后有 27 个国家成立了设施管理协会。亚洲目前有新加坡、日本等国家成立了设施管理协会。

2010 年起，国际标准化组织（ISO）和英国皇家特许测量师学会分别出台了 ISO410011、ISO410012、设施管理标准白皮书等相关行业标准。

我国早在 20 世纪 90 年代就有设施管理的应用，主要是跨国企业在我国的分公司聘请一些国际设施管理专业公司对其在我国的资产进行管理。1992 年 8 月，香港设施管理学会成立。随着我国经济体量的增加，大陆企业对设施管理的需求也日益扩大，而设施管理方面的人才培养还无法满足市场的需要，很多设施管理经理实际上是从物业管理转行而来，没有接受过系统的设施管理教育。

8.3.2 设施管理的主要职能

从设施管理的目标体系可以看出设施管理的主要任务，设施物理空间的管理意图是提高空间的利用效率，对员工工作给予支持的目的是提高员工工作效率，对组织运营核心业务的支持能提高组织的运营效率。学者对设施管理提供的服务还没有统一的结论，这主要是受设施和组织的独特性影响，但不同的项目对设施管理的需求之间一般都具有一定程度的共性，即有几个方面的服务可能是任何建筑设施管理都必需的，这些服务构成了设施管理的基本功能。1985 年威尔逊提出的设施管理五个基本职能比较具有代表性，包括：中长期规划（Strategy Planning）、房地产管理（Asset Management，AM）、建筑与工程管理（Architecture and Engineering，A/E）、设施运营和维修（Operation and Maintenance，O/M）、设施管理（Facility Management，FM）。

1. 中长期规划

设施管理的规划按时间的长短分为三种：长期计划（5年以上）、中期计划（2～5年）、短期计划（0～2年）。中长期计划要对设施管理的目的、目标、设施战略规划、管理服务体系设计和实施策略等做出规划，短期计划则主要是年度工作计划和小规模项目计划等，是中长期计划的分解和可执行计划。中长期计划有如下特点：

1）中长期计划首先要为组织的发展战略服务。设施管理的基本目标是支持组织的核心业务，所以组织的发展战略决定了设施管理中长期计划的远期目标和过程绩效标准。

2）中长期计划的制订要充分契合组织的业务环境。

3）中长期计划是一个综合性的计划，计划的着眼点是在计划的时间范围内为组织的发展提供所需的设施，就是为组织提供可持续的空间供给。

4）为发展中的组织提供有周全服务的工作场所。

5）同时要关注设施空间的利用效率和成本。

空间的利用率和利用效率是两个不同的概念。空间利用率与空置率意思相反，是已利用地板面积与总地板面积的比值，该值太高会对组织的发展带来制约，太低则占用组织的资源过多，造成运营成本偏高和资源浪费；利用效率是指单位空间在单位时间内的利用所带来的效益，该值越高越好。

要达到设施空间利用效率的提高和降低成本的目的，设施中长期计划在制订是就需要动态的控制设施的利用率，在保证有持续性的空间供给的同时，能为组织的发展提供一定的余量，综合考虑设施的物理灵活性、功能灵活性和组织财务的灵活性。

2. 房地产管理

建筑的获取和处置由人对空间的需要而定。组织总是在为适应市场竞争而不断调整自己的产品和经营方式，甚至变更经营地点，这给作为基础投入的房地产管理带来挑战。房地产管理主要目的有两个，一是合理地使用现有的房地产，即空间运用管理；二是当需要新增加或有多余空间需要处理时，合理地对房地产获取或处置方案进行决策并实施。房地产获取的方案有购买和租赁两种形式，其中购买有新建和购置两种方式，租赁有长租和短租两种方式。每一种方式都有其优缺点和适用范围，如新建方式在取得房地产资产时取得资产的完全控制权，提高了使用者的声望，但其缺点是资产获取的时间比较长，占用较多的经营资金，故其适用于房地产价格持续走高，组织资金充裕的情形。

空间应用管理也是房地产管理的一项持续性的管理过程，致力于发挥空间的最大效能，包括空间需求分析、空间配置、空间利用的持续性跟踪、空间成本测算和空间变化管理等。

3. 建筑与工程管理

建筑与工程管理就是对新建、改造、拆除等建筑相关的项目进行的计划、设计、建造和装修等过程的管理。设施管理者有对组织运营战略的了解，有对组织员工及工作的深入认知，有设施运营和维护的专业知识，使得设施管理者在建筑与工程管理中具有得天独厚的优势，这种优势在项目的计划和设计环节尤为突出。

4. 设施运营和维修

设施运营和维修一直是设施管理的主要内容，一旦组织建设或重新装修了一个设施，就需要保护和强化投资资本，保持建筑的设计功能，直到设施生命周期结束。

设施运营和维修要求有适用的、有计划的维护和应对非计划的维护过程，以保持设施的安全、有效和高效状态，且必须使设施按计划运行，用最小成本投入保持其价值。维修方法包括三大类：①有计划的预防性维修和停业维修；②预防性维修，包括条件维修、基于可靠性的维修和整体生产率最大的维修；③非计划维修，包括矫正性维修、故障维修和紧急维修。对大多数组织来说，最好的方法不是只采用一种方法，而是多种方法的综合。

（1）有计划的预防性维修和停业维修

有计划的预防性维修的维修工作的组织和开展是有预判和控制的，有一个预先确定的计划，计划所需信息来源于日常调查和检查的结果。目标是避免或减轻失败的后果，其将维修最小化，包括失败和失败成本。维修人员的任务包括日常检查、设备检查、诊断、校准和翻修，工作周期性进行，工作人员记录破损和老化情况，预测设施或部件状态的变化规律，确定维修或更换受损构件的时间，从而避免设施失效问题发生。

停业维修一般用在持续性生产的单位，需要有针对所有设施的详细维修计划，使总停业时间最短。这个要求要在合同中约定，并对延迟维修处以高额的罚款。另一个方法是机会维修，如利用节假日或空档期来维修。

（2）预防性维修

预防性维修包括条件维修、基于可靠性的维修和整体生产率最大的维修。条件维修是使用建筑设备状态监视的结果来决定维修方案，目的是通过选择和跟踪设施效率或其他绩效指标的变化，适时地开展维修，以避免功能丧失和失效；基于可靠性的维修是一种系统性方法，用于确定维修要求，保证设施持续安全地运行，实现设计意图；整体生产率最大的维修是一种提高维修有效性的系统方法，借助了基于可靠性的维修的思想和条件监控的方法。

（3）非计划维修

非计划维修包括矫正性维修、故障维修和紧急维修。矫正性维修是在设备功能丧失之前或之后，根据设备状况的观察或测量的结果进行的维修，这种方法常被用来解决实际问题并保证恢复正常功能，而且这种维修可以提前计划；故障维修用于恢复故障设施的初始功能，这种维修会导致高生命期更换成本，其维修资源要求较低，适用于简单设施，使用不多，影响不大的设备；紧急维修是指在无法预知的紧急情况发生后，立即采取补救措施，尽快恢复设施功能，避免可能的严重后果的维修。

好的维修策略能为组织业务目标提供支持，而差的策略或没有策略会带来安全、法规和业务方面巨大的负面后果。组织关于履行的可持续性、环境友好性、公司社会责任等承诺和目标的能力也依赖于清晰的维修策略。而目标一般会改变且不断演化，所以静态的维修计划达不到要求。维修战略要求能达到现在和未来的可能要求，还要考虑到设施的服务能力。

5. 设施管理

设施管理一般是指设施的健康、安全和环境管理，保安及通信等支持服务，有助于保持员工健康的工作环境，提高工作效率和员工福利。

此外，设施管理的服务还包括：财务与预算管理、组织业务持续性管理、能源管理、支援服务、高新科技运用及质量管理等多个方面。

8.4 房地产资产经营

20 世纪 80 年代以后，随着房地产市场升温和客户需求的变化，在发达国家，以房地产信托投资基金为代表的机构投资人大量进入房地产产权投资领域，房地产资产的投资和经营属性凸显，他们追求利益回报最大化和资产组合风险最小化。他们意识到简单依靠“区位”因素加上投资不能理所当然地为投资人带来高额回报，有关房地产资产经营管理的技能对投资收益的重要性应给予更多的重视。逐利的目标促使企业加强对其拥有房地产资产的管理，充分考虑房地产资产的占用成本，主张从公司经营活动整体的角度来配置和利用房地产资产。在这种背景下，资产经营受到重视并成为房地产投资和企业经营管理中的重要内容。

8.4.1　房地产资产经营的概念

1. 资产和房地产资产经营的概念

资产是指企业拥有的存货、固定资产和无形资产。其中的固定资产是指企业为生产产品、提供劳务、出租或经营等目的而持有的，使用时间超过12个月，价值达到一定标准的非货币资产，包括房屋、构筑物、机械、车辆，以及其他与生产经营活动有关的设备、器具、工具等。固定资产一般在企业资产中占比最大，是企业生产经营的基础资料。本节中的资产是指固定资产中的房屋和构筑物，即房地产资产。

房地产资产经营是指企业以房地产为基础投入，为达到经营收益和资产增值等目的而开展的各种经营活动。房地产资产经营以企业价值最大化为最终目标，最大限度地发挥资产的整体优势，对房地产资产进行建设、改造、处置、联合等一系列经营活动的总称。

随着国内房地产市场和物业管理的快速发展，尤其是以收益性房地产为目标对象的投资活动的增加，促使物业管理对服务领域和服务模式逐渐拓展。业主对物业保值增值的关注和物业服务企业发展面临的困境，使资产经营成为国内物业管理行业发展探索的主题。目前，国内业界普遍的看法是传统的物业管理是资产经营的基础层次，而资产经营更适合于商业物业等收益性、高端物业形态。

2. 房地产资产经营的利弊

房地产资产经营有利也有弊。

1）房地产资产经营的益处体现在回报的多样性、能抵御通胀、具有税收优势和融资优势，其中房地产资产的回报是指一段时期内通过资产的运营产生的任何收益的总和，包括两个方面：一是运营环节的收入，表现形式有租金、利息、商品销售收入等，计算时要扣除当期的经营成本；二是通过资产处置获得的销售收入，来自于资产的增值，计算时要扣除资产获取环节的成本和长期贷款利息。房地产经营的两个方面都有较为高的预期收益，且运营的收益还能正向促进资产的增值。

2）房地产资产经营也有其不利的一面，主要表现在占用资金较多、退出困难、投资和管理的时间长，还可能受到火灾、地震等不可抗力的影响。

3. 房地产资产经营的方式

房地产资产经营的方式按照经营的性质，可以分为房地产商品经营和房地产资本经营两大类型。

（1）房地产商品经营

房地产商品经营是指围绕企业主营业务而从事的房地产选址、建设、购置、租赁、转让、翻建等活动。该类型主要是通过对主营业务的支持和提高房地产利用效率来实现目标的。

（2）房地产资本经营

房地产资本经营是以企业资产价值最大化为目标，以房地产投资基金或证券等资产为标的而进行的重组、收购、转让、投资等经营活动。

两种类型的房地产经营方式的不同体现在三点：一是经营目标不同，房地产商品经营以获取经营利润为目标，房地产资本经营是以企业资产价值最大化为目标；二是经营对象的层次不同，房地产商品经营是对房地产的实物形态的直接经营运作，房地产资本经营是在生产力要素资本化的基础上，在产权层次上间接配置生产力各要素；三是经营的收益不同，房地产商品经营获取的是商品市场的经营利润，房地产资本经营是资本市场价值的增加，即资本利得。

8.4.2 房地产经营战略

1. 房地产经营与主业经营的关系

绝大多数企业的主营业务不是房地产投资，但是企业必须对房地产的使用做出决策，因为房地产是企业运营的一个必要组成部分，比如房地产可以用作经营场所、办公场所、仓库、生产场所等。主业经营与房地产经营是紧密相连、不可分割的，主业经营一般离不开房地产，而没有主业经营，就不存在房地产经营，房地产是主业经营重要的资源条件。

一般认为，如果企业的资源是有价值的、稀缺的，并且模仿成本高昂，那么利用这一资源可以给企业带来可维持的竞争优势和高于正常水平的经济利润。房地产就是这样的资源之一，所以房地产是主业经营的重要物质基础，是主业经营成败的关键要素，房地产经营者可以依靠房地产资源的高价值和稀缺性来支撑其持续的竞争优势。另外，主业经营是衡量房地产价值的标准，只有房地产与主业经营的最佳结合才能体现房地产资产的最大价值。房地产经营的一个目标就是找到房地产与主业经营的最佳结合点，给房地产一个准确的市场定位，从而最大限度地发挥房地产的商业价值。

2. 房地产经营与主业经营的战略整合

房地产经营与主业经营优势矩阵见表 8-3。

表 8-3 房地产经营与主业经营优势矩阵

房地产经营 \ 主业经营	主业经营劣势	主业经营优势
房地产经营优势	（1）退出主业者	（2）价值增长者
房地产经营劣势	（3）经营不善者	（4）寻找房地产受益者

（1）房地产经营优势和主业经营劣势

在房地产经营和主业经营优势矩阵的（1）区，企业的房地产经营处于优势，房地产经营的收入增长和价值增长都高于行业平均水平；企业的主业经营处于劣势，主业的收入增长低于行业平均水平。处在这一情况的企业的大趋势是退出主业，所以被称为退出主业者。这时，企业一般依据房地产的优势点选择主业重构，逐步向价值增长者转变。

（2）房地产经营优势和主业经营优势

在房地产经营和主业经营优势矩阵的（2）区，企业的房地产经营和主业经营均处于优势，即房地产经营和主业经营的收入增长和价值增长都高于行业平均本平。处在这一情况的企业是价值增长者。

（3）房地产经营劣势和主业经营劣势

在房地产经营和主业经营优势矩阵的（3）区，企业的房地产经营和主业经营均处于劣势，即房地产经营和主业经营的收入增长和价值增长都低于行业平均水平。处在这一情况的企业是经营不善者，往往成为被收购的目标。处在这一情况的企业意味着必须彻底改变。

（4）房地产经营劣势和主业经营优势

在房地产经营和主业经营优势矩阵的（4）区，房地产经营处于劣势，房地产经营的收入增长和价值增长都低于行业平均水平；企业的主业经营处于优势，主业的收入增长高于行业平均水平。处在这一情况的企业是寻找房地产受益者，可以或者需要提高房地产经营的能力和效益，使企业逐步向价值增长者发展。

8.4.3 企业和项目选址决策

合理的区位并不一定是成功的保障，但不当的区位则必然导致房地产经营的失败。在选址决策上，企业选址的决策与房地产经营项目选址的决策有区别，企业选址要综合考虑生产、运输和销售等多方面的因素，房地产经营项目选址则相对单一，只要考虑市场的需求，更偏向微观和具体化。

1. 企业选址决策因素

企业选址决策可以从宏观和微观两个角度进行考察。宏观角度从地理上即在大的区域范围内分析在哪里选址可以提高企业的效率和降低成本，例如可以改进企业生产供给（提高服务或者降低成本）的问题；微观角度则是分析在小的地理范围内如何确定具体的企业选址，例如仓库地址定位。

（1）企业宏观选址考虑的因素

从宏观的角度出发，有三种企业选址战略类型：一是市场定位战略；二是生产定位战略；三是迅速定位战略。

1）市场定位战略。市场定位战略是指将企业定位在离最终用户最近的地方。这使客户服务水平达到最高，并使企业可以达到规模经济。影响将企业选择在服务市场地区的因素包括：运输成本、订货周期、订单大小、本地运输可行性以及客户服务水平等。

2）生产定位战略。生产定位战略是指将企业选址在接近原材料产地或劳动力集中的地区。这种选址降低了运输成本和人力成本，一般不能提供与市场定位战略一样的客户服务水平。对于生产多种产品的企业来说，运输经济来自于将运输合并成整车或者车辆载荷运输。企业选址在接近生产地点的影响因素包括：工资水平、原材料的运输成本、原材料的易损性、产品组合中的产品数目、客户订购产品的分类以及合并运输费率等。

3）迅速定位战略。迅速定位战略是指将地点选在最终用户和生产者之间。迅速定位战略的客户服务水平明显高于生产定位战略而低于市场定位战略。如果企业必须提供高水平的客户服务和提供来自于不同生产地的不同产品时，企业往往选择这种选址方式。

（2）企业微观选址考虑的因素

从微观的观点来看，企业选址决策必须观察和考虑一些特定的因素，并在这些决策因素中进行选取和平衡。据相关研究表明，制造业工厂、批发仓储、地区总部、销售办事处以及研究与开发设施的区位选择，所考虑的区位因素就不完全相同。

1）制造业工厂在区位选择上要考虑的主要因素：接近高速公路、接近合作方和顾客、能与有关部门保持较好的联系、熟练工人的供应、较低的房地产价格等。

2）批发仓储区位选择所考虑的主要因素：接近消费者和顾客、较低的房地产价格、接近高速公路、熟练工人的供应、合理稳定的收费率。

3）地区总部区位选择所考虑的主要因素：较低的房地产价格、熟练工人的供应、接近消费者和顾客、接近主要飞机场、能与有关部门保持较好的联系。

4）销售办事处区位选择所考虑的主要因素：接近消费者和顾客、熟练工人的供应、较低的房地产价格、接近主要飞机场、较低的营业税。

5）研究与开发设施区位选择所考虑的主要因素：熟练工人的供应、临近高校和研究机构、较低的房地产价格、位于工业园区、能与有关部门保持较好的联系。

可见，项目选址最主要的目标是降低未来经营期间的成本和占领市场，不同行业影响因素对选址目标的影响机理不一样，因而考虑的区位因素各有差异，且重要性排序也不一样。

2. 项目选址决策因素

这里的项目是指独立的经营性房地产投资项目，项目选址是指从项目的经营管理出发，为提高经营收益，实现房地产资产价值的最大化而就选址进行的决策。不同类型的经营项目在选址时要考虑的因素是不一样的，这里以零售商业选址为例展开论述。

（1）商圈和定位

现代商业企业对区位的选择更多的是从商圈分析入手的。商圈是商业企业区位的具体表现形式和商业企业经营辐射的范围。具体地说，商圈是指经营商店目标顾客分布的地理区域范围。商圈范围的大小决定了经营商店如购物中心的经营规模和商品组合状况。按照商圈范围划分，购物中心可分为邻里购物中心、社区购物中心、区域购物中心以及巨型购物中心等。

商圈一般包括三个结构层次，即核心商圈、次级商圈、边缘商圈，三个层次的商圈呈同心圆排列。核心商圈是商店的主要商圈，是目标顾客分布最集中、购买频率最高的区域，一般包括了商店50%～60%的目标顾客。次级商圈是商店的次要商圈，目标顾客分布较为分散，约占商店总顾客数量的30%～40%。边缘商圈包括其他所有的顾客，其分布地区更广，也更加的分散，但随着城市交通设施的便捷化，边缘商圈目标客户所占的比重在增加。

不同的商店由于所在的区位、经营范围和品种、经营方式、经营规模、经营条件不同，商圈规模也存在很大差别。同一企业在不同的经营时期受不同因素的影响，其商圈规模也会随之变化。

商店经营的规模影响商圈的范围。商店经营的规模越大，商圈范围也越大，因为随着商店规模的扩大，商店提供的商品品种和服务的种类增加，对竞争者有挤出效应，吸引顾客的范围也扩大。但是，商圈范围并不是随着商店规模同比例增加的。

竞争商店的地理位置影响商店的商圈范围。当目标顾客处于两家竞争商店之间时，则每家商店的商圈范围应相互重叠而有效范围减小；当两家竞争商店彼此的距离变大时，核心商圈和次级商圈重叠的范围显著缩小，边缘商圈的影响不大，商店的总体商圈范围就变大；有趣的是，当两家竞争商店的距离很近时，每家商店的商圈范围不仅没有因竞争而缩小，反而因形成的商店群而可能扩大了每家商店的商圈范围，这就是常见的零售商业的集聚现象。

（2）购物的便利性

购物的便利性主要是指消费者到达零售商业设施的方便性，也就是消费者到达商业设施花费时间的长短，花费的时间越短就越便利。

消费者购物的便利性对零售商业设施商品经营的商圈范围会产生非常重要的影响，更广阔区域的消费者到达该零售商业设施越便利，零售商业设施商品经营的商圈范围就会越广。

购物的便利性主要取决于零售商业设施所在地段的交通条件、消费者使用的交通工具以及消费者的居住地与零售商业设施空间距离的远近。零售商业设施所在地段的交通越发达，道路交通辐射的范围越广，则零售商业设施便利性越强。消费者使用的交通工具越发达，家庭小轿车普及率越高，则消费者到达零售商业设施花费的时间越短，零售商业设施商品经营的商圈辐射范围就越广。消费者居住地与零售商业设施空间距离越近，则消费者购物越便利。

购物的便利性对零售商业设施商品经营的商圈范围大小、商圈特征、市场容量、经营方向等都会产生重要的影响，因此零售商业设施的地段选址尤为重要。

（3）购物中心的定位

按地段特征的不同，购物中心可分为城市市区购物中心和郊区购物中心；城市市区购物中心按地段的性质不同又可分为商业区购物中心和非商业区购物中心。目前，我国发展郊区购物中心的条件尚不成熟，城市市区购物中心是国内购物中心发展的主要形式。

1）商业区购物中心。商业区购物中心一般是指位于中心商业街区中的购物中心，由于中心商业区土地资源的稀缺性，购物中心的发展规划往往受到诸多条件的限制，物业一般采用多层建筑形式，以满足经营规模的需要。商业区购物中心往往具有持久经营而积聚的广大顾客资源优势，辐射效应显著，且区位优势明显，故可充分利用现有的商圈优势进行购物中心的开发经营。但是，商业区里一般也积聚了众多经营者，同业经营者之间的竞争异常激烈，如果对商业区的特性及竞争程度认识不深，购物中心的经营只是简单地扩大商业区的经营规模，那么购物中心就可能陷入经营困境。

在商业区中进行购物中心的开发经营，首先需要全面调查分析商业区的商圈特点、经营规模、规划布局、商品组合、功能组合等特征，分析商业区各种商业元素的市场容量及发展潜力，分析商业区存在的市场盲点、空白点和未来发展趋势，然后再根据购物中心的规划条件，确定购物中心在商业区中的地位及扮演的角色，确定购物中心商品元素的组合及其功能特色。购物中心构成元素的组合需要综合考虑构成元素的规模经营和特色经营，尽可能地避免只是简单地扩大商业区的经营规模或者将各种构成元素盲目地混合在一起。

2）非商业区购物中心。非商业区购物中心一般是位于城市市区交通便捷的地段，周边居民聚居程度很高，人口密度很大。附近没有可利用的现有商圈，或者现存商圈仍可利用的程度很低，购物中心需要积极依靠自己的经营来形成新的商圈。城市市区一般具有较为完善的商业配套，非商业区购物中心最大的挑战来自于周边其他商业区的竞争压力，周边商业区功能配套越齐全，辐射能力越强，则给购物中心形成的竞争压力越大；相反，周边商业区辐射能力越小，则购物中心生存的空间越大。

由于受到周边商业区的竞争压力，非商业区购物中心的经营应根据竞争环境状况采取相应的经营策略。当周边商业区辐射能力很强，功能配套较为完备的时候，购物中心宜采取与周边商业区形成错位互补的经营策略，以避免与周边商业区直接竞争；当周边商业区竞争力不强，功能配套较为落后的时候，购物中心可凭借自身的优势直接与之竞争，争夺消费客源。综合起来，非商业区购物中心的竞争经营思路主要有：与周边商业区形成客源分流的状态，特别是吸纳购物中心附近的客源前来购物消费。购物中心吸纳附近客源能力越大，范围越广，则购物中心经营的成功率就越高。此外，购物中心也可采取特色化、细分化的经营定位，针对某一细分市场，扩大其经营规模，形成特色优势，以吸引特定的顾客前来购物消费。

3）郊区购物中心。郊区购物中心是指位于郊区地段中的购物中心。郊区购物中心通常是位于城市郊区和城乡接合部的交通枢纽地段，地段环境中的交通一般较发达，对郊区居民具有较强的交通辐射力，地段环境中的居民分布较为分散，聚居程度不高，地段环境中的其他商业配套设施较为欠缺，其他具有竞争力的商业较少，购物中心面临其他商业竞争的压力小。郊区购物中心主要是为了满足郊区居民购物消费需要的商业场所，发展郊区购物中心要求城市居住郊区化的水平较高，郊区居民拥有私家车的比例较大，只有这样郊区购物中心才有生存的空间。随着城市化进程的加快，城市规模的扩大，原来的郊区可能逐渐演变成新城区，原来的郊区购物中心可能会逐渐演变成新城区的购物中心。

8.4.4 房地产资产估价

1. 房地产资产估价的概念

房地产估价（Property Valuation）是指专业估价人员根据估价目的，遵循估价原则，按照估价程序，选用适宜的估价方法，并在综合分析影响房地产价格因素的基础上，对房地产在估价时点的客观合理价格或价值进行估算和判定的活动。估价目的是指估价结果的期望用途，或是完成后的估价报告拿去做什么用，例如为了满足某种涉及房地产的经济活动或者是为了政府、民事行为的需要。在估价中，有许多情况下需要采用公开市场价值标准。公开市场价值标准是指所评估出的客观合理价格或价值应是在公开市场上最可能形成或成立的价格。而所谓公开市场，是指一个竞争性的市场，交易各方进行交易的目的在于最大限度地追求经济利益，他们都掌握了必要的市场信息，有比较充足的时间进行交易，对交易对象具有必要的专业知识。此外，市场交易条件公开并不具有排他性，即所有市场主体都可以平等、自由地参与交易。

2. 房地产估价的最高最佳使用原则

最高最佳使用原则要求房地产估价在合法的前提下，应以估价对象的最高最佳使用为前提进行。最高最佳使用是指法律上许可、技术上可能、经济上可行，经过充分合理的论证，能使估价对象的价值达到最大的一种最可能的使用方式。房地产估价之所以要遵循最高最佳使用原则，是因为在现实房地产经济活动中，每个房地产拥有者都试图充分发挥其房地产的潜力，采用最高最佳的使用方式，以取得最大的经济利益。这一估价原则也是房地产利用竞争与优选的结果。最高最佳使用具体包括三个方面：一是最佳用途，二是最佳规模，三是最佳集约度。除此之外，房地产估价的原则还包括公平、合法、时效、替代和预期等原则。

3. 房地产估价的基本方法

1）市场比较法。市场比较法又称市价比较法、交易实例比较法、买卖实例比较法、市场资料比较法、交易案例比较法、现行市价法，它是将估价对象与估价时点相近有过交易的类似房地产进行比较，对这些类似房地产的已知价格做适当的修正，以此估算估价对象的客观合理价格或价值的方法，采用市场比较法求得的房地产价格又称比准价格。

市场比较法的关键是如何选择类似房地产，这需要有对房地产价格影响因素的全面理解和实际市场信息的准确掌握。类似房地产是指与估价对象处于同一供求圈内，并在用途、规模、建筑结构、建设年代、档次、周边公共配套等方面与估价对象相同或相近的房地产。该方法适用于交易频繁、市场发育成熟、资料信息比较翔实的房地产市场。

2）成本法。成本法又称承包商法，是指求取估价对象在估价时点时的重新购建价格，然后扣除折旧，以此计算估价对象的客观合理价格或价值的方法。成本法的本质是以房地产的重新开发建设成本为导向求取估价对象的价格，因而成本法也可以说是以房地产价格各个构成部分的累加为基础，来求取房地产价格的方法。

成本法一般适用于新开发房地产的估价，不适用建成区已开发土地的估价；适用于工业房地产的估价，对商业和住宅用地则多不适用；对于房地产市场较小，缺乏交易实例，无法采用其他方法进行估价的房地产资产有实用性。成本法最基本的公式如下：

$$估算价格 = 重新购建价格 - 折旧 \quad (8\text{-}3)$$

成本法以成本累加为途径，而成本高并不一定表明效用和价值高，因此其评估结果只是一种算术价格，对房地产的效用、价值及市场需求方面的情况未加考虑，这也正是成本法的限制。

3）收益法。收益法也称收益资本化法、收益还原法，是房地产估价中最常用的方法之一。收益法是预测估价对象的未来正常净收益，选择适当的报酬率或资本化率，将其折现到估价时点，以此求取估价对象的客观合理价格或价值的方法。采用收益法求取的价格，称为收益价格。通常情况下，收益法适用于具有稳定收益或者潜在收益的房地产的估价，如商店、写字楼、旅馆、影剧院、住宅（公寓）、餐馆、加油站、游乐场、停车场、标准厂房（用于出租的）、仓库（用于出租的），甚至是农地等。

4）假设开发法。假设开发法也称剩余法、预期开发法、倒算法或余值法，是将待估房地产的预期开发价格或价值，扣除预计的取得该房地产的正常投入费用、正常税金及合理利润，以此估算待估房地产的客观合理价格或价值的方法。假设开发法在房地产评估实务中运用较为普遍，在评估待开发土地价值时应用得最为广泛。

8.4.5 日常运营管理

经营性房地产资产有自营和租赁经营两种方式，为了统一管理，自营房地产也可将企业内部各个部门管理的空间视为内部租赁承包的形式开展管理。这样，就可以不区分自营和租赁经营，统一按租赁经营的运作方式进行管理。

运营的根本任务是保持房地产资产较高的租用率，充分发掘资产的价值，以长期获取理想的租金收益。但是，运营是为资产经营服务的，是提高资产经营效率的关键环节。运营管理要更关注资产所处的外部环境因素和内部需求因素。物业的商业竞争环境及消费者的需求处于动态的变化中，两者一直处在矛盾统一状态，协调不好就可能会导致物业租用率下降，甚至经营陷入困境。良好的运营管理可以使物业不断地主动适应外界环境的变化，并不断地增强自身的竞争力，从而使物业能够长期保持较高的收益水平。商业物业的经营管理不仅仅是物业管理，而且还需要采用各种营销手段，不断增强商业物业的吸引力，并根据市场环境的变化不断地调整经营策略，使物业充分适应商圈消费者的消费需求。

1. 租户管理

商业物业租户的类型和数量很多，既包括在商业物业里经营的现有租户，又包括还未进场经营的目标潜在租户。租户信息资料管理是指充分收集各类租户的信息资料，并汇编起来形成信息系统，以便迅速查找、了解、分析各类租户的具体情况和经营特点，便于商业物业在经营过程中采取相应的经营和招商对策。收集的资料包括：各类租户的背景资料，如经营性质、经营规模、经营特色、业态特征、品牌特点等；各类租户入场经营的时间、规模及在商业物业里的区间位置；各类租户各个阶段的经营状况、经营要求和意见等。

在经营过程中，随着的环境变化，物业租户也要进行不同幅度的调整。正常经营的情况下，环境变化不大，租户调整的幅度较小，只有较小部分的租户需要进行调整。但是，有时外界环境会发生较大的变化，竞争环境、消费者的需求等变化很大，新的竞争格局正在形成，经营性物业已渐渐失去竞争力，不适应经营环境的要求，此时就需要对物业重新进行经营规划，而租户也需要进行较大幅度的调整。

经营性物业各租户的经营活动虽然是分散的，自主经营、自负盈亏，但是为了维护商业物业良好的经营环境和经营秩序，还必须制定相应的租户行为管理规范，约束规范租户的行为活动，加强租户的统一管理。

除了对租户行为进行规范性的管理外，还应加强为租户服务的意识，尽可能为租户提供一切便利服务，使租户专心从事商业经营活动。经常与租户沟通，了解租户的经营状况、经营信心和经营意见等，积极主动地帮助租户解决问题，全力营造良好的经营环境。

2. 营销管理

为了树立良好的形象，增强商业物业的吸引力，促进商品和店面的销售，房地产资产运营管理团队还必须进行营销管理。营销管理是指根据商业物业的经营特点，确定商业物业的形象，并充分运用各种媒介手段，向目标商圈消费者宣传推广商业物业的形象、特色，吸引消费者光顾，同时通过营造优良的购物环境及提供优质的顾客服务，让消费者在商业物业获得良好的购物消费体验，从而促进商品的销售。

3. 租金的确定

确定合理的租金标准是房地产资产经营决策的重点和难点。租金标准的确定方法有三种：成本计价法、投资回报计价法和市场计价法。

（1）成本计价法

成本计价法就是以房地产使用者的持有成本为基数，加上经营相关的税费和利润。其中，使用者的持有成本包括土地租金投入、服务折旧、大修资金投入、资金成本、财产税等。这种方法能体现租金中包含的必要社会劳动，但无法反映资产的供求关系。

（2）投资回报计价法

投资回报计价法是在成本计价法基础上，将全部成本要素按产生的时点绘制现金流量图，再等值换算成一定时期（一般不超过 20 年）的年金，即房地产资产年租金总额。该方法要考虑融资成本，合理确定期望收益率水平。投资回报计价法常常作为项目投资决策时的分析工具之一，在后期经营过程中的应用不常见。

（3）市场计价法

生产计价法是从同类市场平均价格作为确定特定房地产租金标准的依据。这种方法反映了供求关系，考虑了承租人对租金的接受程度、竞争对手对优质客户的争夺等市场因素，所以这种方法被广泛地用来确定租金的标准。

同类房地产资产是指不同房地产在地段、用地性质、经营范围、规模、辐射面积、市场定位等方面都具有相似性。如果选取的同类房地产项目与特定项目有局部差别存在，则需要就差别部分进行租金的调整后再平均取值。

8.4.6 房地产资产翻新改造

房地产资产的翻新和改造能带来经营面积的增加和经营环境的改善，最终提高资产的收益。对现有房地产进行更新改造可以创造更美观的场所或者使租用空间增大，同时，更新改造还可以解决一些实际的使用问题，例如给一个旧办公楼新增电梯等。扩建能够通过提供更多可租用空间来增加收入，这种情况在零售类房地产中比较普遍。房地产资产的翻新和改造包括对房地产资产的翻新、用途改变和扩建。

1. 翻新

持有的房地产变得陈旧过时，与周边的同类物业相比，房地产的外观吸引力相差较大，内部结构和布局也不适应发展的要求，资产就缺乏竞争力。如果不愿出售该房地产，可供选择的方案就是更新改造。建筑翻新是指对建筑的外观和内部的装修以及设施的更新，翻新所支付的费用将在未来收取的更高租金和增加的建筑使用年限中得到补偿并取得预期的额外收益。以饭店翻新的原因为例，其中最常见的原因是：

1）装置设备到了使用年限。

2）建筑物组成部分的使用年限到期必须更换。例如，如果楼顶不能在适当的时间更换，饭店就得承担随时中断营业的风险。

3）设施陈旧，装修已经破损。

4）内部设计已经过时而失去了吸引力，这会直接导致收入的下降。

5）由饭店提供综合商业设施的市场已经改变，只有通过更新改造和布置新的设施来满足客户变化的需求，以抓住新的市场机会。例如，把餐馆改造成公共饮食场所和会议场所或增加零售区域。

6）现在和以前的饭店所有者没有投入必要的资金使饭店保持完全现代化的状态，而设施状况已经开始老化。这样发展的结果，会使营业量下降到了资不抵债的地步。在这种情况下，必须做出决定，是继续维持并对物业进行更新改造，还是将其卖掉。

7）获取和改造一个现有的饭店在时间和费用方面都远远地优于建造一个新饭店。

8）必须引入新技术来满足客人的需求。

9）存在设施问题和环境问题的物业需要进行处理。例如，饭店有必要通过更新改造满足客人对自然环境的要求，有必要解决室内空气质量问题等。

房地产资产翻新依据的建筑翻新类型见表8-4。

表8-4 建筑翻新类型

序号	翻新类型	时间间隔	翻新内容	举例
1	特殊项目	随时	在不改变建筑内部设计的基础上，以可靠的方式来完成特殊设施系统的升级工作	互联网设备、火灾喷淋系统
2	较小改造	6年	在不改变建筑空间使用和自然布局的情况下，更换或更新不耐用的家具和装饰	更换壁纸、涂料
3	重大改造	12～15年	在一个区域内替换或更新所有家具和装饰，也包括对于空间用途和布局大规模的修改	餐厅重大改造
4	重建	25～50年	完全拆除一个区域的内部装置，更换在技术和功能上陈旧的系统	建筑整体翻新

2. 用途改变

改变用途的房地产可以是空置的或经营不善的房地产，可以是厂房，也可以是仓库。一般原有的房地产价值不高，需根据实际条件将其由较低价值的房地产改造成较高价值的房地产。如何合理地选取现有的房地产，并发现其隐藏的较高的商业价值，是此种经营形式的核心，这就要求经营者拥有较高的商用房地产的运作水平。选取的房地产对象需要从房地产地段的交通特征、周边居住环境、商业环境、区位优势、地段的规划前景以及房地产本身的状况等方面对房地产进行全面的分析评价，充分发掘房地产潜在的商业价值，将其转变成较高价值的房地产，从而获取较高的投资经营回报。当然，现有房地产的条件在很多方面无法满足新业态经营的要求，需要对房地产的内外环境、平面布置、交通组织等方面进行重新设计改造，以使房地产资产能够满足新的经营项目的要求。

3. 扩建

房地产的扩建是指为了增加新的服务内容或项目来形成新的利润增长点，或只是提供更多可供利用的面积来增加收入而对现有房地产资产进行扩容的建设行为。前者在旅游地产、商业综合体中比较普遍，后者在零售类房地产中比较突出。房地产扩建是某些类型企业成长的一种战略，特别是度假饭店。

房地产资产的扩建有利于扩大经营的范围，激发顾客的消费热情，规避市场风险，满足越来越多的市场需求。

实际上，企业房地产的用途改变、更新改造和扩建是交叉进行的。例如，房地产的用途改变能满足企业较小范围的调整，类似于布局改变和重新装修等；当调整过程中涉及资产供给不足，严重阻碍生产经营的效果时，就会及时地进行扩建；很多时候实施更新改造的方案和扩建是同时进行的。

本章小结

本章对房地产资产的分类、资产运营的概念和模式进行了阐述，分别对房地产资产运营管理的三个主要内容：物业管理、设施管理和资产管理的概念、管理工作内容和相关方法等进行了阐述。

思考与练习题

1. 经营性房地产和非经营性房地产有何异同？
2. 非经营性房地产资产有哪些管理模式？
3. 经营性房地产资产有哪些管理模式？
4. 物业服务的内容一般分为哪四个方面？服务质量评价的因素有哪些？
5. 试述设施管理的含义和主要职能。
6. 房地产经营的内容有哪些？
7. 房地产项目选址要考虑的因素主要有哪些？
8. 房地产资产估价有哪些基本方法？
9. 试述日常运营管理的任务和租金的确定方法。

第9章

房地产开发的展望

本章要点及学习目标

(1) 了解我国房地产开发的新兴技术
(2) 了解时代变革下我国的新兴地产

房地产开发和人工智能结合起来将会有怎样的变化呢？科技的发展将带来房地产开发的很多新兴技术，像造汽车一样造房子已经不是梦想。随着城镇化的发展，老龄化时代的到来，我国的房地产产品也出现了多样化。那么，房地产开发有哪些新兴技术呢？我国已经出现了哪些新兴地产呢？本章将介绍相关内容。

9.1 房地产开发的新兴技术

随着人工智能、大数据等技术的兴起，房地产行业从投资到建造、从销售到社区服务，方方面面都可以看到新科技带来的深刻变化。先进技术带来先进生产力，我们已经真切地看到了人工智能等新兴技术对房地产领域产生了重大影响。下面介绍房地产开发中采用的几种新兴技术。这些新兴技术的出现和发展，是实现房地产可持续发展的前提条件。

9.1.1 装配式建筑技术

装配式建筑是提前将部分或全部构件或配件等（如楼板、墙板、楼梯、阳台等）在工厂预制完成，再运输到施工现场并通过一定连接方式将零散的预制构件组装形成建筑产品的新型建筑形式。根据所用材料不同，装配式建筑分为装配式混凝土结构建筑、钢结构建筑、现代木结构建筑。与传统现浇施工方式相比，装配式建筑施工方式具有缩短工期、减少现场劳动力、减少建筑垃圾、节约木材、节水、减少能耗等优点，具有设计标准化、生产工业化、施工装配化、装修一体化、管理信息化等特点。在环境保护越来越重要的今天，装配式建筑因其绿色健康、节能减排等优势，成为建筑业转型升级的必然途径。

发达国家用工业化方式建造了大量预制装配式建筑产品，装配式建筑体系发展得比较成熟。美国于 1976 年出台国家工业化住宅建造及安全法案，对建筑物设计、施工、强度、持久性、耐火、通风、节能、质量进行了规范。日本于 1968 年提出了装配式住宅的概念，1990 年提出采用部件化、工业化生产方式，建造适应居民多种不同需求的中高层住宅。新加坡 80% 的房屋由政府花 20 年快速建设，组屋项目强制装配化，装配率达 70%。瑞典装配式建筑在模数协调的基础上形成“瑞典工业标准”，实现部品尺寸、连接等标准化、系列化，使得构件之间容易替换。

我国早在 20 世纪 50 年代就提出发展装配式建筑，首次提出设计标准化、构件生产标准化、施工机械化，但由于当时建设能力和经济基础的限制，装配式建筑发展受到较多阻碍。1998 年，我国装配式建筑办公室组建成立，即后来的装配式建筑促进中心，负责全国的装配式建筑推进工作。进入 21 世纪以来，技术的发展成熟、环保理念的深入、建筑材料的丰富，为装配式建筑的发展提供了很好的基础。

2014 年 10 月 1 日，我国开始实施《装配式混凝土结构技术规程》，为装配式建筑的结构体系提供了设计方向和准则。2016 年 2 月发布《关于进一步加强城市规划建设管理工作的若干意见》，指明了十三五及以后各阶段城市装配式建筑发展规划图，明确指出装配式建筑的发展方向。2016 年 9 月国务院办公厅公布《关于大力发展装配式建筑的指导意见》。近年来，很多城市都出台了推进装配式建筑的指导意见，如北京、上海、深圳、沈阳等城市都要求在保障房建设中采用装配式施工方式来建设。装配式建筑的发展需要政策的支持和市场的导向，很多房地产企业开始自发参与装配式建筑的探索。PKPM、盈建科等装配式计算软件也已经实现了市场化。

为了保障装配式建筑的可持续发展，政府要多措并举，落实相关产业政策，以此为抓手不断优化产业结构、提升建设品质，促进装配式建筑大规模推广和实施。缺乏完善的规范体系也是装配式建筑目前急需解决的问题。需要继续完善技术标准，包括设计标准、施工标准和运输标准；完善产业链，解决技术人员断层、专业化程度不高，施工力量薄弱等问题，从根本上解决从事开发建筑工业化的企业成本过高的难题；健全与装配式建筑总承包相适应的发包承包、施工许可、分包管理、工程造价、质量安全监管、竣工验收等制度。

9.1.2 建筑信息模型(BIM) 技术

建筑信息模型英文为 Building Information Modeling，简称 BIM。BIM 技术作为我国建筑业革命性的新技术，经历了多年的发展和探索。2015 年 6 月 16 日，住房和城乡建设部发布《关于推进建筑信息模型应用的指导意见》提出：建筑行业甲级勘察、设计单位以及特级、一级房屋建筑工程施工企业应在 2021 年之前将 BIM 与企业管理系统和其他信息技术结合使用。2016 年 9 月，住房和城乡建设部《2016—2020 年建筑业信息化发展纲要》进一步提出：加速推进 BIM 应用，实现勘测设计技术全面提高。推广普及基于 BIM 的协同设计，打通数据传递途径，优化设计业务流程，提高设计效率和质量。研究开发基于 BIM 的协同工作平台，实现建筑、设备等全专业的信息整合与共享。

BIM 模型信息包括：①设计信息，如构件尺寸、材质成分、防火防震等级等；②生产信息，如产品编码、型号规格、功能用途等；③施工信息，如施工进度、工程做法、成本造价等；④运维信息，如设备更换周期、安装和维修方式、使用情况等。生命周期视角是 BIM

技术的10个核心原则之一。我国建筑市场BIM技术的典型应用一般归纳为四个阶段、20种应用，具体见表9-1。

表9-1 我国建筑市场BIM技术的典型应用

项目阶段	BIM技术的应用
规划阶段	BIM维护、场地分析、建筑策划
设计阶段	方案论证、可视化设计、协同设计、性能化分析、工程量统计
施工阶段	管线综合、施工进度模拟、施工组织模拟、数字化建造、物料跟踪、施工现场配合
运维阶段	竣工模型的交付、维护计划、资产管理、空间管理、建筑系统分析、灾害应急模拟

BIM技术的应用是为了提高建筑业的工作效率和工程项目质量。具体体现在以下几个方面：

1）成本管理，如BIM可以实现不同维度、阶段和用途的多方面计价；采用BIM技术可以自动算量，有利于全过程成本控制；BIM的变更会直接反映到造价数据上，提高效率。

2）进度管理，如BIM的碰撞检测和可视化功能可以检查出设计图的错误和设计问题；基于BIM的虚拟施工可以优化进度计划；可视化的BIM3D有助于全面理解设计图。

3）质量管理，如BIM的可视化有利于施工人员按图施工；基于BIM的虚拟施工可以演练各专业之间的配合，减少冲突。

BIM技术能够得到广泛推广和应用的一个重要前提就是有可以支撑其运行的良好环境。良好的实施环境既包括软环境（积极的外部因素，主要包括国家政策、市场驱动、BIM团队和工作流程等），也包括完善的硬环境（先进的技术环境，如BIM标准、网络环境、硬件设施等）。国外BIM软件起步早，品种丰富，性能优越。我国本土BIM软件主要以鲁班、广联达、PKPM等公司的研发较为成熟。但总体而言，我国BIM软件和技术还没有被广泛应用。

由于我国软件开发企业缺乏沟通，因此所开发的BIM软件相互之间缺乏兼容性，不能进行信息的共享，相较于国外BIM软件平台和工具的研发水平尚有一定距离。我国建筑业应加大BIM软件平台和数据标准的研发力度，提高各个软件之间的互操作性，实现数据的无障碍传递。现阶段，我国BIM应用技术方面还很不成熟，必须加快BIM技术研发。

在我国，BIM技术当前主要应用在项目设计和施工过程中，而在项目开发、运营等其他阶段尚未得到很好的使用。根据美国国家BIM标准委员会的统计显示，一个建筑项目在建设阶段（包括策划、设计、施工等阶段）的成本在整个生命周期的成本中只有四分之一，而其余的费用则都发生在建筑物后期的维护和使用阶段。这说明BIM技术在我国的发展并没达到所需的水平。

我国急需培养大量工程建设领域BIM应用型人才，我国高校建筑与工程管理等相关专业应尽快建立BIM专业或开发BIM课程体系，以加快BIM和BIM应用型人才的培养。同时，对所有项目参与者的积极性进行合理的调动，加快BIM知识产权立法，使合同条款更加完善化、标准化，进一步促进BIM技术的快速发展。

9.1.3 绿色建筑技术

绿色建筑（Green Building）在20世纪70年代被提出，以可持续发展的原则，对建筑在保护环境、减少污染、节约资源等方面提出要求。绿色建筑除了满足健康舒适的要求外，要求减少对生态环境的破坏、减少资源浪费，追求人、建筑和自然平衡发展，实现人与自然的和谐发展。

20 世纪 90 年代，国际上一些发达国家的行业机构纷纷制定了各自的绿色建筑（也有的叫可持续建筑）评价体系。目前为止较知名的评价体系有英国 BREEAM、美国 LEED、日本 CASBEE、加拿大 GBTOOL、德国 DGNB 以及澳大利亚 Green Star 等标准体系。评价体系对建筑物全生命周期对环境造成的影响进行评估，对评价绿色建筑、积极引导和大力发展绿色建筑具有十分重要的意义。

我国由建设部与质检总局联合发布的工程建设国家标准《绿色建筑评价标准》于 2006 年 6 月 1 日起正式实施，从住宅和公共建筑全生命周期出发，对绿色建筑进行综合性评价。该标准对绿色建筑这样定义：在建筑的全生命周期内，最大限度地节约资源（节能、节地、节水、节材），保护环境和减少污染，为人们提供健康、适用和高效的使用空间，与自然和谐共生的建筑。2014 年该标准进行了修订，将标准适用范围由住宅建筑和公共建筑中的办公建筑、商场建筑和旅馆建筑，扩展至各类民用建筑。

绿色建筑技术研究在国外发展得较早，已有大批的成熟技术和定型产品。通过大量采购如高效集热器、蓄热器、可再生能源系统等建筑设备来达到建筑与环境的融合，更加突出因地制宜，利用风、光、热、湿度、地形、植物等自然条件，通过优化设计来实现性能目标。在我国，绿色建筑技术也得到了迅速发展，广泛应用的技术包括：合理开发地下空间；复层绿化；室外透水地；雨水入渗措施；分项计量；节水器具；土建与装修一体化设计施工：预拌混凝土；智能化设计；分户计量和自动检测系统等。

先进的技术要被市场所接受，必须通过实现技术产业化降低成本。国家和地方政府通过制定政策，大力促进绿色建筑技术产业化发展。Low-e 玻璃技术、太阳能光伏、太阳能光热技术、可再生建材等一系列绿色建筑技术已经初步形成了一定的产业规模。但目前我国绿色建筑技术和产品还不太成熟，相当一部分新技术、新材料、新工艺还在试验或示范阶段，没有达到可以普遍推广应用的程度。

绿色建筑技术应用的目的在于提高建筑对于资源的利用率，大量的技术叠加未必能达到资源利用和配置效率最佳，往往增加成本而降低了综合效益。发展绿色建筑技术不能只专注于技术本身，而应该面对除了技术本身之外、影响技术发挥效用的种种因素，经济效益和生态效益是对其影响最大的因素之一。一味地在绿色建筑中应用多项技术以获取最佳的生态效率，却不顾及投资和开发以及使用上的经济效率，只能背离建设绿色建筑的最初目的。只有在两者之间找到最佳的平衡点，谋求共同利益、和谐发展，才能保证绿色建筑的健康发展。

9.1.4 海绵城市技术

人类文明社会的崛起，经济社会快速的发展，加剧了温室气体的排放，全球气候变暖现象日益显著。气候变暖直接导致自然水文循环的变化，造成海平面上升、极端暴雨情况频频发生，由此引发的洪涝灾害显著增加，而且在未来的几十年间情况会恶性循环，日益加重。2010 年我国连续暴雨，导致我国多处地区遭受灾难，超过 2000 人死亡和失踪，总损失超过 2000 亿元；2012 年 7 月 21 日北京市遭遇了罕见暴雨，城区中心降雨量平均值达到了 190.3mm，造成 79 人死亡，1.602 亿人的工作、生活受到影响，经济损失高达 116.4 亿元。频繁的洪涝灾害给人们的生活和财产安全带来了严重的影响，解决城市雨洪问题刻不容缓。

改革开放以来，我国经济飞速发展，进入快速城镇化阶段。随着城市人口的膨胀，建筑密度的增加，城市景观格局发生改变，城市发展面临着巨大的环境与资源压力，其中水环境问题特别突出。快速城镇化的发展使土地利用类型发生了变更，直接影响了自然水文系统；人口的剧增加大了对水资源的需求，同时人类对水资源过度的开采和不合理的利用，使得原本有限的水资源越发紧张，我国大多数地区出现各种程度的缺水问题，特别是北方地区，很多河流出现经常性断流情况，同时湖泊、湿地、沼泽等水域面积大面积消减。水资源的短缺、地下水超采严重，这一系列问题已成为制约城市发展的重要因素。

水是不可再生资源，珍稀宝贵，因此雨水资源的有效利用对人类的意义重大而深远。有效利用城市雨水资源是解决水资源匮乏和减少雨洪灾害的强有力手段，可是我国目前对于雨水资源利用和管理水平都较低。城市化地区对于雨洪管理主要还是依赖传统单一的排水管道，采用简单粗暴的直接排放方式，虽然也设置了一定数量的大型储水设施，但并没有起到明显成效。不断增加的不透水地面、纵横交错的地下排水管网和肆意的城市开发阻断了自然生态系统进行水循环的路径，破坏了本身滞蓄雨洪的能力，导致雨水自然下渗的机会骤减，地下水资源得不到补充。由城市管道大量排入江河的雨水不仅得不到有效的利用，还易引发洪溃灾害。2013 年 12 月，习近平总书记在中央城镇化工作会议要求“建设自然积存、自然渗透、自然净化的海绵城市”，指出城市的发展应遵循顺应自然，采用与自然和谐共处的低影响开发模式，应使城市像一块海绵那样，下雨时能留住雨水，把初期雨水径流中的污染物削减掉，然后将洁净雨水储存起来，需要时再将水释放，让雨水得到循环利用，从而缓解目前极端气候下引发的城市暴雨、洪流、内涝、干旱以及水污染现象。2014 年 10 月，我国住房和城乡建设部颁布了《海绵城市建设技术指南》，由此拉开了中国建设海绵城市的序幕。

海绵城市的本质是将原来大面积应用硬质不透水材料的“硬质城市”，改造为通过绿色基础设施和水生态基础设施为骨架构建的城市。将一个逆自然的人工城市向顺自然的天然城市转变，形成城市的弹性适应空间，重新构建天然雨水循环并还原生态健康的城市环境。

海绵城市的主要理论基础是低影响开发和最佳管理实践。低影响开发是一种保护性的场地开发方式，通过技术手段过滤、蓄积雨水资源，在维持开发前的原生态水文特征的前提下，尽量减少场地开发建设对地表径流状态、水质质量、地下水补给系统的破坏，同时营造丰富的功能性水景观空间。低影响开发主要通过以下模式对雨水进行径流管理：雨水控制、阻滞、滞留、过滤、渗透等。主要策略有：①通过使用透水铺装、打造生态停车场或者增加绿地的方式减少不透水地表的面积，促进雨水下渗，补充地下水；②适当取消道路、停车场和场地等的路缘石，让雨水径流直接流入或流经绿化种植区，增长径流路线和流经时间，减缓峰值流量，同时通过植物过滤净化水质；③在绿地内合理设计雨水花园、植草沟、水塘等景观，增加场地对径流的储蓄量；④采用透水地面生态自然排水的方式将雨水径流逐步削减并分散处理，取缔传统的将场地中收集的雨水直接快速地排放到市政雨水管道的做法。低影响开发的核心是可持续发展，它需要时间的沉淀，是能产生长期生态效益的管理方式。这种管理方式主要用来处理小规模降雨事件，但不能很好地应对突发性暴雨事件。

最佳管理实践侧重从流域的层面对地表径流在移动过程中产生的非点源污染进行控制，最初主要应用于农业和水利等领域，随着时代的发展，现已成为综合性雨洪管理模式，对雨水从产生、传输到终端各个阶段进行有效控制和利用，通过收集和引导雨水按照设定的流速渗入土壤，短时间储存等措施来达到减少地表径流和污染物的目的。通过采用透水铺装、雨水花园、植物过滤带、生态湿地等措施来增强地表对径流的滞留渗透能力，从而实现区域内的雨洪管理，并通过法律条文进行规划管理，降低地表径流被污染的概率，从而对污染物实行源头控制和污染预防。

综上所述，低影响开发侧重于“放”，是一种长期措施，对雨水径流实行引导；最佳管理实践侧重于“收”，增强地表渗流能力，快速收集雨洪。海绵城市理念改变了城市排水系统只排不蓄、只排不用的缺陷，变“工程治水”为“生态治水”，促进城市顺畅“吐纳呼吸”。

9.1.5 智慧社区技术

智慧社区是指以人为核心，利用互联网、智能技术、大数据和通信技术等相结合连接起社区业主、物业、社区商户三方，实现人、物、地、事件的互联互通的管理和服务系统，构建集资讯通知、物业服务、投诉建议、在线电商、社区配送等综合一体化信息综合服务平台，形成经济、高效、舒适、安全、绿色、可持续的新型社区形态。智慧社区是智慧城市的延伸，其建设的目的是通过利用各种智能技术和方式，整合社区现有各类服务资源，创新社区管理模式，满足社区管理服务及发展的各种需求，为社区各类群体提供现代政务、商务、文化娱乐、远程教育、家庭医护及生活互助等多种社区服务管理，从而推动社区发展，提高居民生活质量。

20 世纪 80 年代，美国成立了智能化住宅技术合作联盟，对住宅智能化技术、产品、应用系统等进行测试和规范，引导新技术进行住宅和建筑设计。1998 年，日本制定了超级家庭总线技术标准，利用电网和家庭能源管理系统等先进的智能技术提供最合适的能源解决方案，涵盖包括电力、水资源、物流、医疗、交通和电信等与人们生产及生活相关的几乎所有的基础设施和社会资源，并对各类资源进行监控和管理。新加坡近年来全力打造智慧花园型城市国家，在构建智能交通系统、清洁能源系统、电子政务系统、通信基础设施方面取得了显著成果。其管理以政府为主导，充分发挥社团、公民作用，是典型的政府主导与社区高度自治相结合的模式。

2014 年，我国住房和城乡建设部印发《智慧社区建设指南（试行）》，其中明确给出了智慧社区建设中的指标体系。该指标体系涉及保障体系、基础设施与建筑环境、社区治理与公共服务、小区管理服务、便民服务和主题社区 6 个领域，包括 6 个一级指标、23 个二级指标、87 个三级指标。北京市作为全国智慧城市发展最早的城市，在 2011 年发布的《北京市“十二五”时期城市信息化及重大信息基础设施建设规划》中，便提出了从“数字北京”向“智慧北京”迈进的愿景，这也是全国第一次出现智慧城市的概念。2012 年 9 月，北京市政府印发《北京市智慧社区指导标准（试行）》，该文件指标体系中将智慧社区分为 5 个一级指标，16 个二级指标，46 个三级指标，该指标体系基本反映智慧社区的基本情况，主要侧重于基础设施、智慧服务、社区管理三大方面。2014 年，全国智能建筑及居住区数字化标准化技术委员会发布《智慧社区建设指标体系研究》，将智慧社区分为保障体系、建筑物及市政基础设施、信息化基础设施、平台、社区管理与服务 5 个一级指标，13 个二级指标，83 个三级指标。

我国智慧社区的技术领域涉及以下几方面：

1）智慧安防，包括门禁系统、防盗报警系统、停车管理系统、楼宇对讲系统等。在社区楼道、停车场出入口、电梯等处安装监控设备，在社区物业中心设置显示屏，以方便物业管理人员随时了解社区的内部情况，从而为社区居民的出入提供安全防护保障。

2）智慧物业，在智慧物业构建过程中，主要涉及社区生活网站、LED 智能电子屏、服务热线、微信公众号服务等，实现邻里之间的智慧交流，丰富居民的业余生活以及提高居民生活的质量，也为居民提供便捷的投诉、保修、咨询等业务服务。

3）智慧民生，包括社区居民居家、医疗、养老方面。智能居家系统设备，能够实现居民家用电器的智能化，社区居民可以远程控制家中的家电设备、窗帘、灯光等。

社区智慧养老系统结合传感器与物联网技术的优势，运用智能监护设备对社区老人进行远程监控，尤其是社区独居的老年人，当社区老人感觉身体不适或是需要安慰时，按下远程监护设备按钮就能够享受急救、安慰、家政等智慧社区服务。

就现阶段而言，智慧社区的技术主要体现在基础设施建设、信息平台建设、公共服务建设、社区管理建设等方面。各项技术被运用于智慧社区的建设过程中成为智慧社区的组成部分，通过平台形成有序网络，政府、企业、非营利组织和居民间实现智能互动，为实现社区管理与服务提供支持，如图 9-1 所示。

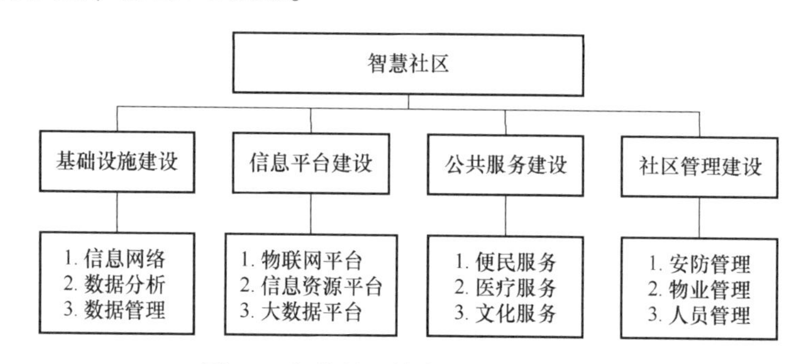

图 9-1　智慧社区技术应用基本框架图

智慧社区建设通过技术实现智慧家庭、智慧商务、智慧政务、智慧医疗、智慧养老、智慧生活等各个领域的智慧化，以提高居民的生活质量，社区通过信息化手段进行精细管理和服务。各种技术既为社区各技术主体服务，也是社区信息的采集源，依托大数据存储分析、云平台实现信息化，利用现代通信技术，通过手机 APP、PC 等终端形成物联网，实现人、物、事件、地点的实时动态的多层信息交互，为居民提供高效、快速、经济、安全的社区环境。

从客观上来说，一方面，由于设计主体的知识背景不同，故他们对于设计过程中所包含的相关技术知识的认知也不同，所设计的技术产品包含的物质特性也不相同，因而存在功能差异。专家和普通技术人之间的认识能力和操作技术差距较大。另一方面，在技术设计过程中，由于现有技术条件的限制，在设计时所用的物质材料由生产力水平决定，现有智慧社区的技术产品中有些是自主研发的，而有些是委托第三方设计生产的，技术产品功能的质量差异较大，因而需要进一步提升我国的自主创新力，在技术上取得新突破才能为实现节能环保，提供较好的技术支持。智慧社区的物联网主要依赖智能技术的提高，而现在我国智慧社区相关产业处于初期阶段，需要进一步加强智能技术的发展。

智慧社区的构建有利于把绿色生态、和谐的新价值观潜移默化地渗入人们的观念之中，这对推进智慧社区的健康发展和人们生活观念的改变具有重要意义，也为推进我国城镇化的健康发展和落实可持续发展战略有一定的启迪和示范作用，并对我国新型城镇化建设和智慧城市的创建具有更大的现实意义。

9.2 时代变革下的新型地产

我们当前所处的时代主要有如下几个特征：

1）信息时代。人类发展逐步经历了石器时代、青铜时代、铁器时代、蒸汽时代、电力时代和信息时代六个时代。信息时代深刻地改变了大家的日常生活。

2）城镇化时代。我国城镇化率到 2050 年将达到 70% 以上，对房地产的需求将持续增大。但是快速城镇化在做出巨大成就的同时也带来了很多问题，如交通拥堵、雾霾高发、内涝频繁等。

3）老龄化时代。我国已经进入了老龄化时代，老龄人口从 2010 年的 1.79 亿人，快速增长到 2015 年的 2 亿人，预计到 2030 年和 2050 年将进一步增加到 3.6 亿人和 4.3 亿人。大量的老龄人口必将产生庞大的养老消费。

4）政府调控时代。近年来，我国不断从多方面对房地产业进行约束和引导，包括“限贷”“限购”“限售”“竞配建”“竞自持”“租售同权”等。

这四个变革的时代特征对我国房地产业的发展有利有弊，有机遇也有挑战。为了应对这个变革的时代，很多房地产企业已经开始进行转型和升级，涉及的产业有农业、养老、教育、金融等。总结诸多房地产企业近年来的转型升级主要体现在六个方面：新产品、新业态、新科技、新人文、新金融和互联网 +。其中，新产品是指融合、导入地产相关的新型产业，如强调恒温、恒湿、恒氧的绿色低碳建筑；新业态要求改良、升级、创新房地产业态，即在传统的住宅、商业等房地产业态中注入新的元素；新科技是指运用新技术、新材料、新设备，如现在国家大力倡导的装配式建筑；新人文注重丰富和提升地产项目的人文品质，提升住户的社区认同感和幸福感；新金融要求金融创新，为地产项目注入健康金融血液，而不仅仅依靠银行贷款；互联网 + 是指房地产业发展要注重信息化建设，提升建筑物感知信息、分析信息和应用信息的能力。

遵循国家倡导的新发展理念，秉持以人为本的基本思想，新兴地产主要涵盖五大领域，具体包括新兴宜居地产、新兴颐养地产、新兴产业地产、新兴文旅地产、新兴商业地产。

9.2.1 新兴宜居地产

住宅第一属性是居住属性，第一代住宅只有一个空间，第二代住宅加以适当的配套，第三代住宅追求舒适性，第四代住宅强调鸟语花香、文墨颐养、赏心悦目，出现了人性化的社区管理。住房不是用来炒的，就是要住有所居，住有好居。

新兴宜居地产应实现舒适化、智慧化、生态化、绿色化和人文化（图 9-2）。其中，舒适化的地产应满足住户的视觉、听觉、嗅觉、味觉和触觉的舒适，让住户在小区里面都能够很舒适地生活；智慧化要求适当地采用智慧技术，实现智能家居、智慧物管和智慧安防等，让住户感觉生活很便捷；生态化要求开发商尊重当地的生态，建设被动式建筑，不要破坏当地的生物多样性，充分利用太阳能等可再生能源；绿色化要求建筑物应节能、节地、节水、节材，注重环境保护，建设绿色建低碳筑；人文化是要选取适应地方人文传统的建筑风格，考虑适老性设计和建造方式，保证基本公共服务设施到位，并为住户组织丰富多彩的人文活动。

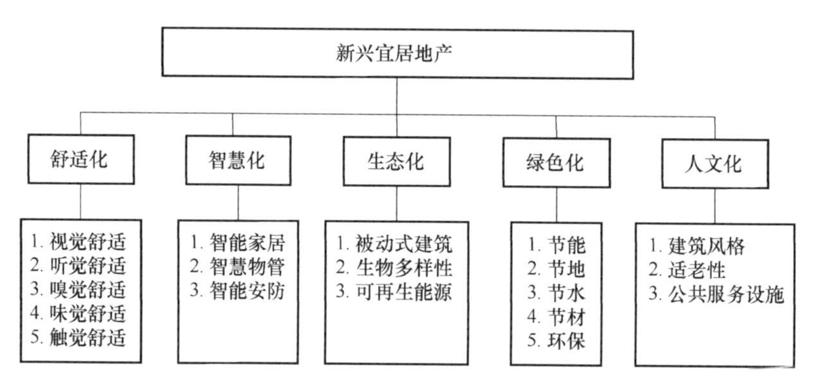

图 9-2　新兴宜居地产的特征

9.2.2　新兴养老地产

传统的老年住宅是提供老年人经济供养、生活照料和精神慰藉三个基本内容的长期生活居住场所。在早期，我国大部分的老年住宅大多数是由政府兴建，具有明显的社会福利性质，较少有社会力量参与建设运营，其存在形式包括养老院、托老所等。随着国家养老压力的进一步加大，我国养老产业的发展也逐渐趋于社会化。养老地产，作为养老产业的核心部分，是老龄化时代到来所形成的特有概念，是房地产业通过行业细分和创新来积极适应市场需求转变的产物。它是传统房地产业与养老产业的融合，具有社会福利与商品的双重属性。

区别于普通住宅地产，养老地产可定义为以老年人居住舒适度为核心，以完备的照护、医疗、娱乐、商业配套等软硬件为支撑，结合针对性的建筑规划设计，提供符合老年设计规范的居住空间的房地产产品。所以，也可认为养老地产是住宅地产、商业地产和配套服务三者的有机结合体，是一种房地产的混合开发模式。与普通住宅相比，养老地产的差异主要体现在其消费群的专一性、设计的特殊性以及养老服务的专业性。老年人可以通过购买养老地产或以会员的方式入住养老地产，获得专业养老服务，这种养老模式与居家养老所要体现的功能不谋而合，因此养老地产是居家养老模式的一种体现。

养老地产在美国、日本、新加坡以及英国等国家已经历过较长的探索和发展，总结和积累了不少成功经验。20 世纪 50 年代初，美国政府作为主导兴办福利性老年公寓；20 世纪 60 年代，在老年公寓的基础上，美国结合医疗、护理服务，构建度假式养老社区，这也成为我国目前较多养老地产项目选择的设计理念；20 世纪 70 年代，美国进入养老地产高速发展期，将旅游、养老和地产的有机结合，出现酒店公寓式的养老地产模式，该开发模式至今普遍存在于日本、新加坡等国家；20 世纪 80 年代至今，养老社区是美国最为成熟的养老地产开发模式，根据养老服务的不同、生活需求的不同、医疗护理程度的不同，划分为多功能区域的养老社区。养老社区的开发成为目前美国养老地产开发的主流之一。日本是亚洲老龄化最严重的国家，政府为了应对老龄化带来的社会问题，从 20 世纪 50 年代开始，建立并逐步完善社会养老保障机制，从经济收入、社会福利和医疗保健三方面给予老年人最基本的保障。同时在财政、税收和贷款方面通过财政补贴、免征所得税、低息贷款来帮助老人购买住宅。日本一直都有居家养老的传统，直到现在仍有超过九成半的老年人与家人共同居住，“两代居”在日本最为普遍。因此，日本养老地产市场以开发“两代居”养老住宅产品最为成熟。新加坡养老地产的开发是由政府主导，大多数的养老地产项目都是由政府负责投资、建设及运营。养老地产项目开发住宅产品分为两类：一是组屋，适合老人与子女共同居住；二是乐龄公寓，即是专门提供给独居老人的公寓，是新加坡养老地产开发的典型项目，建立在成熟社区里，是适老化设计的老年公寓，基本满足老年人养老服务需求。

我国养老地产发展历程大致可以分为三个阶段，从传统的养老机构到适老化标准设计的老年公寓，再到多功能的养老社区。第一阶段，20 世纪七八十年代以前，政府主导开发福利性的养老机构，如传统养老院、社会福利院、敬老院等。服务对象主要是年纪较大又没亲人照顾的老年人，以及生活不能自理的患病老人。第二阶段，20 世纪八九十年代，社会经济快速增长，老龄化加剧。为了满足日益增长的养老需求，以市场为导向，以营利为目的老年公寓开始出现。主要目标客户群体是较为健康或是需要一些简单的照护服务的老年人。这类老年公寓是居家养老和社区服务相结合的产物，如居家服务式老年公寓、酒店式度假公寓、护理式老年公寓等。第三阶段，21 世纪初，随着政府鼓励和引导发展养老地产，国内大型开发企业、保险资本、房地产信托基金等社会资本纷纷进入养老地产市场，开发综合性的养老社区，配置医疗、护理、家居照料、教育文化、娱乐休闲等养老服务配套设施。养老社区的服务对象基本覆盖各种身体健康状况和不同养老需求的老年人群。

2006 年，我国发布《关于加快发展养老服务业意见》的通知，首次鼓励社会资本进入养老产业，为养老地产的发展创造前提条件。《中国老龄事业发展“十二五”规划》《社会养老服务体系建设规划（2011—2015 年）》和《国家基本公共服务体系“十二五”规划》三部规划强调了养老服务、健康服务是养老地产开发的本质与核心，养老地产应建立完善的养老服务体系。《加快发展养老服务业的若干意见》为养老地产指明了发展方向，养老地产不是单一的住房供应，是与养老服务相结合的集合体，该政策不仅仅为养老地产的发展指明方向，还从养老用地、审批、资金筹集、财政补贴、税收优惠等方面促进养老产业及养老地产的发展；2017 年 2 月，国家卫计委联合民政部、工业和信息化部发布《智慧健康养老产业发展行动计划（2017—2020 年）》，首次提出结合物联网、云计算、大数据等信息技术发展养老产业，利用现代技术优化配置养老资源，推动养老产业的转型升级，培养养老产业发展的新模式。同时，该行动计划也为养老地产指出新的发展模式和方向，支持企业和养老机构运用现代信息技术集成的养老产品，开展居家健康养老、健康管理、居家护理等智慧健康养老服务。

目前国内较为成功或成熟的养老地产集中在北京、上海等一线城市。养老地产项目开发方向主要有两大类，一是在普通住宅项目中配建适合老人居住的户型，配套基本的社区养老服务，如北京万科幸福汇、上海绿地、杭州万科等；二是建设具有多元化养老配套设施的养老社区，规模较大，配套设施较为完善，提供更全面、更多样的养老服务，如北京太阳城、上海亲和源等。居家式养老地产开发模式和养老社区开发模式是目前我国主要的养老地产开发模式。但是，也有一些对养老地产的质疑，如究竟是为了养老还是为了卖房？养老地产的钱、地、医等问题怎么解决？这都需要转换思路，创新模式，从价值理念、市场定位、项目选址、开发和融资模式、规划设计等方面进行创新，探索一站式、一卡通、候鸟式、教育、生态、智能、文旅、理财等多种养老体系和服务体系。

9.2.3 新兴产业地产

产业地产是依托于某一产业，以地产为依托，实现土地整体开发与运营的工业地产的一种新型产业形式，其主要通过为企业生产、办公兴建写字楼、办公楼、厂房、研究中心等基础设施，结合园区内拥有的资源，建立集生产、学习、研究、办公为一体的产业集群，在改善区域环境、提升所在区域竞争力的同时，带动区域内企业树立企业形象、打造企业品牌、提升企业的综合竞争力。

产业地产对区域经济的发展有强大的推动作用，主要体现在以下几个方面：

1）孵化器作用。产业地产向企业提供了先进的生产办公空间、优美的生活环境、精细化管理服务和完善的后期运营服务，在政府的引导下，采用各种扶持手段促进企业成长壮大。因此，产业地产发挥着孵化器的作用，加速了城市的产品孵化和企业孵化。

2）产业聚集作用。产业地产能够使各种社会组织中的各类资源聚集在一起，形成企业集聚，同时企业的发展也带动人力资源、物力资源、信息资源和金融资源集聚等。

3）辐射渗透作用。产业地产的发展促进该区域周围地区经济、科技、社会等方面的进步。产业地产园区内的科技企业在经济方面的高速增长，将加快所在地区周围区域的物质流、能量流、资金流和信息流的运转，同时促进了地方科技、教育、商业、交通、文化事业的发展。

我国许多城市的开发区都经过了传统的工业区到新型经济开发区，再到产业新城的转变。传统的工业区以纺织、钢铁等传统工业为主，人力密集，污染严重，基本上没有配套设施，而新型经济开发区则重点发展高新技术产业和高端制造业，人才、技术、资金密集，有一定的娱乐生活休闲设施。近年来广受关注的产业新城往往以多种产业形式促进产业集聚，创新产业模式，配套完善，形成集居住、办公、商业、休闲娱乐等于一体的都市综合体，缓解“居住分离”带来的生活成本和交通压力。许多地区也在积极探索政府与社会资本合作（PPP）等融资模式在产城地产中的应用。

在美国，有著名的硅谷高科技技术产业地产、好莱坞娱乐业产业群以及加利福尼亚州的葡萄酒产业地产；在英国，早有斯塔福德郡的陶器产业地产、木业产业地产，以及后来的以生物技术为核心的剑桥工业园区产业集群；在意大利，有羊毛纺织产业地产、萨斯索罗的瓷砖产业地产等，在德国、日本、挪威等地也形成了具有各地鲜明特色的产业集群。

在我国，产业地产借助政府对经济结构转型和产业结构升级的迫切要求，享有国家政策以及各地政府的大力支持，同时受国家房地产调控政策的影响，成为众多房产开发商寻求转型的首选。我国目前存在的产业地产开发模式主要有以下几种：

1）主体企业引导模式。其主要是指在一些企业在某个产业上占有得天独厚的优势，且综合实力强大，首先出于对自身获得更好的发展目的，获取大量的自用土地，创建一个相对独立的产业园区并入驻，占据主导地位后，再利用自己在该产业行业中拥有的强大凝聚力与号召力，通过土地再开发，完善配套设施，以出让、租赁的形式吸引更多同类企业的集聚，从而实现整个产业链的打造与完善，如海尔产业园、五矿产业园等。

2）产业地产商模式。由房地产开发建设单位为主导，按照房地产开发建设运营销售或租赁的模式开发产业地产，一般先是在工业园区或其他地方获得工业土地项目，然后进行项目道路、绿化等基础设施建设与厂方、仓库、研发实验室等房产项目的营建，建成后通过租赁、转让或合资、合作经营的方式进行项目相关设施的经营、管理，最后获取合理的地产开发利润。我国采用这种开发模式的地产商主要有富力地产、万通地产等。

3）产业园区开发模式。由政府主导，政府根据城市规划发展需要，结合区域优势产业的实际情况，通过创造相关产业支持政策，利用招商引资、土地出让等方式引进符合相关发展条件的产业项目，以地产为载体，依托产业项目，实现区域经济的发展及城市功能建设的完备。这种开发模式是我国各国政府目前最常采用的产业地产开发模式，该类产业园区一般都会成为该地区内外经济的交汇点，能够在产业链中很好地起到辐射、示范、带动作用，是促进区域经济发展、功能区建设的重要推动器。

4）综合运作模式。其是指对以上提到的主体企业引导模式、产业地产商开发模式以及政府引导的产业园区开发模式进行混合使用的一种开发模式，如深圳天安数码城、北京中关村软件园等。

近两年来，随着国家经济结构转型和产业升级的需要，加上国家对房地产市场的深度调控，经济风向标的变动促使产业地产市场空前繁荣，国内包括许多大型开发商在内的众多房企纷纷抢先进入该领域，国内的城镇化、工业化需求也吸引国内房地产投资者介入该市场谋求利益。但由于我国产业地产尚处于初步发展阶段，许多开发单位并没有从房产开发商转变为产业地产开发运营商，对产业地产的开发缺乏必要的经验，甚至并没有完全弄清产业地产的概念、政策导向，风险意识淡薄。未来产业地产将向园区可持续经营、增值服务多样化以及金融化的方向发展。产业地产企业必须结合自身条件进行盈利模式优化，不能盲目照抄照搬，要改善企业专业人才结构，打造人力资源核心能力，积极寻求融资创新和经营创新，才能在激烈的市场竞争中保持持续的优势。

9.2.4 新兴文旅地产

旅游地产是指以地产开发为基础，以发展旅游、满足旅游者需求为主要目的，开发利用不同旅游资源，形成以休闲度假村、旅游景区主题休闲公园、旅游运动村、产权式度假酒店、景区住宅、民俗度假村等类型的地方开发项目。文化旅游地产则从旅游地产开发运营角度出发，注重对“文化”因素挖掘，结合优秀文化，提升旅游地产的文化影响力，以“文化精神内涵”为核心，用文化提升价值，结合时代文化创意，追寻旅游地产建筑的公共艺术价值。

目前，我国的文旅地产主要分为五大类型：主题游乐型、景点依托型、文旅小镇型、度假酒店型以及文创产业园型。

1）主题游乐型其地产开发商的典型代表有华侨城集团、宋城股份、深圳华强集团、长隆集团、常州恐龙园文化旅游设计有限公司等。不过，由于规模庞大、硬件设施投入颇巨、后期运营维护也是天价，这对开发商前期资金筹措能力和后期运营管理能力有很高要求，所以涉足的房企较少。而且，这种类型的文旅地产必须有持续的市场热情作为支撑，随着迪士尼、环球影视城等海外项目的进入，以及市场对这一旅游形态的热情下降，门票收益、衍生品收入、房地产项目销售都会受到一定影响。

2）景点依托型其地产开发商的典型代表有万达集团、港中旅集团、保利地产、雅居乐地产、恒大集团等。通过品牌开发企业在景点周边所做的优质商业生活配套，很容易给景点和周边欠发达地区带去生机与活力，但应避免出现高耸的城市建筑破坏自然景致，而应赋予自然资源更多的魅力，在原有的旅游资源之上打造更多多样性的产品，适当融入一些更和谐的体验性文化商业设施。

3）文旅小镇型。国内已经形成了安徽宏村、云南丽江、浙江乌镇等一批文化旅游古镇。文物遗存、特色民风民俗和悠闲的古镇生活，可以为旅游开发加分，开发者往往不需要规模巨大的硬件投入，而是更多的软性投入。在城镇化趋势下，更多特色迥异、各具千秋的文旅小镇将会被挖掘出来，市场机会巨大。良性的文旅小镇运营，应该是与居民市井文化浑然一体的作品，而不仅是一片没有语言的商业味浓重的建筑。如何解读、升级文旅小镇的历史文化价值，这对开发者提出了更高的能力要求。

4）度假酒店型。在传统度假酒店可以满足基本居住生活需求之外，这类产品有更多的艺术、文化元素，会议、影视等多样的收入渠道和灵活的租售方式使得企业不需要再进行住宅开发即能保证收益，但对企业长期持有运营的能力、耐心以及综合性资源整合的能力要求极高，尤其是自持带来的资金压力不可忽视，很多传统地产企业往往难以承受。

5）文创产业园型。这是一种在经济全球化背景下产生的以创造力为核心的新兴产业，强调一种主体文化或文化因素通过技术、创意和产业化的方式开发、营销知识产权的行业。文化创意产业主要包括：广播影视、动漫、音像、传媒、视觉艺术、表演艺术、工艺与设计、雕塑、环境艺术、广告装潢、服装设计、软件和计算机服务等方面的创意群体。

传统的旅游地产收益只能依靠经典门票收入存活，缺乏相应的配套和服务。随着人们消费需求的多样化和个性化发展，现代旅游地产应该能够提供文化、创意、休闲、娱乐、购物、餐饮和居住等多元素相结合的配套和服务，和当地文化结合，和消费者消费习惯对接，打通产业，增加旅游价值。国家明确提出将文化产业和旅游产业的融合，在旅游地产开发运营过程中对文化软实力和文化核心要素的贯彻使得旅游地产更具有持久效益，旅游地产与文化产业的融合具有正确的政策性指导和市场活力，文化旅游地产将进一步成为开发商的投资热点。

9.2.5 新兴商业地产

传统的商业地产就是简单的商铺，只有柜台展示商品，没有体验区、公共空间、商品文化的展示。随着科技的发展，人们生活方式发生了很大的改变，需求特征也在发生演变。新生代消费方式的改变驱使着商业地产不断创新。线下商店购物体验必须提供一定的趣味性，打造人群体验式的消费。京东、阿里、腾讯、百度等企业开始进入我国房地产领域，新兴商业地产正呈现百花齐放、争奇斗艳之势。

新兴商业地产和传统的百货大楼、商场有很大的不同，它更强调互动性、融合性、共生性和体验性。其中，互动性强调商业、游憩业和旅游业的高度互动，融合性要求商品展示销售与智慧电商等高度融合，共生性突出商业运营管理与智慧商业的高度共生，而体验性注重消费者立体式参与、体验和感受。最近几年，马云提出新零售、新消费、新未来的概念，跟我们倡导的新兴商业地产应该是理念基本一致。新兴商业地产应该可以让人们在里面进行社交活动，体现当地人文并尊重当地的生活习惯，形成线上线下的有机互动，满足新兴中产阶级的影音、户外、运动、游玩等生活需求。

上海五角场万达广场在全国万达广场中销售额排名第一，但依然在做主题化升级。其B1层被打造成多元化、特色化、强体验化的主题街区，通过都市丽人、城市印象和文创街区三大主题场景规划，提供了满足购物、约会、社交、娱乐四大需求的生活情景开放空间，从空间形态、氛围营造、品牌组合到运营理念，全面塑造了集原创性、颠覆性、艺术性、唯一性于一体的城市记录空间。

新兴地产不仅是技术创新、模式创新，更重要的是思想和理念创新转型主导下的运营思维的转变。我们应从三个维度理顺新型地产的发展方向。第一个维度是生命期维度，即新兴地产的策划、设计、建造、租售、运维和拆除等阶段；第二个维度是功能维度，即新兴地产的建筑结构、装饰装修、配套设施、公共服务等方面；第三个维度是利益相关者维度，即新兴地产相关的政府、开发商、设计单位、施工单位、专业分包单位等。新兴地产将对这些利益相关者产生多重挑战，但更多地孕育着诸多的机遇。

新兴地产通过融合新产业、新科技、新人文等要素，建立以消费需求为导向的服务理念，从单一产品、局部功能向综合配套服务转变，坚持以人为本，从传统开发商向城市服务商、社区服务商转变，全面提升物业品质和物业文化内涵，实现新的社会价值与经济价值的可持续发展和创造。

本章小结

房地产业在人工智能、大数据等技术兴起的大背景下，发生了很多技术变革。目前国家正大力推广装配式建筑技术、BIM技术、绿色建筑技术、海绵城市技术和智慧社区技术等新兴技术。这些新兴技术在发达国家已经相对成熟，但我国尚处于发展阶段，从中央推进政策，到制定行业标准，再至企业实施，将是一个非常漫长的过程，从试点城市、试点企业、试点项目的成功，到经验逐渐推广，都将给我国房地产业可持续发展带来无限希望。作为经济发展、生态保护的重要武器，这些新技术的推广和发展是大势所趋。

当下我们处于变革的时代，信息技术已经渗透到生活的方方面面，快速城镇化带来环境的恶化，老龄化时代产生庞大的养老消费，政府一直强调“房子是用来住的，不是用来炒的”。为了应对这个变革的时代，很多房地产企业已经开始进行转型和升级，出现了很多新型地产，本章着重讲述了新兴地产：新兴宜居地产、新兴养老地产、新兴产业地产、新兴文旅地产、新兴商业地产。新兴宜居地产，注重以人为本，追求舒适化、智慧化、生态化、绿色化和人文化。居家式养老地产开发模式和养老社区开发模式是目前我国主要的养老地产开发模式。在普通住宅项目中配建适合老人居住的户型，配套基本的社区养老服务。养老社区的特点则是拥有多元化养老配套设施，规模较大，配套设施较为完善，养老服务更全面、更多样。产业地产尤其是产业新城往往以多种产业形式促进产业集聚，形成集居住、办公、商业、休闲娱乐等于一体的都市综合体，缓解“居住分离”带来的生活成本和交通压力。现代旅游地产能够提供文化、创意、休闲、娱乐、购物、餐饮和居住等多元素相结合的配套和服务，和当地文化相结合，和消费者消费习惯相对接，打通产业，增加旅游价值。新兴商业地产更强调互动性、融合性、共生性和体验性。新兴地产转变了传统的运营思维，通过融合新产业、新科技、新人文等要素，建立以消费需求为导向的服务理念，给房地产企业注入了新鲜的血液和无穷的活力。

思考与练习题

1. 简述装配式建筑技术。
2. 简述海绵城市技术。
3. 简述我国养老地产出现的背景。
4. 简述传统旅游地产和新兴文旅地产的区别。
5. 简述传统商业地产和新兴商业地产的区别。

参考文献

[1] 米勒斯，贝伦斯，韦斯．房地产开发原理与程序［M］．3版．刘洪玉，译．北京：中信出版社，2003.
[2] 金昊，赵鉴．房地产开发与经营［M］．北京：清华大学出版社，2017.
[3] 中汇城控股（集团）房地产研究中心．房地产精细操盘［M］．北京：化学工业出版社，2014.
[4] 贾康．中国住房制度与房地产税改革［M］．北京：企业管理出版社，2017.
[5] 李英健．我国城镇住房制度改革进程40年回顾［J］．城市住宅，2018，25（8）：88-91.
[6] 董昕．中国房地产业的发展历程与展望——兼论中国住房制度与土地制度的改革变迁［J］．经济研究参考，2017（52）：50-61.
[7] 吴宇哲，孙小峰．改革开放40周年中国土地政策回溯与展望：城市化的视角［J］．中国土地科学，2018，32（7）：7-14.
[8] 董藩，王庆春．房地产开发调控的几个基本理论问题：上篇［J］．城市开发，2003（11）：39-42.
[9] 董藩，王庆春．房地产开发调控的几个基本理论问题：下篇［J］．城市开发，2003（12）：42-45.
[10] 陈正平．世界房地产发展史［M］．西安：陕西科学技术出版社，2015.
[11] 丁烈云．房地产开发［M］．4版．北京：中国建筑工业出版社，2014.
[12] 张跃松．房地产开发与案例分析［M］．北京：清华大学出版社，2014.
[13] 张建坤．房地产开发［M］．南京：东南大学出版社，2006.
[14] 中国房产信息集团，克尔瑞（中国）信息技术有限公司．房地产开发前期策划［M］．北京：中国经济出版社，2011.
[15] 简明．市场调查方法与技术［M］．3版．北京：中国人民大学出版社，2012.
[16] 刘守英．土地制度与中国发展［M］．北京：中国人民大学出版社，2018.
[17] 田杰芳．房地产开发与经营［M］．北京：北京交通大学出版社，2011.
[18] 刘薇，臧炜彤，崔琦．房地产基本制度与政策［M］．北京：化学工业出版社，2010.
[19] 石海均，王宏，郑淑琴，等．房地产开发［M］．北京：北京大学出版社，2010.
[20] 孙智慧，王志磊．房地产开发与经营［M］．武汉：华中科技大学出版社，2016.
[21] 谭术魁．房地产开发与经营［M］．3版．上海：复旦大学出版社，2016.
[22] 韩国波．房地产开发［M］．重庆：重庆大学出版社，2008.
[23] 叶雉鸠．房地产开发与经营［M］．2版．北京：清华大学出版社，2018.
[24] 黄英．房地产开发与经营［M］．3版．北京：机械工业出版社，2009.
[25] 杨亦乔．房地产开发与经营［M］．2版．北京：中国建筑工业出版社，2012.
[26] 余宇楠．房地产开发与经营［M］．重庆：重庆大学出版社，2009.
[27] 赵金倩．城市棚户区改造项目的开发模式研究［D］．北京：北京交通大学，2018.
[28] 何红．房地产开发经营与管理［M］．北京：化学工业出版社，2010.
[29] 陈林杰．房地产开发与经营实务［M］．北京：机械工业出版社，2010.
[30] 孙晓丽，乔晓辉．房地产政策与法规［M］．2版．北京：化学工业出版社，2018.
[31] 中国房地产业协会．2019中国房地产年鉴［M］．北京：企业管理出版社，2019.

[32] 全国房地产估价师执业资格考试研究组．房地产开经营与管理［M］．郑州：黄河水利出版社，2019.
[33] 刘洪玉．房地产开发经营与管理［M］．6 版．北京：中国建筑工业出版社，2013.
[34] 周小平，熊志刚．房地产开发与经营［M］．北京：清华大学出版社，2010.
[35] 兰峰，等．房地产开发与经营［M］．北京：中国建筑工业出版社，2008.
[36] 吕萍．房地产开发与经营［M］．4 版．北京：中国人民大学出版社，2016.
[37] 唐永忠，李清立．房地产开发与经营［M］．北京：清华大学出版社，2013.
[38] 应佐萍，夏先玉，章简，等．房地产营销与策划［M］．北京：中国建筑工业出版社，2016.
[39] 艾登伯格．4R 营销：颠覆 4P 的营销新论［M］．北京：企业管理出版社，2003.
[40] KOTLER P. Principles of Marketing［M］. 15th ed. Upper Saddle River：Prentice-Hall，2013.
[41] 任纪军．不动产经营［M］．北京：经济管理出版社，2006.
[42] 郭向东，姜新国，张志东．商业地产运营管理［M］．北京：中国建筑工业出版社，2017.
[43] ATKIN B，BROOKS A. Total Facility Management［M］. Hoboken：Wiley Blackwell，2015.
[44] 住房和城乡建设部科技与产业化发展中心．中国装配式建筑发展报告 2017［M］．北京：中国建筑工业出版社，2017.
[45] 刘海阳．BIM 技术应用现状及政府扶持政策研究［M］．北京：经济管埋出版社，2018.
[46] 刘德明．海绵城市建设概论：让城市像海绵一样呼吸［M］．北京：中国建筑工业出版社，2017.
[47] 中城联盟．绿色建筑的探索与实践［M］．长沙：湖南人民出版社，2013.
[48] 姜若愚，刘奕文，杨子江．养老地产开发运营模式［M］．昆明：云南大学出版社，2014.
[49] 付宏．中国房地产业转型升级与企业成长研究［M］．北京：经济科学出版社，2018.
[50] 陈敬慧．房地产上市企业财务风险及其成因研究［J］．中国乡镇企业会计，2012（5）：114-115.
[51] 国家统计局．中国统计年鉴 2019［M］．北京：中国统计出版社，2019.
[52] 齐宝库，张阳．装配式建筑发展瓶颈与对策研究［J］．沈阳建筑大学学报（社会科学版），2015，17（2）：156-159.